THE ROAD TO WIGAN PIER

THE ROAD TO WIGAN PIER

위건 부두로 가는 길

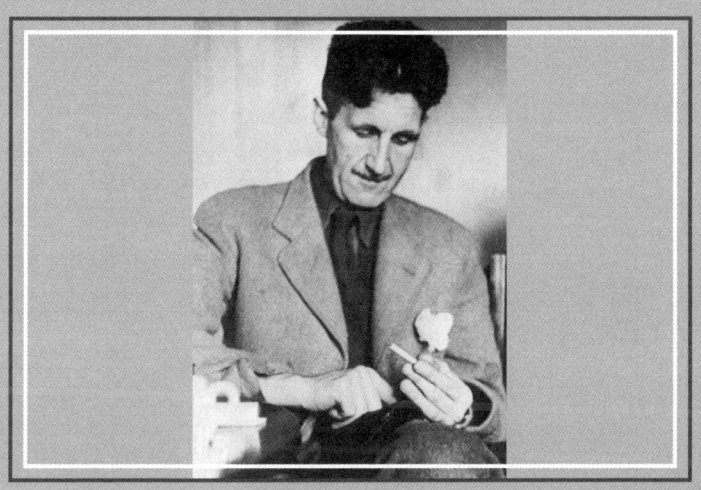

조지 오웰 르포르타주 | 이한중 옮김

| 추천의 말 |

오웰을 이해하러 가는 길

박노자(오슬로국립대 교수)

오웰은 '비판적 개인'의 대명사가 된 지 오래다. 자기 자신을 포함한 모든 것에 대해서 매서운 비판정신을 보였던 오웰은 자본주의도, 자본주의와 싸우는 시늉만 했던 스탈린주의도 동시에 비판할 줄 알았다. 20세기 문학 전체를 통틀어 가장 선명하게 '비판적 개인'의 위치를 고수해온 오웰이 죽을 때까지 자신을 '사회주의자'라고 생각했던 것은, 이 세상의 모든 사회주의자들에게 하나의 희망으로 보이지 않을 수 없다. 이는 '민주적 사회주의'와 '비판적 개인'의 독립성 사이에 그 어떤 적대적 모순도 존재하지 않는다는 걸 의미하기 때문이다.

오웰의 사회주의를 이해하자면 『위건 부두로 가는 길』은 필독서다. 오웰은 이 책에서 노동자에게 인간적 존엄성을 허락하지 않는 비참한 노동과 생활의 여건을 묘사할 뿐만 아니라 노동자에게 인간다운 삶을 가져올 사회주의의 요체도 잘 설명한다. 그의 사회주의는 기본적으로 '상식적'이다. 이 책 말미에 나오는 명언대로 "연합해야 할 사람은 사장에게 굽실거려야 하고 집세 낼 생각을 하면 몸서리쳐지는 모든 이들이다". 그들이 마르크스주의를 믿든 안 믿든, 육체노동자든 사무직 노동자든, 어떤 문화적 배경을 가지든 상관없다. 사회주의란 결국 노동하는 인간을 '윗사람' 앞에서 굽실거리는 '개미'로 만드는 자본 독재에 대한 모든 상식적, 양심적인 사람들의 반란일 뿐이다. 전태일의 외침대로 '기계'로 살고 싶지 않은 모든 사람들의 연대는 바로 오웰이 원했던 바다. 각종 '이론가'와 '정파'들이 오랫동안 티격태격하면서 노동자들의 연대를 불가능하게 만들어온 한국과 같은 땅에서 오웰의 이야기는 특히 절실하다. 그의 이야기는 우리에게 사회주의적 미래로의 길을 보여준다.

차례

추천의 말　　　　　　　　　　　　　　　　4

1부 탄광 지대 노동자의 밑바닥 생활

1 브루커 부부의 하숙집에서　　　　　　11

2 막장의 세계를 체험하다　　　　　　　31

3 광부들의 삶　　　　　　　　　　　　　50

4 더 이상 나빠질 수 없는 주택 문제　　69

5 실업수당으로 사는 사람들　　　　　　100

6 실업과 먹을거리　　　　　　　　　　121

7 그리운 노동계급 가정의 거실 풍경　　139

2부 민주적 사회주의와 그 적들

8 학교에서 익힌 편견　　　　　　　　　　161

9 제국 경찰에서 부랑자로　　　　　　　　183

10 건너기 힘든 계급의 강　　　　　　　　205

11 왜 사회주의가 지지받지 못하는가　　　226

12 사회주의는 어떻게 파시즘을 키웠는가　247

13 우리가 해야 할 일　　　　　　　　　　288

옮긴이의 말　　　　　　　　　　　　　　308

일러두기

— 이 책은 1937년 출판된 『The Road to Wigan Pier』에서 빅터 골란츠의 서문을 제외한 조지 오웰의 본문을 번역한 것입니다.
— 원서에는 부와 장의 구분만 있을 뿐 각 부와 장의 제목은 없습니다. 본서의 부와 장 제목은 한국어 독자의 편의를 위해 한겨레출판 편집부에서 달았습니다.
— 본문에는 당시 영국의 정황이 바탕이 된 부분이 많습니다. 이에 대한 이해를 돕기 위해 옮긴이의 설명을 덧붙였습니다. 본문 각 페이지 하단에 있는 주석은 '역주'입니다. 원주의 경우에는 '(원주)'라고 표시했습니다.
— 원서에는 길이, 넓이, 부피의 도량형이 피트(야드)를 바탕으로 되어 있으나, 한국어 독자들을 위해 미터가 바탕이 되도록 바꾸었습니다.
— 책은 『 』, 신문 및 잡지는 〈 〉, 기타 단편소설, 노래, 연극 등은 「 」로 표기하였습니다.

1부

탄광 지대 노동자의
밑바닥 생활

1. 브루커 부부의 하숙집에서

아침이면 제일 먼저 들리는 소리는 돌 깔린 길을 타박타박 걷는 여공들의 발소리였다. 나는 더 일찍 깨본 적이 없어 못 들어봤지만, 그보다 앞서 공장에서는 경적을 울리는 모양이었다. 우리 침실에서는 대개 네 명 정도가 함께 지냈다. 다른 방들과 마찬가지로 지독히도 불결한, 본 목적에서 벗어나는 방이었다. 몇 해 전만 해도 일반 주택이었던 이 집은, 브루커 부부가 인수하여 천엽 가게 겸 하숙집으로 바꿔놓았다. 부부는 쓸모없는 가구 몇 개를 함께 인수했으나 치워버릴 기력이 도저히 없었다. 때문에 우리는 아직도 겉보기에는 응접실 같은 방에서 잠을 잤다. 천장에는 묵직한 유리 샹들리에가 있었는데 먼지가 모피처럼 두툼하게 쌓여 있었다. 한쪽 벽면을 가득 메우다시피

한 것들 중에는 찬장과 홀스탠드[1] 중간쯤 되는 거대하고 흉측한 폐물도 있었다. 장식도 많고, 작은 서랍도 많고, 거울 조각도 여기저기 붙어 있는 물건이었다. 한때는 빛깔이 요란했을 카펫 둘레에는 오래된 구정물통이 몇 있었다. 앉는 자리가 터진 금박 입힌 의자가 둘 있고, 앉으려고 하면 미끄러져버리는 구식 말털 안락의자도 하나 있었다. 이 방은 이런 고물들 사이에 궁상스러운 침대 네 개를 쑤셔 넣은 덕에 침실이 되어버렸다.

내 침대는 문에서 가장 가까운 벽면의 오른쪽 구석에 있었다. 발치 바로 맞은편에 다른 침대가 있었는데, 워낙 바짝 붙여 뒤서(그래야 문을 열 수 있었다) 나는 다리를 접고 자야 했다. 다리를 뻗고 자면 그 침대 주인의 등허리를 차버릴 수 있어서였다. 그는 라일리 씨라는 초로의 남자로, 탄광에서 '지상' 근무를 한다는 일종의 기계공이었다. 다행히 그는 새벽 5시면 출근해야 했기 때문에 나는 그가 나가면 몇 시간은 다리를 펴고 잘 수 있었다. 그 건너편 침대에는 탄광 사고를 당해(거대한 돌덩이에 깔린 뒤 몇 시간이 지나서야 구조되었다) 보상금 500파운드를 받은 스코틀랜드인 광부가 있었다. 나이 마흔에 덩치 좋고 미남이며 반백의 머리에 짧은 콧수염을 기른 그는 광부보다는 특무상사 같아 보였다. 그는 짧은 파이프담배를 피우며 주로 늦게까지 침대에 누워 있었다. 나머지 침대는 며칠씩 묵어가는

[1] 외투나 모자나 우산을 두는 거울 달린 현관용 가구.

이런저런 출장 판매원들 차지였다. 2인용인 데다 이 방에서는 제일 나은 침대였다. 나 역시 처음 며칠 동안은 그 침대를 썼으나, 다른 사람에게 자리를 넘겨주기 위해 교묘하게 밀려나고 말았다. 처음 온 사람은 누구나 며칠은 이 널찍한 침대를 썼으니, 일종의 미끼인 셈이다. 창은 모두 바람을 막느라 바닥을 빨간 모래주머니로 틀어막아가며 꼭 닫아두어서, 아침이면 족제비 우리처럼 냄새가 났다. 일어날 때는 모르지만 방 밖에 나갔다가 돌아오면 악취가 코를 찔렀다.

이 집에 침실이 몇 개나 되는지는 결국 알아내지 못했으나, 신통하게도 브루커 부부가 오기 전부터 화장실은 하나 있었다. 아래층에는 평범한 부엌이 있고, 밤낮 불을 때는 커다란 조리용 난로도 있었다. 부엌은 천장 채광창 말고는 따로 창이 없었으며, 한쪽 벽은 가게였고 다른 쪽엔 천엽을 보관하는 어두운 지하 저장고로 난 문이 있었다. 이 문을 살짝 가리는 못생긴 소파에는 안주인인 브루커 부인이 언제나 아픈 모습으로 더러운 담요를 덮고 앉아 있었다. 그녀의 핏기 없이 누렇고 큰 얼굴은 늘 불안한 표정이었다. 어디가 아픈지는 아무도 확실히 몰랐지만, 내가 보기에 그녀의 진짜 문제는 과식이었다. 난로 앞에는 거의 항상 젖은 빨래 한 줄이 널려 있었고, 부엌 한가운데 있는 큰 식탁에서 이 집 가족과 모든 하숙인이 식사를 했다. 나는 이 식탁에 무언가가 덮여 있지 않은 것을 본 적이 없다. 언제 봐도 여러 가지 식탁보가 덮여 있었는데, 맨 밑바닥엔 스테이크 소스 묻은 낡은 신문지가 한 층 깔려 있고, 그 위엔 끈적끈적한 흰색 방수포 한 장이, 그 위엔 녹색 서지 천 한 장이, 또 그 위엔 거친 리넨 천 한 장이 깔려 있는 식이었다. 그것들은 절대 바뀌는 법이 없었고 하나라도 벗겨내는 경우 역시 거의 없었다. 아침 식사 때 식탁에 떨어진 음식 부스러기는 대개 저녁 식사 때도 그대로 있었다. 나는 아침에 있던 부스러기가 점심을 거쳐 저녁까지 식탁의 어느 자리로 오르내리는지를 보는 일에 점점 익숙해졌다.

가게는 좁고 썰렁한 공간이었다. 창 바깥쪽에는 흰색으로 뭐라 쓴 글자가 별들처럼 흩어져 있었는데, 오래전에 초콜릿 광고를 했던 흔적이었다. 안에는 널빤지에 희고 검은 큼직한 천엽 덩어리들이, 그리고 괴기스럽고 반투명한 돼지 발들이 진열되어 있었다. 이 가게는 평범한 천엽 가게여서, 빵이나 담배나 통조림 같은 것 말고는 별달리 파는 게 없었다. 창에는 '차'를 판다고 선전해놓았지만, 손님이 차 한잔 달라고 하면 다른 핑계를 대고 넘어가기 일쑤였다. 브루커 씨는 실직한 지 2년이 됐지만 본업은 광부였는데, 평생 부업으로 아내와 함께 이런저런 종류의 가게를 하며 살았다. 한때는 선술집을 하기도 했으나 도박을 하도록 내버려뒀다가 면허를 취소당하고 말았다. 그들이 한 사업 중에 수지맞는 게 있었는지는 의심스럽다. 이 부부는 주로 푸념거리를 만드느라 자영업을 하는 유형이었던 것이다. 브루커 씨는 피부색 짙고 몸집 작고 심술궂은 아일랜드 사람처럼 보이며, 놀랍도록 지저분한 사람이다. 나는 그의 손이 깨끗한 것을 한 번도 못 본 것 같다. 브루커 부인이 아프기 때문에 이제는 그가 대부분 식사를 준비했는데, 손이 늘 지저분한 사람이 다 그렇듯 무얼 만질 때면 묘하게 오래 만지작거리는 버릇이 있었다. 그가 버터 얹은 빵을 내놓을 때면 언제나 시커먼 손도장이 찍혀 있었다. 아침 일찍 브루커 부인의 소파 뒤에 있는 알 수 없는 지하실에 내려갈 때에도 그의 손은 늘 시커멨다. 나는 천엽을 보관하는 그곳에 대해 다른 하숙인들에게 끔찍한 이야기를 들은 바 있다. 바퀴벌레가 바글바글한다는 얘기도 있었다. 천엽을 며칠마다 주문하는지는 알 수 없으나, 아주 가끔 주문한다는 것은 분명했다. 브루커 부인은 천엽 주문한 날을 기준으로 언제 무슨 일이 있었는지 기억하곤 했다. "어디 보자, 그 일 있고 나서 냉동 천엽이 세 번 더 들어왔으니까……" 뭐 이런 식이었다. 우리 하숙인들은 천엽 먹을 기회가 전혀 없었다. 그때는 천엽이 너무 비싸서 그런 줄 알았으나, 지금 생각해보면 우리가 너무 많이 알고 있었기 때문인 듯하다. 브루커 부부가 천엽을 절대 먹지 않는다는 것은 그때도 알았지만 말이다.

하숙인 중에 장기 체류자는 스코틀랜드인 광부, 라일리 씨, 노령의 연금 생활자 둘, 그리고 생활보호위원회의 실업수당을 받는 조라는(그는 아무에게도 성을 말하지 않는 유형이었다) 실업자밖에 없었다. 스코틀랜드인 광부는 알고 보면 재미없는 사람이었다. 숱한 실업자들이 대개 그렇듯, 그는 신문을 너무 많이 읽었고, 그냥 두면 '황화론黃禍論'[2]이나 토막 살인 사건, 점성술, 종교와 과학의 갈등 같은 것들을 몇 시간이고 이야기했다. 노령의 연금 생활자 둘은 대개 그렇듯 정부의 '자산 조사'[3] 때문에 집에서 쫓겨난 사람들이었다. 그들은 브루커 부부에게 매주 10실링[4]을 주고, 그 돈으로 받을 수 있는 수준의 숙식을 제공받았다. 그것은 다락에 있는 침대와 주로 빵과 버터뿐인 식사였다. 한 사람은 지독한 병에 걸려 죽어가고 있었는데, 암인 듯했다. 그는 연금을 타러 가는 날만 침대를 벗어나는 생활을 했다. 또 한 사람은 다들 '올드 잭'이라고 부르는 이로, 탄광에서만 50년 이상을 일했다는 일흔여덟 살의 전직 광부였다. 그는 정정하고 정신도 멀쩡했으나, 이상하게도 어린 시절 있었던 일만 기억하고 오늘날의 광산 기술에 대해서는 다 잊어버린 듯했다. 그는 내게 좁은 지하 갱도에서 사나운 말과 싸우던 얘기를 해주곤 했다. 그는 또 탄광 몇 곳에 가보려고 한다는 내 말을 듣고는 경멸적인 태도로 나만 한(190센티미터 가까이 된다) 사람은 결코 갱도 내 '여행'을 할 수 없다고 선언했다. 예전보다 '여

---

[2] 황인종의 세계 진출이 백인의 서양문명을 위협한다는 주장으로, 1895년에 독일 황제 빌헬름 2세가 처음 쓴 말로 알려져 있다.

[3] Means Test. 정부로부터 생활보조금을 받을 필요가 있는지 판단하기 위해 가계의 재산 상태를 파악하는 것.

[4] 2023년 기준 1파운드(20실링)는 약 2천 원이며, 1실링은 100원쯤 된다. 영국의 1936년과 2023년 사이의 소비자 물가가 85배 이상 차이가 나므로(http://www.measuringworth.com/ppoweruk 참고) 이 책에 소개되는 1실링을 오늘날 한국의 9천 원 정도로 어림잡아 가늠하면 당시 상황을 이해하는 데 도움이 될 것이다.

행'이 나아졌다고 반박해봐야 소용없는 일이었다. 하지만 그는 누구에게나 친절했고, 서까래 밑 어디엔가 있을 침대로 가느라 계단을 기어오를 때면 우리 모두에게 "잘 자게나 여보게들!" 하고 시원하게 외치곤 했다. 올드 잭의 가장 존경스러운 점은 결코 얻어먹지 않는다는 것이었다. 그는 대개 주말이 다가오면 담배가 떨어지곤 했는데, 남의 담배는 절대 받으려 하지 않았다. 브루커 부부는 이 두 노인에 대해 일주일에 6페니[5]면 되는 생명보험을 들어두었고, 남들 보는 데서 보험 외판원에게 "사람이 암에 걸리면 얼마나 오래 사느냐"고 근심스레 물어보기도 했다고 한다.

조는 스코틀랜드인과 마찬가지로 신문을 엄청나게 열심히 읽었으며, 거의 온종일 공립도서관에서 시간을 보냈다. 그는 전형적인 미혼 실업자로, 차림은 몹시 남루하고, 둥글고 아이 같은 얼굴은 순진하고 장난기 있어 보였다. 그는 성인이라기보다는 방치된 어린아이 같았다. 나는 이런 사람들이 나이보다 훨씬 어려 보이는 경우가 아주 흔한 것은 책임질 일이 없기 때문이라 생각한다. 나는 조의 외모를 보고 스물여덟쯤 됐겠거니 했는데, 마흔셋이라는 걸 알고는 깜짝 놀랐다. 그는 자신이 결혼을 피할 만큼 약삭빠르다는 것을 대단히 자랑스러워했다. 그리고 내게 종종 아주 절묘하고 놀라운 말이라도 해준다는 듯

---

[5] 이 당시에는 1페니가 1/12실링, 1/240파운드였다.

"결혼이라는 굴레는 예삿일이 아니야"라고 말하곤 했다. 그의 수입은 일주일에 15실링이었고 그중 6~7실링은 브루커 부부에게 숙박비로 내야 했다. 나는 가끔 그가 부엌 난롯가에서 직접 차를 타 마시는 모습을 보았는데, 그 외의 먹을 것은 밖에 나가서 해결했다. 아마 주로 마가린 바른 빵 조각이나 약간의 '피시 앤드 칩스'[6] 정도일 터였다.

그 나머지는 뜨내기손님들이었고, 주로 제일 가난한 출장 판매원, 떠돌이 배우(북부에서는 큰 선술집들이 주말이면 버라이어티 쇼를 할 예인을 고용하는 게 보통이었다), 신문 외판원 같은 이들이었다. 신문 외판원이란 사람들은 내가 생전 처음 만나보는 부류였다. 나는 그들의 일이 워낙 절망적이고 지독한 것이어서 어떻게 감옥이라는 대안이 있는데 그런 일을 계속 참고 하나 싶었다. 그들은 대개 주간지나 일요신문에 고용되어, 지도와 매일 '작업'해야 할 길거리 목록을 지급받고서 이 고장 저 고장을 떠돌았다. 그리고 하루에 최소 스무 건의 구독을 따내지 못하면 잘려버렸다. 하루에 스무 건을 채우는 동안은 약간의 급료를 받았고(주당 2파운드쯤일 것이다), 스무 건 이상의 실적에 대해선 아주 적은 커미션도 받았다. 그만한 수를 채우는 게 들기만큼 불가능하지 않은 것은, 노동자 거주 지구에서는 어느 가정이나 2페니짜리 주간지를 구독하고 몇 주 만에 갈아치우

---

[6] 영국인이 즐겨 먹는 간편식. 생선튀김과 감자튀김이다.

는 게 예사였기 때문이다. 그렇다 해도 나는 그런 일을 그만큼 오래 할 수 있는 사람이 있을까 싶었다. 신문사에선 절박한 가난뱅이나 실직한 사무원이나 출장 판매원 같은 이들을 고용하는데, 그들은 한동안은 최소 구독 건수를 채우기 위해 죽어라 애를 쓴다. 그러다 이 진을 빼는 일에 지칠 대로 지치면 잘려버리고, 그 자리에는 새로운 사람이 들어온다. 나는 개중에 더 악명 높은 주간지에 고용되었던 사람 둘을 만나보았다. 둘 다 부양할 가족이 있는 중년이었고, 한 사람은 손자까지 있었다. 그들은 지정된 길거리에서 '작업'을 하느라 하루 열 시간씩 걸어 다녔다. 그리고 신문사에서 해먹는 속임수를 돕느라 밤늦도록 빈 서류를 메우기 바빴다. 이를테면 6주 정기구독권에 당첨되어 2실링어치 우편 주문을 하면 도자기 세트를 '거저' 준다는 식의 속임수였다. 할아버지인 뚱뚱한 이는 서류 양식 더미를 베고 잠들곤 했다. 그렇게 해도 둘 다 브루커 부부가 요구하는 주당 1파운드의 숙식비를 낼 형편이 못 되었다. 그래서 그들은 숙박비로만 약간의 돈을 내고는, 끼니는 부엌 한구석에서 부끄럽지만 짐 가방에 넣고 다니는 베이컨과 빵과 마가린을 차려 먹어가며 해결하곤 했다.

브루커 부부에겐 아들딸이 많았는데, 대부분이 집을 떠난 지 오래였다. 그중에는 캐나다에 사는 이들도 있었다. 집 가까이 사는 이는 아들 하나뿐이었고(자동차 정비공장에서 일한다는 이 덩치 크고 돼지 같은 젊은이는 이 집에 자주 와서 식사를 했다) 그의 아내와 두 아이는 온종일 여기 와 있었는데 식사 준비와 빨래는 주로 그녀 몫이었으며, 런던에 있는 다른 아들의 약혼녀인 에미도 와서 거들었다. 에미는 금발에 코가 뾰족하고 불행해 보이는 아가씨로, 입에 풀칠도 못 할 박봉을 받으며 공장에서 일하면서도 저녁이면 브루커 부부의 집에서 반감금 생활을 했다. 보아하니 결혼은 계속 미뤄지고 있었고 영영 불가능할 듯했지만, 브루커 부인은 에미를 이미 며느리로 부리고 있었으며, 아픈 사람이 흔히 그러하듯 교묘하게 정답고 집요한 방식으로 그녀를 들볶았다. 나머지 가사는 브루커 씨가 하다가 말다가 했다. 브루커 부인은 부엌에 있는 소파에서 일어나는 법이 거의 없었고(낮밤을 가리지 않고 주로 거기에만 있었다) 너무 아파서 엄청나게 먹어대는 것 말고는 할 수 있는 게 없었다. 가게를 돌보고, 하숙인들에게 먹을 것을 챙겨주고, 침실들을 '청소'하는 것은 브루커 씨의 몫이었다. 그는 지긋지긋한 일 하나를 하다 다른 일을 하러 갈 때면 언제나 말할 수 없이 느릿느릿 움직였다. 침대는 저녁 6시가 되어도 정돈되지 않을 때가 많았고, 낮에는 가득 찬 요강단지를 엄지손가락이 잠기도록 들고 있는 브루커 씨를 어느 때든 계단에서 마주칠 수 있었다. 아침이면 그는 난롯가에 앉아 더러운 물이 담긴 통에 있는 감자를 슬로모션으로 깎았다. 나는 그렇게 분한 마음을 품고서 감자껍질을 벗길 수 있는 사람은 처음 보았다. 그가 말하는 "빌어먹을 여자들의 일"에 대한 적개심이 무슨 쓰디쓴 체액처럼 속에

20

서 부글부글하는 모양이었다. 그는 불평불만을 되새김질하듯 계속 되씹을 수 있는 그런 사람이었다.

나는 실내에서 많은 시간을 보냈기 때문에 브루커 부부의 넋두리가 대체로 어떤 것인지 들을 수 있었다. 주로 모두들 자기네를 어떻게 속여먹으며 얼마나 배은망덕한지, 가게가 얼마나 수지가 맞지 않는지, 하숙집은 얼마나 남는 게 없는지 하는 얘기였다. 이 지역 수준에서 볼 때, 그들은 그리 형편이 나쁜 게 아니었다. 브루커 씨는 나는 이해하지 못하는 어떤 방식으로 '자산 조사'를 피해나가면서 생활보호위원회에서 실업수당까지 타내고 있었다. 어려워서라기보다는 들어주는 사람만 있으면 불만을 털어놓는 게 가장 큰 기쁨이었기 때문에 그랬을 것이다. 브루커 부인은 비만과 자기연민의 무덤 같은 소파에 앉아 시시각각 같은 푸념을 하고 또 했다. "요샌 통 손님이 없는 것 같아. 왜 그런지 도통 모르겠단 말이야. 천엽이 날마다 그 자리에만 있으니. 그 예쁘게 생긴 천엽이 말이야! 그러니 얼마나 힘들겠수?" 뭐 이런 식이었다. 브루커 부인의 탄식은 늘 무슨 발라드의 후렴처럼 "그러니 얼마나 힘들겠수?"로 끝났다. 가게가 수지맞지 않는 것은 확실한 사실이었다. 가게 전체에 망해가는 장삿집이면 어김없이 나는 먼지투성이의 퀴퀴한 냄새가 났다. 하지만 누군가 큰맘 먹고 그들에게 아무도 가게를 찾지 않는 이유가 뭔지 설명한다 한들 부질없는 일일 터였다. 가게 진열창에 축 처져 있는 해묵은 수레국화가 장사에 도움이 되지 않는다는 것을 둘 다 이해할 리가 없었을 것이다.

그런가 하면, 그들을 정말 괴롭히는 것은 늙은 두 연금 생활자들이었다. 두 노인이 공간을 잔뜩 차지하고 음식을 마구 먹으면서도 일주일에 10실링밖에 내지 않는다는 불만이었다. 일주일에 10실링으로 남겨봤자 얼마나 되겠냐만, 그들이 정말 두 노인 때문에 손해를 보는지는 의심스러웠다. 하지만 그들의 눈엔 두 노인이 절대로 떨어지지 않는 끔찍한 기생충 같은, 그들의 자선 없이는 살 수 없는 존재로만 보였다. 그나마 올드 잭이야 낮엔 대부분 집 밖에 나가 있으니 봐줄 만했다. 그러나 침대에 누워 있기만 하는 후커라는 노인은 정말 가증스러운 존재였다. 브루커 씨는 특이하게도 그의 이름을 후커가 아니라 '우우커'라 발음했다. 후커 노인과 그의 까다로움에 대해, 그의 침대를 정돈하는 게 얼마나 성가신 일인지에 대해, 그가 어떤 건 먹으려 하고 어떤 건 안 먹으려 하는지에 대해, 그가 어찌나 배은망덕한지에 대해, 그리고 특히 그가 이기적이게도 죽지 않고 얼마나 잘 버티는지에 대해 어찌나 많은 얘기를 들었던가! 브루커 부부는 그가 죽기를 공공연히 애타게 바라곤 했다. 그렇게 되면 보험금이라도 탈 수 있었기 때문이다. 그들은 그가 자기네 뱃속에서 계속 살아오며 날마다 그들의 피와 살을 먹어치우는 기생충이라도 되며, 그것이 움직이는 것을 느끼기라도 하는 듯했다. 이따금 브루커 씨는 감자 껍질을 벗기며 위를 올려다보다 나와 눈이 마주치면, 천장 쪽을 말할 수 없이 모진 표정으로 쳐다보며 "빌어먹을 놈의 영감탱이!"라고 말하곤 했다. 후커 노인이 있는 방 쪽이었다. 그러면 더 들을 필요도 없었다. 나는 후커 노인에 대해 그가 하는 얘기는 죄다 들어봤던 것이다. 그런가 하면 브루커 부부는 모든 하숙인에 대해 이런저런 불만을 품고 있었다. 나 또한 예외가 아닐 게 분명했다. 조 역시 보조금을 받는 처지였으니 두 노인네와 사실상 같은 등급이었다. 스코틀랜드인은 일주일에 1파운드를 냈지만 거의 온종일 밖에 나가지 않았기에 "집에만 죽치고 있는 게 마음에 안 드는 인간"이었다. 신문 외판원들은 온종일 밖에 나가 있었지만, 먹을 것을 밖에서 가져오니 부부의 원을 사지 않을 수 없었다. 최고의 하숙인인 라일리 씨조차 아침에 아래층에 내려올 때 자기를 깨운다며 브루커 부인의 눈 밖에 나고 말았다. 그들은 자기들이 바라는 부류의 하숙인을 받지 못하는 게 언제나 불만이었다. 그것은 숙식비를 다 내면서 온종일 나가 있는 여유 있는 '출장 신사'를 말하는 것이었다. 그들이 이상적으로 생각하는 하숙인은 일주일에 30실링을 내면서 잘 때 말고는 절대 집에 돌아오지 않는 누군가였다. 나는 하숙집을 하는 사람들이 거의 대부분 자기 집 하숙인을 미워한다는 것을 알게 되었다. 그들은 하숙인의 돈은 바라면서도 하숙인이란 사람을 침입자로 여겨, 하숙인이 절대 너무 편히 지내도록 내버려두지 않겠다고 작정을 한 듯 묘하게 감시하고 경계하는 태도를 보인다. 그것은 하숙인이 다른 사람의 집에 살되 그 가족이 될 수는 없는 나쁜 시스템의 불가피한 결과다.

　브루커 부부의 집에서 내놓는 식사는 어김없이 역겨운 것이었다. 아침으로는 얇은 베이컨 두 조각과 빛깔 흐린 계란프라이 하나, 그리고 버터 바른 빵이 나온다. 빵은 대개 전날 잘라 둔 것이며, 어김없이 시커먼 손도장이 찍혀 있다. 나는 아무리 재치를 부려봐도 내 빵은 내가 잘라 먹을 수 있게 브루커 씨를 설득할 수 없었다. 그는 '굳이' 그 넓적하고 시커먼 엄지손가락으로 빵 조각을 꽉 쥐고서 하나씩 넘겨주려고만 했다. 점심으로는 대개 통조림에 든 3페니짜리 스테이크 푸딩과(가게의 재고품 중 하나인 것 같았다) 삶은 감자와 쌀 푸딩이 나왔다. 오후 티타임에는 역시 버터 바른 빵이, 그리고 빵집에서 '때 지난' 것들을 떨이로 샀지 싶은 케이크가 나왔다. 저녁으로는 희멀겋고 흐느적거리는 랭커셔치즈와 비스킷이 나왔다. 브루커 부부는 이 비스킷을 절대 비스킷이라 부르지 않았다. 언제나 경건히 '크림 크래커'라 불렀으며("크림 크래커 하나 더 들어요, 라일리 씨, 크림 크래커에 치즈를 발라 들면 근사할 거예요.") 그럼으로써 저녁에 치즈밖에 먹을 게 없다는 사실을 얼버무렸다. 스테이크 소스 몇 병과 반쯤 찬 마멀레이드 잼 단지 하나는 언제나 식탁 위에 있었다. 스테이크 소스로는 치즈 한 조각이라도 흠뻑 적셔 먹는 게 보통이었지만, 마멀레이드 단지에 도전하리만큼 용감한 사람은 아무도 없었다. 온갖 부스러기와 먼지가 가득한, 도저히 봐줄 수 없는 끈적끈적한 덩어리였던 것이다. 브

24

루커 부인은 식사를 따로 했지만, 사람들이 뭘 먹고 있는 걸 보면 언제든 간식 삼아 함께 먹었고, 놀라운 솜씨로 '찻주전자 바닥 것'을(제일 진한 차를 말한다) 챙겨 마셨다. 그녀는 늘 소파에 앉아 담요로 입을 훔치는 버릇이 있었다. 내가 떠나기 직전엔 신문지 끝부분을 뜯어 입을 닦는 버릇을 들였고, 아침이면 끈적끈적한 게 묻은 구겨진 신문지 조각들이 몇 시간째 부엌 바닥에 뒹굴고 있는 게 보이곤 했다. 부엌에서 나는 냄새는 지독했으나, 침실의 경우와 마찬가지로 한동안 들어앉아 있으면 더 느낄 수 없었다.

하숙인들이 대체로 불평하지 않는 것으로 봐서, 이런 하숙집이 산업 지대에서는 보통인 게 분명하다는 생각이 퍼뜩 들었다. 내가 알기로 불평하는 사람은 키 작고 검은 머리에 코가 뾰족한 코크니[7]뿐이었다. 그는 담배회사의 출장 판매원으로, 북부 지역[8]에는 처음 왔고, 아마 최근까지는 더 나은 자리에 있어 호텔에서만 묵어온 것 같았다. 그는 이번에 처음으로 진짜 하류인 하숙집을, 가난뱅이 외판원들이 끝없이 출장을 다니면서 묵어야 하는 곳을 구경하게 된 것이다. 아침에 우리가 옷을 입을 때(물론 그는 2인용 침대에서 잤다) 나는 그가 삭막한 방을 황당하고 혐오스럽게 둘러보는 모습을 보았다. 그는 나와 눈이

7 Cockney. 런던의 빈민가인 이스트엔드에서 대대로 살아온 노동계급, 또는 그들 특유의 사투리.
8 정확히는 본섬에서 스코틀랜드를 제외한 잉글랜드 지역의 북부를 말하므로, 지도상에서 중부 어름으로 보이는 지역이 북부가 된다.

마주치더니 순간 내가 같은 남부인인 줄 알아보았다.

"빌어먹을 더러운 것들!" 그는 감정을 가득 실어 내뱉었다.

그러더니 짐 가방을 싸고 아래층으로 내려가서는, 브루커 부부에게 자기는 이런 집에 익숙한 사람이 아니니 당장 나가겠노라고 작정을 하고 말했다. 브루커 부부는 도저히 이해할 수 없었다. 그들은 몹시 놀랐고 상처받았다. 이런 배은망덕이 있나! 하룻밤 만에 아무 이유도 없이 떠나버리다니! 그 뒤로 그들은 두고두고 곱씹으며 그 이야기를 했다. 불평불만거리가 한 가지 더 늘어난 것이다.

아침 식사 때 식탁 밑에 가득 찬 요강단지가 있는 것을 본 날, 나는 떠나기로 마음먹었다. 있다 보면 더 우울해질 것 같았다. 더럽고 냄새나고 음식이 형편없기 때문만은 아니었다. 무의미하게 정체되어 썩어간다는 느낌, 사람들이 지하에 갇혀 바퀴벌레처럼 같은 자리를 빙글빙글 기어다니며 끊임없이 비열한 불평불만만 늘어놓고 있다는 느낌이 더 견디기 힘들었다. 브루커 부부 같은 사람들의 가장 끔찍한 점은 같은 얘기를 하고 또 한다는 것이었다. 그런 그들을 보노라면 인간이 아니라 매일 똑같은 시시하고 장황하고 무익한 이야기를 끝없이 연습하는 무슨 유령 같다는 느낌이 든다. 결국 브루커 부인의 자기연민뿐인 이야기는(언제나 같은 것들에 대한 불만이며 늘 "그러니 얼마나 힘들겠수?"라는 푸념으로 끝난다) 신문지 조각으로 입을 닦는 버릇보다 내 비위를 더 거슬렀다. 그렇다고 브루커 부부 같은 사람들은 역겨우니 잊어버리면 그만이라고 해봤자 부질없는 짓이다. 그들 같은 사람들은 얼마든지 있으며, 그들 역시 근대 세계 특유의 부산물인 것이다. 그들을 만들어낸 문명을 받아들이면서 그들을 무시할 수는 없는 노릇이다. 그들 역시 산업화가 우리에게 가져다준 것 가운데 일부이다. 콜럼버스가 대서양을 횡단하고, 최초의 증기 엔진이 돌아가고, 워털루에서 영국군이 프랑스군의 총포를 견뎌내고, 19세기의 애꾸눈 악당들이 하느님을 찬양하며 제 호주머니를 채우는 것, 이 모든 일의 결과로 그런 사람들이 생겨난 것이다. 그 때문에 미로 같은 슬럼가가, 나이 들고 병든 사람들이 바퀴벌레처럼 빙글빙글 기어다니는 컴컴한 부엌이 생겨난 것이다. 그런 것들이 존재한다는 사실을 잊지 않기 위해서는, 이따금 그런 곳들을 찾아가 냄새를 맡아볼(냄새를 맡는 게 특히 중요하다) 의무 같은 게 있다. 가서 너무 오래 머무르지는 않는 게 낫겠지만 말이다.

나를 태운 기차는 탄광 쓰레기 더미와 굴뚝, 고철 무더기, 지저분한 운하, 그리고 통나무 자국이 가로세로 나 있는 잿빛 진흙탕 길을 지나쳤다. 삼월이지만 날은 끔찍이도 추웠고, 어디나 시커먼 눈 더미가 있었다. 기차가 도시 외곽을 서서히 빠져나갈 때는, 강둑과 직각 방향으로 뻗은 슬럼가의 작은 회색빛 집들이 차례로 줄지어 나타났다. 그중 어느 집 뒤뜰에서는 젊은 여인 하나가 돌바닥에 무릎을 꿇고서 부엌에서 나오는 배수관을 꼬챙이로 찌르고 있었다. 어디가 막힌 모양이었다. 짧은 순간이었지만 나는 그녀의 모든 것을 볼 수 있었다. 올 굵은 삼베 앞치마, 꼴사나운 나막신, 추위에 빨개진 팔을 놓칠 수 없었던 것이다. 기차가 지나갈 때 그녀가 올려다보는 바람에 나는 지척에서 그녀와 눈이 마주쳤다. 둥글고 창백한 그녀의 얼굴은, 슬럼가의 젊은 여자들이 흔히 그러하듯 유산과 고역 때문에 스물다섯인데도 마흔은 돼 보이도록 지쳐 있었다. 그리고 내가 본 그 순간 동안, 내가 익히 본 적이 없는 어둡고 절망적인 표정을 짓고 있었다. 그때 나는 "우리가 느끼는 것하고 똑같이 그들이 느끼는 건 아니다"라고 한다면, 그리고 슬럼에서 자란 사람들은 슬럼밖에 상상할 수 없다고 한다면, 우리의 오산이라는 생각이 퍼뜩 들었다. 그때 내가 그녀의 얼굴에서 본 것은, 까닭 모르고 당하는 어느 짐승의 무지한 수난이 아니었다. 그녀는 자신에게 어떤 일이 벌어지고 있는지 충분히 잘 알고 있었다. 모진 추위 속에, 슬럼가 뒤뜰의 미끌미끌한 돌바닥에 꿇어앉아 더러운 배수관을 꼬챙이로 찌르고 있다는 게 얼마나 끔찍한 운명인지를, 내가 알듯 그녀도 잘 이해하고 있었던 것이다.

기차는 곧 탁 트인 시골로 빠져나갔다. 그런데 부자연스러울 정도로 묘한 것은, 탁 트인 시골이 무슨 공원처럼 느껴졌다는 것이다. 산업 지대에 있으면 매연과 오물이 끝없이 펼쳐져 있어 지상의 그 어느 곳도 그것들로부터 벗어날 수 없을 것만 같은 기분이 들기 때문이다. 영국처럼 복닥복닥하고 지저분하고 좁은 나라에서는 불결한 것을 거의 당연시하게 된다. 탄광 쓰레기나 굴뚝 같은 게 풀이나 나무보다 더 정상적이고 그럴듯한 풍경 같으며, 아주 외딴 시골에 가도 쇠스랑으로 땅을 긁으면 깨진 병이나 녹슨 캔이 걸려 나올 것만 같다. 하지만 이곳은 아무도 밟지 않은 눈이 워낙 높이 쌓여 있어, 높다란 돌담 꼭대기만이 까만 길처럼 언덕 위를 구불구불 기듯 하는 게 드러날 뿐이었다. 나는 D. H. 로런스가 이곳 아니면 근처의 풍경을 보고 쓴 글에서, 눈 덮인 언덕들이 멀리까지 '근육' 같은 잔물결을 일으킨다고 한 게 기억났다. 내 눈엔 좀 다르게 보였다. 내가 보기에 눈과 검은 돌담은 하얀 드레스에 까만 가두리 장식을 댄 듯했다.

눈은 거의 그대로 있었지만 해는 밝게 빛났고, 객차 창문을 닫고 있으니 볕이 따뜻했다. 달력으로 보자면 봄이었지만, 그 사실을 믿는 새는 별로 없는 것 같았다. 나는 생전 처음으로 철길 옆에 있는 빈터를 당까마귀들이 거니는 모습을 보았다. 그 새들은 내 예상과 달리 나무가 아니라 땅바닥을 오가고 있었다. 그 새들의 구애 행동은 묘했다. 암컷이 부리를 열고 서 있자니 수컷이 암컷 주변을 걸어다니며 먹이를 주는 것 같았다. 기차를 탄 지 30분도 채 되지 않았건만, 브루커 부부의 어두운 부엌에서 눈밭이 펼쳐지고 햇살이 환하고 번득이는 큰 새가 있는 곳까지 아주 멀리 온 느낌이었다.

산업 지대 전체는 그야말로 하나의 거대한 도시라고 할 수 있으며, 인구는 광역화된 런던의 그것과 맞먹는다. 단, 다행히도 면적은 런던보다 훨씬 넓으며, 그래서 산업 지대 한가운데라도 아직 깨끗하고 멀쩡한 땅이 있을 만한 여지가 있다. 그나마 고무적인 일이다. 열심히 애를 썼지만, 인류가 아직은 온 땅을 다 망쳐놓지는 못했으니 말이다. 땅이 워낙 방대하고 아직은 빈터가 많아, 문명의 불결한 심장에서도 풀이 회색 아닌 녹색인 터를 찾아볼 수 있으니 말이다. 잘만 찾아보면 연어 통조림 대신 살아 있는 물고기가 있는 냇물을 발견할 수도 있으리라. 꽤 오랫동안, 아마 20분 정도 더 흐르는 동안, 기차는 탁트인 시골을 덜컹덜컹 달렸고, 이어서 주택 밀집 지구가 다가오기 시작했다. 그리고 외곽의 슬럼이, 탄광 쓰레기가, 매연을 토해내는 굴뚝이, 용광로가, 운하가, 가스탱크가 다가왔다. 또 하나의 산업 도시에 들어선 것이었다.

2. 막장의 세계를 체험하다

우리 문명의 기반은, 체스터턴에게는 실례지만,[9] 석탄이다. 그것은 곰곰이 생각해서 깨닫는 것 이상으로 완벽하게 그렇다. 우리를 살게 해주는 기계가, 그 기계를 만드는 기계가 전부 직간접적으로 석탄에 의존하고 있다. 서구 세계의 신진대사에서 석탄 광부보다 중요한 존재는 땅을 일구는 농부밖에 없다. 광부는 검댕 묻지 않은 거의 모든 것을 어깨로 떠받치는 검댕투성이 여인상 기둥과도 같다. 이런 이유에서, 석탄을 캐는 실제 과정은 꼭 지켜볼 만한 일이다. 물론 기회가 있고, 또 기꺼이 수고를 감내할 마음이 있다면 말이다.

---

9 20세기 초 영국의 유명 작가였던 G. K. 체스터턴은 당대 문명의 기반이 추상화abstraction라 주장한 바 있다.

탄광에 갈 요량이라면 '필러filler'[10]가 작업할 때 막장[11]까지 가보는 게 좋다. 물론 쉬운 일은 아니다. 탄광에 작업이 한창일 때 방문객은 성가신 존재라 환영을 못 받는데, 그렇다고 다른 때 가면 완전히 엉뚱한 인상을 받고 나올 가능성이 높다. 이를테면 일요일에 가본 탄광은 거의 평화로울 정도다. 그러니 가볼 만한 때는 기계가 요란하게 돌아가고 탄진炭塵 자욱한 공기가 시커멀 때이며, 광부들이 무얼 해야 하는지 실제로 볼 수 있을 때이다. 그럴 때 갱도 안은 지옥 같으며, 아니면 적어도 내 마음에 그려보곤 하는 지옥 같다. 아무튼 거기엔 보통 사람이 지옥에 있으리라 상상할 만한 게 대부분 있다. 더위, 소음, 혼란, 암흑, 탁한 공기, 그리고 무엇보다 참을 수 없이 갑갑한 공간이 그것이다. 불 말고는 모든 게 다 있다. 저 아래에는 뿌연 탄진을 잘 뚫지 못하는 램프와 손전등의 미약한 빛은 있되, 활활 타는 지옥불만은 없다.

마침내 거기까지 가서(거기까지 가는 것 자체가 큰일인데 거기에 대해선 잠시 뒤 설명하기로 하자) 갱도 지주가 마지막으로 세워져 있는 곳까지 기어가면, 앞에 1미터 정도 높이의 번들번들한 검은 벽이 보인다. 여기가 바로 막장이다. 머리 위는 석탄을 떼어낸 암반이 드러난 매끈한 천장이고, 밑바닥도 암반이다. 그러니 당신이 들어간 갱도의 높이는 탄맥炭脈 자체의 폭 정

10 채워 담는 사람이라는 뜻. 우리 식으로 말하자면 막장꾼이 되겠다.
11 채광採鑛이 이루어지는 면, 채벽採壁이라고도 한다.

도밖에 안 되며, 1미터를 얼마 넘지 못할 것이다. 다른 모든 것을 압도하는 강력한 첫인상은 석탄을 나르는 컨베이어벨트에서 나는 무시무시한 소음에서 비롯된다. 갱도 안에서는 멀리까지 볼 수가 없다. 램프 불빛은 뿌연 탄진에 막혀 얼마 뻗지 못한다. 하지만 어느 쪽에서든 반벌거숭이인 사람들이 무릎으로 기는 모습을 볼 수 있다. 그들은 3~4미터 간격을 두고, 떨어지는 석탄을 삽으로 퍼 왼쪽 어깨 너머로 재빨리 넘겨버린다. 석탄이 담기는 곳은 컨베이어벨트인데, 이는 그들의 1~2미터 뒤에서 갱도 앞뒤로 달리는 폭 60센티미터의 이동식 고무벨트다. 이 벨트 위로 반짝이는 석탄의 강이 끊임없이 흐르는 것이다. 큰 탄광에서는 이런 벨트가 분당 몇 톤의 석탄을 나른다. 석탄은 지하의 중앙 통로가 있는 곳으로 실려가 반 톤 분량을 담을 수 있는 광차鑛車에 담기고, 승강기로 옮겨진 다음 지상으로 들려 올라간다.

'필러'들이 일하는 모습을 보노라면, 그들의 강인함에 쓰린 질투심을 느끼지 않을 수 없다. 그들이 하는 일은 보통 인간의 기준으로 보자면 거의 초인적이라 할 만큼 엄청나다. 그것은 그들이 어마어마한 양의 석탄을 퍼 담을 뿐만 아니라, 두세 배 힘든 자세로 작업하기 때문이다. 그들은 계속해서 기는 자세를 유지해야만 하는데(무릎을 펴려고 했다간 천장에 머리를 부딪치지 않을 수 없다) 그게 얼마나 힘든지는 시늉만 해봐도 쉽게 알 수 있다. 삽질은 서서 할 때 더 쉬운 법이다. 삽을 움직일 때 무릎과 허벅지를 이용할 수 있기 때문이다. 무릎을 꿇게 되면 그 부담을 팔과 배 근육으로 다 떠안아야 한다. 다른 조건들도 작업을 딱히 더 수월하게 해주는 건 아니다. 덥고(제각각이지만 경우에 따라 숨 막힐 정도다), 탄진은 목구멍과 콧구멍을 틀어막으며 눈썹에 자욱하게 쌓이며, 그 비좁은 공간 안에 있으면 기관총 소리처럼 시끄러운 컨베이어벨트의 소음이 끝없이 들려온다. 그런데도 필러들은 철로 만든 사람처럼 보이고, 또 그렇게 일을 한다. 머리끝부터 발끝까지 매끈하게 덮여 있는 탄진을 보면, 그들은 정말 철의 인간 같다(철을 두드려 만든 조각상 말이다). 광부들이 얼마나 대단한 사람인지 알려면 탄광 밑에서 벗고 일하는 모습을 봐야만 한다. 그들은 대부분 덩치가 작지만 (크면 그만큼 작업이 불리해진다) 거의 모두 신체가 대단히 빼어나다. 널찍한 어깨는 점점 가늘어져 미끈하고 유연한 허리로, 그리고 작고 도톰한 엉덩이와 근육질의 허벅지로 이어지며, 단 1온스의 군살도 없다. 더운 탄광에서는 얇은 속바지와 작업화와 무릎보호대 차림으로만 작업하며, 아주 더운 곳에서는 작업화와 무릎보호대 차림뿐이다. 여기서 광부들은 겉모습으로 젊었는지 늙었는지 분간하기가 거의 불가능하다. 많으면 예순에서 예순다섯까지 될 수도 있으나, 벗은 몸에 시커먼 모습이면 모두 똑같아 보인다. 단, 청년의 신체, 그것도 근위병 수준의 몸이 아니면 누구도 이 일을 할 수가 없다. 허리에 군살이 몇 파운드만 있어도 계속해서 허리를 굽혔다 펴는 동작은 할 수 없을 것이다. 일단 보고 나면 다시는 잊을 수 없는 광경이다. 온몸이 시커메진 사람들이 무릎을 꿇고 고개를 숙인 채, 놀랍도록 힘차고 빠르게 삽을 휘둘러 석탄을 뜬다. '휴식' 시간이란 게 없으니, 그들은 이론상으론 전혀 쉬지 않고 일곱 시간 반을 일한다. 단, 실제로는 가져온 도시락을 먹느라 교대하는 동안 15분쯤 시간을 죽이긴 한다. 도시락은 대개 비계 바른 빵 한 덩이와 차가운 차 한 병이 전부다. 나는 '필러'들이 작업하는 광경을 처음 지켜보다 석탄가루 속에서 몹시 불쾌하게 끈적거리는 무언가를 더듬게 되었다. 그것은 씹다 뱉은 담배였다. 거의 모든 광부들이 씹는담배를 이용하는데, 갈증 해소에 좋기 때문이라고 한다.

아마도 탄광 여러 곳에 들어가봐야만 일이 어떤 식으로 돌아가는지 웬만큼 감을 잡을 수 있을 것이다. 한곳에서는 이리저리 이동하는 것 자체가 힘들어 다른 것이 눈에 잘 안 들어오기 때문이다. 그래서 어떤 면에서 탄광 체험은 실망스럽기까지 하거나, 아니면 적어도 예상 밖이라는 생각을 하기 쉽다. 승강기에 탄다고 해보자. 승강기는 전화박스 정도의 폭에 그 두세 배 정도의 길이인 철제 우리다. 여기에 열 사람을 태우는데, 정어리 통조림처럼 꽉 채우며, 키가 큰 사람은 바로 서 있지도 못한다. 철문이 닫히면 위에서 도르래 장치를 작동하는 누군가가 당신을 허공 속으로 떨어뜨린다. 그러면 뱃속이 불쾌하게 간질간질해지고 귀가 터질 듯 압력이 차는데, 그 정도는 맨 밑에 다가가기 직전의 이상한 느낌에 비하면 아무것도 아니다. 승강기가 다 내려갈 때쯤이면 갑자기 속도가 느려지면서 분명히 위로 올라가고 있다는 착각이 드는 것이다. 승강기가 한참 떨어지는 동안의 속도는 시속 100킬로미터는 될 것 같고, 더 깊은 탄광에서는 그보다 더 빠르게 느껴진다. 밑바닥에 도착해서 승강기 밖으로 기어 나오면 대개 지하 350미터 정도다. 말하자면 당신 위에 어지간한 산이 하나 있는 셈이다. 단단한 바위, 멸종한 동물의 뼈, 하층토, 부싯돌, 자라고 있는 식물의 뿌리, 파릇한 풀, 그리고 그것을 뜯어 먹는 소들로 이루어진 수백 미터의 층들이 당신 머리 위에 떠 있으며, 당신 종아리 굵기 정도밖에 안 되는 나무 기둥들이 그것을 지탱하고 있다. 하지만 승강기의 엄청난 속도와 완벽한 암흑 때문에, 피커딜리 광장 밑 지하철보다 깊지 않은 곳에 온 듯한 착각이 든다.

진짜 놀라운 것은, 지하에서 수평으로 이동해야 하는 어마어마한 거리다. 나는 탄광에 들어가보기 전까지는 광부가 승강기에서 나와 탄맥을 따라 몇 미터만 가서 작업을 하면 되겠거니 하고 막연히 상상했다. 현장에 도착하기까지, 런던 브리지에서 옥스퍼드 서커스까지의 거리는 되는 갱도를 기어가야 하는 줄은 전혀 몰랐던 것이다. 물론 처음에는 탄광의 수직 갱도가 탄층炭層 가까운 어디쯤까지 내려갈 것이다. 하지만 그 탄층을 파내고 나면 새로운 탄층을 따라가야 하고, 그럴수록 작업은 수직 갱도 밑바닥에서 점점 먼 곳에서 이루어지게 된다. 수직 갱도 밑바닥에서 막장까지의 거리가 1.5킬로미터 정도라면 평균 쯤일 것이고, 5킬로미터도 보통에 속하며, 8킬로미터나 되는 탄광도 여럿 있다고 한다. 그러나 이 거리는 지상에서의 거리와는 아무 관계가 없다. 1.5킬로미터든 5킬로미터든, 사람이 서 있을 수 있는 공간은 주요 통로를 벗어나면 거의 없으며, 주요 통로라 해도 없는 경우가 많다.

그게 어떤 의미인지는 수평으로 몇백 미터를 들어가봐야 알 수 있다. 일단 출발은 램프 빛 흐린 갱도를 따라 살짝 구부리고 가는 정도다. 갱도는 폭은 2~3미터, 높이는 1.5미터쯤 되며, 벽은 더비셔의 돌담처럼 혈암頁巖[12]으로 만든 석판을 댔다. 1~2미터 간격으로 나무 기둥이 있어 들보를 떠받치는데, 어떤 들보는 환상적으로 구부러져 있어 지나갈 때 머리를 잽싸게 잘 숙여야 한다. 바닥은 대개 딛기 좋지 않은데, 혈암 가루나 들쭉날쭉한 돌멩이가 많으며 물이 있는 탄광인 경우 농가의 축사처럼 질퍽질퍽하기 때문이다. 바닥엔 또 광차가 다닐 수 있도록 30~60센티미터 간격으로 침목을 댄 미니 철길이 있으니, 걷기는 이래저래 피곤하다. 더구나 혈암 가루 때문에 모든 게 잿빛이며, 어느 탄광에서나 마찬가지인 듯한 먼지투성이의 탄내가 난다. 그리고 용도가 무엇인지 도무지 알 수 없는 신기한 기계들이 보이고, 연장 꾸러미들이 철사에 매달려 있으며, 때로

---

12 얇은 층으로 잘 갈라지는 성질이 있는 무른 퇴적암.

는 생쥐들이 램프 불빛에 놀라 달아나곤 한다. 그것들은 놀랍게도 흔하며, 말馬을 쓰거나 써온 탄광에선 더욱 그렇다. 생쥐들이 어떻게 처음 거기까지 오게 되었는지 알 수 있다면 재미있을 것 같다. 수직 갱도에서 떨어진 것인지도 모르겠다. 생쥐는 체중에 비해 표면적이 아주 넓어서 아무리 높은 데서 떨어져도 다치지 않는다고들 하니 말이다. 철길을 따라 수직 갱도로 느릿느릿 덜컹거리며 가는 광차들에게 길을 내주려면 벽에 바짝 붙어서 걸어야 한다. 광차는 지상에서 작동하는 끝없이 긴 강철케이블에 의해 끌려간다. 이어서 올 굵은 삼베 커튼과 두꺼운 나무문을 열고 기다시피 지나갈 때면 한바탕 세찬 공기가 밀려온다. 이 문들은 환기 시스템에서 중요한 역할을 담당한다. 한 수직 갱도의 탁한 공기를 환풍기로 뽑아내면, 다른 수직 갱도로 맑은 공기가 들어온다. 하지만 그대로 두면 공기가 가장 짧은 코스로만 돌아서, 더 깊은 곳에 있는 작업장은 환기가 되지 않기 때문에, 칸막이를 해주어야 하는 것이다.

처음에 구부리고 걷는 것은 장난이나 마찬가지다. 하지만 이 장난은 오래가지 않는다. 나는 키가 유달리 커서 불리하지만, 천장이 1미터도 안 될 만큼 낮아지면 난쟁이나 어린애가 아닌 이상 걷는 것이 몹시 힘들어진다. 몸을 반으로 접어야 하며, 동시에 고개는 똑바로 쳐들고 있어야 한다. 그래야 처진 들보가 갑자기 나타나면 피할 수 있다. 그러다 보면 목이 결리기 시작하는데, 무릎과 허벅지가 아픈 것에 비하면 아무것도 아니다.

이렇게 1킬로미터쯤 가다 보면 도저히 참을 수 없이 고통스러워진다(절대 과장이 아니다). 과연 끝까지 갈 수 있겠냐는 의문이 들기 시작하며, 그보다 더한 것은 도대체 돌아갈 때는 어떻게 하나 싶어진다는 것이다. 그럴수록 속도는 점점 느려진다. 이렇게 너무나 낮은 곳을 쪼그린 자세로 나아가기를 수백 미터. 갑자기 천장이 이상스럽게 높은 지점이 나타나(오래된 암반이 무너진 덕분인지 모르겠다) 6미터 정도는 곧추서서 걸을 수가 있다. 얼마나 위안이 되는지 모른다. 그러나 곧바로 다시 100미터 정도 쪼그린 자세로 걸어야 할 구간이 나타나고, 이어서 들보들이 줄줄이 나타나면 납작 엎드려야 한다. 이제는 네 발로 기어야 하는데, 쪼그려 걷기에 질리고 나면 이것도 위안이 된다. 그러다 들보의 연속이 끝나고 다시 일어서려면, 무릎이 일시 파업을 하며 펴지기를 거부한다. 여기서 당신은 (불명예스럽게도) 잠시 멈추라고, 1~2분쯤 쉬면 좋겠다고 말한다. 그러면 당신의 가이드는(물론 광부다) 동정을 한다. 그는 당신의 근육이 자기 것과 같지 않다는 사실을 안다. "300~400미터만 더 가면 돼요." 그는 격려의 뜻으로 한 말이지만, 당신은 300~400미터'만'이라니 하는 심정이다. 아무튼 결국 당신은 어찌어찌 막장까지 기어간다. 1.5킬로미터를 가기까지 거의 한 시간이 걸렸는데, 광부에게는 보통 20분이 걸리지 않는다. 여기까지 가면 당신은 기력을 찾기 위해 석탄가루 위에 몇 분은 드러누워 있어야 한다. 그래야 작업을 어떻게 하는지 볼 정신이 들

테니까.

돌아오기는 가기보다 더 어렵다. 이미 지친 탓도 있지만 수직 갱도로 돌아오는 길은 약간 오르막이기 때문이다. 이제 낮은 통로는 거북이걸음으로 가야 하고, 무릎이 말을 듣지 않으니 쉬었다 가자고 말하는 게 창피하지도 않다. 램프를 들고 가기도 벅찰 지경이니, 비틀거리기라도 하면 떨어뜨리기 십상이다. 그럴 경우 데이비램프 같은 안전등은 불이 꺼져버린다. 그렇잖아도 들보를 피하기는 점점 더 어려워지고 때로는 피해야 한다는 걸 아예 잊어버리던 차다. 광부들 흉내를 낸답시고 고개를 숙이고 걸어보려 하면 등뼈가 쿵쿵 찍히기 일쑤다. 광부들도 등뼈를 꽤 자주 찍힌다고 하니 더 말할 것도 없다. 그래서 반쯤 벌거벗고 다녀야 할 정도로 몹시 더운 탄광에서는 광부들 대부분에게 '등에 달린 단추'란 게 있다. 철길이 내리막이면 광부들은 이따금 바닥 파인 작업화를 레일에 맞춰 앉아 미끄럼을 탄다. '여행'이 몹시 힘든 탄광에서는 모든 광부들이 손잡이 바로 밑부분을 적당히 도려낸 70센티미터 길이의 지팡이를 들고 다닌다. 그들은 평이한 구간에서는 지팡이 손잡이를 잡고 다니다가 많이 쪼그려야 하는 구간에서는 손잡이 밑의 도려낸 부분을 잡는다. 이 지팡이도 큰 도움이 되지만, 비교적 최근에 발명된 나무 헬멧은 신의 선물이다. 이 헬멧은 프랑스나 이탈리아의 강철 헬멧과 비슷하게 생겼지만, 나무줄기의 중심부로 만들어져 아주 가벼우면서도 단단하여 머리에 큰 충격이 가해져도 못 느낄 정도다. 마침내 지표면으로 다시 올라오면, 땅속에서 세 시간 동안 3킬로미터 정도를 이동한 뒤일 텐데, 지상에서 40킬로미터를 걸어다닌 것보다 더 지칠 것이다. 허벅지가 일주일 동안 꽉 뭉쳐 있어 계단을 내려가는 게 아주 큰일이 될 텐데, 무릎을 굽힐 수 없어 희한하게 기우뚱한 자세로 내려가야만 할 것이다. 광부인 친구들은 당신의 걸음이 우스꽝스러운 것을 보고 농담을 할 것이다("그래, 막장에 내려가보니 어떻던가, 응?" 하는 식으로). 그런데 광부라도 이를테면 병 때문에 일을 오랫동안 안 하다 탄광으로 돌아오면 처음 며칠은 근육이 뭉쳐 몹시 고생을 한다고 한다.

내가 과장하는 것처럼 보일지도 모른다. 물론, 구식 갱도에 내려가(영국의 갱도는 대부분 구식이다) 막장까지 가본 사람이라면 아무도 그렇게 말하지 않을 것이다. 하지만 정말 내가 강조하고 싶은 점은 이런 것이다. 즉, 여기 기어서 한참을 오가야 하는 끔찍한 일이 있고, 그것은 보통 사람에게는 그 자체로 하루치 일거리다. 그런데 그게 광부에게는 아예 작업의 일부가 아니며, 도시인이 지하철을 타고 날마다 출퇴근을 하듯 부수적인 일에 지나지 않는다는 것이다. 광부는 그런 식의 출퇴근을 하고, 그 사이에 일곱 시간 반의 무지막지한 노동이 끼여 있다. 나는 막장까지 1.5킬로미터가 넘는 거리는 이동해본 적이 없다. 그런데 흔히 그 거리는 5킬로미터나 되며, 나를 포함해 광부가 아닌 대부분의 사람은 결코 그만큼 가지 못할 것이다. 이런 점을 사람들은 늘 간과하기 쉽다. 우리는 탄광을 생각할 때 깊이와 더위를, 암흑을, 그리고 채벽을 파내는 시커메진 사람을 생각하되, 기어서 몇 킬로미터를 왔다 갔다 하는지는 생각해보지 않는다. 더구나 시간의 문제도 있다. 광부가 일곱 시간 반 단위로 근무 교대를 한다고 하면 별로 긴 것처럼 들리지 않겠지만, 거기다 매일 적어도 한 시간, 보통은 두 시간, 때로는 세 시간에 달하는 '여행' 시간을 더해야 한다. 물론 이 '여행'은 법적으로는 작업이 아니며 그래서 광부는 그 대가를 받지 못한다. 하지만 그것은 아무리 상관없다 해도 그 자체로 노동에 가까운 일이다. 광부들은 그런 것에는 별 신경을 쓰지 않는다고 말하기 쉽다. 확실히, 그들이 당신이나 내가 느끼는 것하고 똑같이 느끼는 것은 아니다. 그들은 어린 시절부터 그래왔고, 그만큼 단단한 근육을 갖고 있으며, 너무 놀라워서 섬뜩할 정도로 민첩하게 땅속을 오갈 수 있다. 나는 겨우 비틀비틀 갈 수 있는 곳을 광부는 고개를 숙인 채 크고 활기찬 걸음으로 '달리듯' 간다. 막장에서는 갱도 지주 주변을 개처럼 네 발로 뛰어다니며 일한다. 그러나 그들이 그걸 즐긴다고 생각하면 큰 오산이다. 나는 수십 명의 광부들에게 이 이야기를 해보았는데, 모두 하나같이 '여행'이 고역임을 인정했다. 설령 그렇지 않다 해도 그들이 자기네끼리 갱도에 대해 이야기하는 것을 들어보면, '여행'이 언제나 중요한 화젯거리 가운데 하나임을 알 수 있다. 근무 교대를 하면 일하러 가는 조보다 일을 마치고 돌아오는 조가 항상 이동이 더 빠르다고는 하지만, 광부들은 모두 하루치 고된 노역을 마치고 돌아오는 길이 각별히 힘들다고 말한다. 그것이 일의 일부고 그들에게 그만한 능력이 있긴 하되, 그것은 분명 고역이다. 아마도 그건 우리가 하루 일을 하러 가기 전과 마친 후에 어지간한 산을 하나 오르는 것이나 마찬가지일 것이다.

갱도를 두세 번쯤 내려가보면 일이 어떤 식으로 돌아가는지 감이 잡히기 시작할 것이다(여기서 탄광 일의 기술적인 면에 대해 나는 전혀 아는 바가 없다는 말을 해두고자 한다. 나는 단지 내가 본 것을 묘사할 뿐이다). 석탄은 거대한 암반층들 사이에 있는 가느다란 탄층에 있으며, 그래서 그것을 떼어내는 과정은 본질적으로 나폴리아이스크림[13]에서 가운데 층을 떠내는 것과 같은 작업이라고 할 수 있다. 예전에는 광부들이 곡괭이와 쇠지레로 석탄을 바로 캐내곤 했다. 이는 대단히 더딘 작업이었는데, 본디 상태에 있는 석탄은 거의 암석처럼 단단하기 때문이다. 지금은 전동식 석탄 절단기란 것으로 예비 작업을 한다. 이 절단기는 수직이 아니라 수평으로 작동하는 엄청나게 힘 좋은 띠톱으로, 톱니의 길이가 5센티미터가 넘고 두께는 2.5센티미터 또는 5센티미터다. 이 톱은 자체 동력으로 앞뒤로 움직이며, 작동하는 사람이 이리저리 돌려가며 쓴다. 덧붙여 말하자면, 이 절

---

[13] 초콜릿, 바닐라, 딸기의 세 층으로 이루어진 3색 아이스크림.

단기는 내가 들어본 소리 중에 가장 지독한 소음을 내며 1미터 앞도 볼 수 없고 숨쉬기가 거의 불가능할 정도로 대단한 탄진을 일으킨다. 작업자는 막장의 채벽을 따라가며 탄층의 밑부분을 절단하되, 수평 방향의 깊이가 1.5미터에서 1.7미터 정도가 되도록 판다. 이 작업이 이루어지면 절단한 깊이까지 석탄을 파내는 일은 비교적 쉬워진다. 그러기 곤란한 데가 있으면 폭약을 써서 탄층을 무르게 만들어줘야 한다. 이 작업은 도로 보수 공사에 쓰이는 드릴보다 좀 작은 전동드릴로 탄층에 일정 간격을 두고 구멍을 뚫고 폭약을 넣고서 점토로 막은 다음, 적당한 모퉁이가 있으면 그 뒤로 피신한 후(20미터는 물러나 있는 게 원칙이다) 전류를 흘려 점화하는 것이다. 이 작업은 석탄을 튀어나오게 하는 게 아니라 무르게 하는 게 목적이다. 물론 폭발이 너무 강한 경우가 종종 있으며, 그럴 때는 석탄이 튀어나올 뿐 아니라 천장이 내려앉기까지 한다.

발파를 마치고 나면 '필러'들이 석탄을 굴려뜨려 쪼갠 다음 삽으로 퍼 컨베이어벨트에 담는다. 한번 발파로 퍼 담을 수 있는 석탄은 많게는 20톤 가까이 된다. 컨베이어벨트는 퍼 담은 석탄을 광차로 빠르게 실어 나르고, 사람이 광차를 주요 통로로 밀어 계속해서 돌아가는 강철케이블에 연결하면, 케이블이 광차를 승강기로 끌어다 준다. 승강기에 실려 지상으로 끌려 올라간 석탄은 체에 한 번 걸러지며, 필요하면 씻기기도 한다. 혈암 같은 '불순물'은 가능한 한 갱도를 트는 데 쓰인다. 밑에서 쓸 수 없는 것은 전부 지상으로 보내져 처분된다. 이렇게 해서 만들어진 게 삭막한 잿빛 산을 이루는 거대한 '탄광 쓰레기 더미'이며, 탄광 지대의 전형적인 풍경이 되는 것이다. 기계로 절단한 깊이까지 석탄을 다 파내고 나면, 막장은 1.5미터 전진한다. 그러면 새로 드러난 천장을 갱도 지주로 받치고, 다음 근무조는 컨베이어벨트를 해체하여 1.5미터 전진시킨 다음 다시 조립을 한다. 되도록이면 절단과 발파와 채탄採炭의 세 작업을 각 근무조가 나누어서 한다. 즉, 절단은 오후 근무조가, 발파는 밤 근무조가(반드시 지켜지는 건 아니지만 다른 작업을 하는 사람이 가까이 있을 때는 발파하지 않는 게 원칙이다), 채탄은 아침 근무조가 하는 식이며, 아침 근무는 아침 6시부터 낮 1시 반까지다.

석탄 캐는 과정을 지켜봤다 해도 잠시 동안만일 터이니, 계산을 좀 해보지 않는 한 '필러'가 얼마나 엄청난 과업을 수행하는지 깨닫지 못한다. 대개 한 사람이 퍼 담는 석탄 더미의 폭은 4미터쯤 된다. 절단기가 높이 1미터 정도인 탄층을 1.5미터 깊이로 잘라낸다면, 각 사람이 무너뜨리고 쪼개고 실어야 하는 석탄의 양은 5~9세제곱미터쯤 된다. 그렇다면 석탄 1세제곱미터의 무게를 3,500파운드(약 1,600킬로그램) 정도로 잡을 경우, 각 사람이 퍼 담는 석탄은 시간당 2톤에 육박한다. 나는 이게 어떤 의미인지를 이해할 만큼 곡괭이질과 삽질을 해본 경험이 있다. 내 정원에서 땅을 팔 때 오후 내내 2톤 분량의 흙을 퍼낸다면, 나는 차 마실 값은 했다고 생각할 것이다. 그러나 흙은 석탄에 비하면 다루기 쉬운 물질이며, 땅속 300미터 밑 숨 막히는 더위 속에, 숨 쉴 때마다 탄진을 마셔가며, 그것도 무릎으로 기어가며 일할 필요가 없다. 그리고 일을 시작하기 전에 몸을 반으로 접고 1.5킬로미터씩 걸을 필요도 없다. 광부의 작업은 나로서는 공중그네를 타거나 그랜드내셔널[14]에서 우승을 하는 것만큼이나 내 역량을 벗어나는 일이다. 나는 육체노동자가 아니며 앞으로도 그럴 일이 없기를 신께 빈다. 그런가 하면 내가 해야 하고 할 수 있는 육체노동도 있다. 정 필요하다면 나는 봐줄 만한 거리 청소부가 될 수도 있고, 무능한 정원사가 될 수도 있고, 최악의 농장 인부가 될 수도 있다. 그러나 아무리 애를 쓰고 훈련을 받는다 한들, 광부는 될 수가 없다. 그랬다간 몇 주 만에 죽어버리고 말 것이다.

광부들이 일하는 모습을 보노라면, 다른 세상에 다른 사람들이 살고 있구나 하고 문득 깨닫게 될 것이다. 저 아래 누가 석탄을 캐고 있는 곳은, 그런 곳이 있는 줄 들어본 적 없이도 잘만 살아가는 이곳과는 다른 세상이다. 아마 대다수 사람들은 그런 곳 얘기는 안 듣는 게 좋다고 할 것이다. 하지만 그 세계는 지상에 있는 우리의 세계에 절대적으로 필요한 나머지 반쪽이다. 아마도 우리가 하는 모든 것, 말하자면 아이스크림을 먹는 것부터 대서양을 건너는 것까지, 빵을 굽는 것부터 소설을 쓰는 것

---

[14] 지금도 큰 인기를 누리고 있는 영국의 유서 깊은 경마 대회.

까지, 모든 게 간접적으로 석탄을 쓰는 것과 상관이 있다. 평화를 위한 모든 수단에 석탄이 필요하며, 전쟁이 터지면 석탄은 더욱 필요해진다. 혁명기에도 광부는 계속 일하러 가야 한다. 아니면 혁명이 중단될 수밖에 없다. 혁명도 반동도 석탄이 필요하기 때문이다. 지상에 어떤 일이 벌어지건, 석탄을 파고 퍼 담는 작업은 쉬지 않고 계속되어야 한다. 아니면 길어도 몇 주 이상 중지되어서는 안 된다. 히틀러가 거위걸음[15]으로 행진하기 위해, 교황이 볼셰비키 사상을 지탄하기 위해, 로즈 경기장에 크리켓 관중이 몰리기 위해, 동성애자 시인들이 서로의 등을 긁어주기 위해, 석탄은 언제든 준비되어 있어야 한다. 그러나 우리는 대체로 그런 사실을 인식하지 못하고 있다. 우리는 모두 우리에게 '석탄이 있어야 한다'는 사실은 알지만 석탄을 얻기 위해 무엇이 필요한지는 좀처럼, 또는 전혀 떠올리지 못한다. 지금 나는 따뜻한 석탄 난로 앞에 앉아 글을 쓰고 있다. 사월이지만 나에겐 아직도 불이 필요하다. 2주에 한 번 집 문 앞까지 석탄 수레가 오면, 가죽조끼를 입은 남자들이 질긴 자루에 담은 타르 냄새 풍기는 석탄을 실내로 날라 와 계단 밑에 있는 석탄 창고에 절거덕 소리를 내며 부려놓는다. 내가 의식적으로 노력을 기울여 이 석탄과 멀리 있는 탄광에서의 노동을 결부시키는 것은 아주 드문 일이다. 그것은 그냥 '석탄', 달리

---

[15] 흔히 군사 퍼레이드에서 무릎을 쫙쫙 펴고 힘차고 근엄하게 걷는 걸음을 일컫는다.

말해 나에게 있어야 하는 무엇일 뿐이다. 그것은 신기하게도 딱히 어딘지는 모를 어딘가에서 도착하는 검은 물질이며, 지불할 필요가 있다는 것만 빼면 하늘에서 내린 만나[16]와도 같다. 우리가 영국 북부에서 차를 몰고 가며 도로 밑 수백 미터 지하에서 광부들이 석탄을 캐내고 있다는 사실을 잊어버리기는 너무 쉽다. 하지만 어떤 면에서 당신의 차를 모는 것은 그 광부들인 것이다. 꽃에 뿌리가 필요하듯, 위의 볕 좋은 세상이 있으려면 그 아래 램프 빛 희미한 세상이 필요한 것이다.

탄광의 여건이 지금보다 열악했던 것은 그리 오래된 일이 아니다. 젊을 때 땅속에서 허리에 마구馬具 같은 띠를 차고 두 다리를 사슬로 이은 채, 팔다리로 기고 광차를 끌며 일하던 할머니들이 아직도 더러 살아 있다. 그들은 임신한 상태로도 그런 일을 하곤 했다. 나는 심지어 지금도 만일 임신한 여자들이 땅속을 기어다니지 않으면 석탄을 얻을 수 없다고 한다면, 우리가 석탄 없이 살기보다는 그들에게 그런 일을 시키리라 생각한다. 어떤 육체노동이든 다 그렇다. 그것 덕분에 살면서도 우리는 그것의 존재를 망각한다. 아마도 광부는 다른 누구보다 육체노동자의 전형일 것이다. 그것은 광부의 일이 더없이 끔찍하기 때문이기도 하거니와, 너무나 필요함에도 우리의 경험과는 워낙 멀리 떨어져 있어 실제로 보이지도 않고 그래서 우

---

16 성서 「출애굽기」에서 광야의 이스라엘 사람들에게 하늘이 내리는 기적의 양식.

48

리의 혈관에 피가 흐르는 것을 잊듯 망각할 수 있기 때문이기도 하다. 어떤 면에서는 광부들이 일하는 모습을 지켜보기만 해도 자괴감을 느낄 만하다. 그럴 때 우리는 잠시나마 '지식인'으로서의, 전반적으로 우월한 존재로서의 자기 지위를 의심하게 된다. 적어도 지켜보는 동안에는, 우월한 인간들이 계속 우월하기 위해서는 광부들이 피땀을 흘려야만 한다는 자각을 똑똑히 할 수 있기 때문이다. 당신도 나도 〈타임스 문예 부록 Times Literary Supplement〉[17]의 편집인도, 동성애자 시인도 캔터베리 대주교도 아무개 동지도, 『유아를 위한 마르크시즘 Marxism for Infants』의 저자도 마찬가지다. 우리 모두가 지금 누리고 있는 비교적 고상한 생활은 '실로' 땅속에서 미천한 고역에 시달리는 사람들에게 빚지고 얻은 것이다. 눈까지 시커메지고 목구멍에 석탄가루가 꽉 찬 상태에서 강철 같은 팔과 복근으로 삽질을 해대는 그들 말이다.

---

17 〈타임스〉의 부록으로 출발했으나 일찌감치(1914) 분리되었다.

3. 광부들의 삶

갱도 밖으로 나온 광부의 얼굴은 너무나 창백하다. 시커먼 가면 같은 탄진을 뒤집어썼어도 알아볼 수 있을 정도로 창백하다. 나쁜 공기를 워낙 많이 마셨기 때문인데, 얼마 뒤면 혈색이 돌아온다. 탄광 지대에 익숙지 않은 남부 사람이 보기에 수백 명의 광부들이 근무 교대를 하러 갱도 밖으로 쏟아져 나오는 광경은 묘하고 좀 무섭기까지 하다. 움푹한 곳까지 전부 시커메진 지친 얼굴은 꽤 사나워 보인다. 얼굴이 깨끗할 때 보면 광부의 얼굴은 다른 사람들과 다를 게 별로 없다. 광부들은 각진 어깨를 꼿꼿이 세우고 걷는데, 이는 지하에서 워낙 구부리고 지낸 데 대한 반작용이다. 하지만 광부들은 대부분 키가 작은 데다 헐겁고 두꺼운 옷을 입고 다니기 때문에 탁월한 신체가 드러나 보이지 않는다. 가장 뚜렷이 구분되는 데가 있다면 광부들의 코에 있는 푸르스름한 자국이다. 광부라면 누구나 코와 이마에 푸르스름한 자국이 있으며, 이 자국은 죽을 때까지 지워지지 않는다. 갱도 안은 석탄 먼지가 자욱하기 때문에 코나 이마를 부딪치면 이 탄진이 상처에 들어가고, 그 위에 새 살이 돋으면 문신 같은(실제로 문신인 셈이다) 푸르스름한 자국이 남는다. 나이 많은 광부들 중에는 같은 이유로 로크포르 치즈[18] 같은 자국이 있는 경우가 많다.

광부들은 지상으로 올라오자마자 약간의 물로 목구멍과 콧구멍에 찬 탄진을 헹구어낸 다음 집으로 간다. 그리고 성미에 따라 씻든 말든 한다. 내가 본 바로 광부들 대다수는 먼저 식사를 한 다음 씻었는데, 내가 그들이라도 마찬가지였을 것이다. 광부가 크리스티 민스트럴Christy Minstrel 쇼[19]의 배우 같은 얼굴로 앉아 차를 마시는 모습은 흔히 볼 수 있다. 완전히 새까만 얼굴 가운데 입술만은 빨간 것은 식사를 하다 보니 절로 깨끗해지기 때문이다. 식사를 마치고 나면 큰 세숫대야에 받은 물로 씻는데, 여기엔 철저한 순서가 있다. 먼저 손을 씻고 나서 가슴을, 그리고 목, 겨드랑이, 팔뚝, 얼굴, 머리(탄진이 제일 많이 끼는 데가 머리다) 순으로 씻는다. 그러고 나면 아내가 물수건

---

18 푸릇한 곰팡이 얼룩이 있는 양젖 치즈.
19 민스트럴은 흑인으로 분장한 백인들의 버라이어티 쇼다. '크리스티 민스트럴'은 1843년에 미국의 E. P. 크리스티가 3막 형식에 음악을 곁들여 영미에서 인기를 누린 흥행단이다.

으로 등을 닦아준다. 그러면 상체만 씻은 셈이고 배꼽에는 아직 탄진이 가득할 수도 있다. 아무튼 세숫대야 하나 분량의 물로 웬만큼 깨끗해지자면 꽤 기술이 있어야 한다. 내 경우엔 갱도에 들어갔다 나온 뒤 전신 목욕을 두 번은 해야 했다. 눈썹에 낀 탄진을 씻어내는 데만도 10분은 걸렸으니까.

설비가 좋은 대형 탄광 중에는 목욕탕이 있는 경우도 있다. 목욕탕이 있으면 그렇게 편리할 수가 없다. 광부가 편안하게, 호사스러울 정도로 매일같이 온몸을 씻을 수 있을뿐더러, 목욕탕에 로커가 둘씩 있어서 작업복과 평상복을 따로 둘 수 있기 때문이다. 그러면 흑인처럼 새까만 얼굴로 나타난 지 20분 안에 말쑥한 모습으로 축구 관람을 갈 수가 있는 것이다. 하지만 그런 목욕탕을 갖춘 탄광은 매우 적다. 그건 탄층이란 게 끝없이 발견되는 게 아니어서, 탄맥이 끊어질 것 같으면 굳이 목욕탕을 지을 필요가 없다고 생각하기 때문이다. 정확한 수치는 모르겠지만, 광부 셋 중 하나 미만꼴로 탄광 목욕탕을 이용하고 있는 것 같다. 집에서는 온몸을 다 씻는다는 게 거의 불가능하다. 씻을 물은 한 방울이라도 데워야만 하며, 부엌 화로와 각종 가구, 아내, 아이들, 때로는 개까지 있는 조그만 거실에는 제대로 된 욕실을 갖출 공간이 도무지 없는 까닭이다. 욕실을 갖춘다 한들 가구에 물을 튀기지 않을 방법이 없다. 중산층인 사람들은 광부들이 제대로 씻을 수 있어도 안 씻을 거라고 말하길 좋아하는데, 난센스다. 그건 목욕탕이 있는 탄광에선 거의

52

모두가 이를 즐겨 이용한다는 사실만 봐도 알 수 있다. 다리를 씻으면 '요통이 생긴다'는 믿음은 아주 나이 많은 사람들 사이에만 조금 남아 있을 뿐이다. 더욱이 탄광 목욕탕은 '광부 복지 기금'으로 세워지는 것으로, 광부들 자신이 비용의 전부 또는 일부를 부담한다. 탄광회사가 비용을 부담하는 경우도 있고, 복지 기금이 전액을 부담하는 경우도 있다. 그러나 아직도 브라이턴[20]에 있는 하숙집 노부인들은 "그놈의 광부들은 목욕탕을 지어줘도 석탄 창고로나 쓸 거야"라는 소리를 한다.

실제로 광부들이 일할 때와 잘 때 사이에 시간이 별로 없는 걸 보면 그만큼이라도 씻는 게 놀라울 따름이다. 광부가 일하는 시간을 하루 일곱 시간 반뿐이라고 본다면 큰 오산이다. 앞서 설명한 바와 같이, 일곱 시간 반이란 실제 작업 시간일 뿐, 여기다 한 시간 이내인 경우는 드물고 심심찮게 세 시간이 될 수도 있는 '여행' 시간을 보태야 한다. 더구나 대부분의 광부들은 탄광을 오가기 위해 상당한 시간을 들여야 한다. 산업 지대 어디나 주택이 매우 부족하다. 탄광 주변에 마을이 조성되어 광부들이 일터 바로 옆에서 사는 경우는 작은 탄광촌에서나 가능한 일이다. 내가 지내본 큰 탄광촌에서는 거의 모두가 버스로 일터까지 다녔다. 운임은 일주일에 반 크라운[21]이었으니 적당한 액수인 듯했다. 나와 함께 묵었던 광부 하나는 아침 근무

20 영국 남부 해안의 행락 도시.
21 1크라운은 5실링에 해당하는 옛 영국 은화다.

조여서 아침 6시부터 낮 1시 반까지 작업을 했다. 그런데 그는 새벽 3시 45분에 일어나 오후 3시가 넘어서야 돌아오곤 했다. 내가 묵었던 다른 집에 있던 열다섯 살 소년은 밤 근무조였다. 그는 밤 9시면 집을 나서 아침 8시에 돌아온 뒤 아침을 먹고는 곧장 잠자리에 들어 저녁 6시까지 잤다. 그러니 그의 여가 시간은 하루 네 시간 정도였고, 씻고 먹고 입는 시간을 빼면 그보다 훨씬 적었다.

광부의 근무 시간이 바뀌면 가족이 적응하느라 애를 먹는 게 이만저만이 아니다. 광부는 밤 근무조면 아침 식사 때 집에 돌아오고, 아침 근무조면 오후에, 오후 근무조면 한밤중에 돌아오는데, 어느 경우든 집에 돌아오자마자 그날의 정찬을 먹어야 한다. W. R. 잉 신부의 책 『잉글랜드England』를 보니 광부들의 식탐을 탓하는 부분이 있었다. 내가 보기에 광부들은 놀라울 정도로 적게 먹는다. 광부들 중에는 일하러 가기 전에 많이 먹으면 일을 할 수 없다고 말하는 사람이 많다. 그리고 그들이 일하러 갈 때 가져가는 음식은 간식에 불과하며, 대개 비계 바른 빵과 차가운 차가 전부다. 그들은 이 간식을 '스냅 캔snap-can'[22]이라는 납작한 양은 도시락통에 담아 허리띠에 묶고 다닌다. 광부가 밤늦게 집에 돌아오면 아내가 안 자고 기다리지만, 아침 근무일 때는 새벽에 혼자 아침을 챙겨 먹는 게 보통인 듯

---

22 스냅에는 '급히 먹는 식사'란 뜻이 있다.

하다. 아침 근무 때 일하러 가기 전에 여자를 보면 재수가 없다고 생각하는 오랜 미신은 아직도 완전히 없어지지 않았다. 예전에는 새벽에 일하러 가다 우연히 여자와 마주치면 그날은 일하지 않고 돌아오는 경우가 흔했다고 한다.

탄광 지대에 와보기 전까지, 나는 광부들이 비교적 벌이가 좋다는 널리 퍼진 오해를 그대로 받아들였다. 광부가 한 번의 교대 근무에 10~11실링을 받는다는 정확하지 않은 이야기를 들은 사람은, 약간의 계산을 해보고서 모든 광부의 수입이 주당 3파운드 또는 한 해 150파운드쯤 된다는 결론을 내리기 쉽다. 그러나 광부가 교대 근무 한 번에 10~11실링을 받는다는 이야기는 오해의 여지가 대단히 많은 소리다. 먼저 그 정도 수입을 올리는 광부는 석탄을 실제로 캐는 '탄부'들이며, 이를테면 천장 작업을 하는 '날품팔이'는 그보다 적은 8~9실링을 받는다. 거기다 '탄부'가 여러 탄광에서 흔히 그러하듯 캐낸 석탄 톤당 얼마씩을 받기로 했다면 석탄의 질에 따라 수입이 달라진다. 기계가 고장 나거나 '결함'(즉 탄층 가운데 암반 띠가 있는 경우)이 있을 경우엔 하루 이틀씩 아무 보수도 받지 못하는 수가 있다. 그런가 하면 어떤 경우든 광부가 일주일에 6일씩 매년 52주를 일한다고 생각해서는 안 된다. 일이 '끊기는' 날이 어느 정도는 반드시 있기 때문이다. 영국에서 연령과 성별을 가리지 않은 모든 탄광 노동자의 한 근무당 수입은 1934년에 9실링 $1\frac{3}{4}$페니였다.[23] 모두가 이 돈을 받으며 끊어지는 법 없이 일한다면 연 수입이 142파운드를 조금 넘거나 주 수입이 2파운드 15실링 정도일 것이다. 그러나 광부의 수입은 이보다 훨씬 적다. 9실링 $1\frac{3}{4}$페니란 액수는 실제로 일한 근무당 평균 수입일 뿐이며, 공친 날을 고려하지 않은 것이기 때문이다.

지금 내 앞에는 요크셔의 한 광부가 1936년 초에 5주 동안 (연속 5주는 아니다) 받은 급여수표 다섯 장이 있다. 이것들을 평균하면 그의 주 수입은 2파운드 15실링 2페니인 셈이다. 이것을 근무당 수입으로 평균하면 9실링 $2\frac{1}{2}$페니 가까이 된다. 그런데 이 수입은 탄광들이 거의 모두 풀가동을 하는 겨울철의 것이다. 봄이 되면 석탄 업황이 둔화되면서 점점 더 많은 사람들이 '일시 실업'을 당하게 되며, 실제로 일을 하고 있는 사람들도 일주일에 하루 이틀은 일이 끊기곤 한다. 따라서 광부의 연 수입이 150파운드나 142파운드라고 하는 것은 엄청난 과대추정인 게 분명하다. 실제로 1934년의 영국 전국 광부들의 수입은 115파운드 11실링 6페니였다. 이것도 지역에 따라 상당한 차이가 있었으니, 스코틀랜드의 경우 133파운드 2실링 8페니인가 하면, 더럼에서는 105파운드가 좀 못 되거나 주에 2파운드 남짓인 수준이었다. 이들 수치는 요크셔 반즐리의 시장 조셉 존스 씨의 『석탄 통 The Coal Scuttle』이란 책에서 본 것이다. 존스 씨는 다음과 같이 덧붙인다.

---

23 1935년도 『탄광 연감 Colliery Year Book』과 『석탄업 요람 Coal Trades Directory』 참조.(원주)

이들 수치는 성인과 미성년, 그리고 저소득 직급과 고소득 직급을 망라하는 수입이다…… 여기엔 특별히 높은 수입도 포함되는데, 이를테면 특정 관리직원 등과 같은 고소득자의 수입과 초과 근무로 받은 더 많은 수입까지 포함되어 있다는 것이다. ……

평균치라는 것은…… 소득이 평균보다 훨씬 낮은 수준인 주당 30~40실링밖에 받지 못하는 수많은 성인 노동자의 처지를 나타내지 못한다.

강조는 존스 씨가 한 것이다. 그런데 이 초라한 소득마저 '총'수입이라는 데 주목할 필요가 있다. 광부의 이러한 소득에 대해 매주 제하는 온갖 차감 항목이 있는 것이다. 다음은 랭커셔 지역의 어느 탄광에서 매주 차감한다는 전형적인 항목들이다.

보험(실업 및 건강)	1실링 5페니
램프 대여	6페니
연장 연마	6페니
검량 감시인[24]	9페니
진료소	2페니

---

[24] 광부의 채탄량을 탄광회사 사람이 재면 그것을 확인하도록 광부들이 뽑은 대표.

병원	1페니
공제 기금	6페니
노조 회비	6페니
총계	4실링 5페니

이들 차감 항목 가운데 공제 기금이나 노조 회비 같은 것들은 말하자면 광부들 자신에게 달려 있고, 나머지 것들은 탄광회사가 부과한다. 이 항목들은 지역마다 전부 같은 게 아니다. 예를 들어 램프 대여 명목으로 광부들에게 비용을 치르게 하는 말도 안 되는 사기는(한 주에 6페니씩이면 1년에 램프를 몇 개는 살 수 있다) 어디서나 다 통하는 게 아니다. 하지만 차감액 총계는 어디서나 대체로 비슷한 것 같다. 요크셔 광부의 급여수표 5주치를 평균하면 주 소득이 2파운드 15실링 2페니인데, 차감액을 다 빼고 난 평균 순수입은 2파운드 11실링 4페니밖에 안 된다. 매주 3실링 10페니씩이 빠져나가는 것이다. 그런데 급여수표에는 본래 탄광회사에서 부과하거나 업체를 통해서 빠져나가는 차감 항목만이 표시되니, 노조 회비를 따로 더해야 하고 그러면 총차감액이 4실링을 넘는다. 아마도 일반적으로 성인 광부 한 사람이 매주 소득 가운데 4실링 정도를 차감당한다고 보면 무리가 없을 것이다. 그렇다면 1934년 영국 광부의 평균 연소득이었다는 115파운드 11실링 6페니는 실제로는 105파운드 정도가 되어야 한다. 이에 반해 대부분의 광부들은 자신

들이 쓸 석탄을 싼값에 살 수 있는(대개 톤당 8~9실링 정도다) 현물 급여를 받는다. 하지만 앞서 인용한 존스 씨에 따르면, "전국 평균 현물 급여는 하루 4페니밖에 되지 않는다". 그리고 이 4페니는 많은 경우 광부가 탄광까지 오가는 데 드는 교통비 때문에 상쇄되어버린다. 그러니 산업 전체를 고려할 때, 광부가 사실상 집에 가져가서 자기 것이라 부를 수 있는 액수는 주당 2파운드를 거의 넘지 않거나 약간 못 미친다.

그렇다면 광부가 생산해내는 석탄은 평균 얼마나 될까?

탄광에 고용된 광부 한 사람이 매년 퍼내는 석탄의 톤수는 더디긴 해도 꾸준히 늘고 있다. 1914년에는 광부 한 사람이 평균 253톤의 석탄을 캐낸 데 비해, 1934년에는 280톤을 캐냈다.[25] 물론 이 수치는 모든 종류의 탄광 노동자들의 평균치다. 막장에서 실제로 캐내는 작업을 하는 사람들은 그보다 비교할 수 없이 많은 양을 퍼낸다(많은 경우 족히 1천 톤 이상은 될 것이다). 하지만 280톤이라 해도 어마어마한 양이라 할 만하다. 그게 얼마나 대단한지는 광부의 일평생 업적과 다른 사람의 것을 비교해보면 잘 알 수 있다. 나는 만일 예순까지 산다면 서른 권의 소설을, 아니면 기껏해야 보통 크기의 책꽂이 하나를 채울 분량을 써낼 것이다. 그런데 같은 기간에 평균적인 광부 한 사람은 8,400톤의 석탄을 캐낸다. 그 정도면 트래펄가 광장을 거

---

25 『석탄 통』의 통계치다. 『탄광 연감』과 『석탄업 요람』에서는 조금 더 높게 잡고 있다.(원주)

의 60센티미터 높이로 덮어버릴 수 있으며, 대가족 일곱 가구에 100년 동안 연료를 공급할 수 있는 양이다.

앞서 언급한 급여수표 다섯 장 가운데 자그마치 세 장에는 '사망 차감'이란 고무도장이 찍혀 있었다. 광부가 작업하다 목숨을 잃으면 다른 광부들이 그 미망인을 위해 대개 한 사람당 1실링씩을 걷는데, 탄광회사에서 지급하기 때문에 급여에서 자동으로 차감하는 게 보통이다. 한편 여기서 의미심장한 세부사항은 이 '고무도장'이다. 광부들은 다른 직업에 비해 사고율이 워낙 높아서 대단찮은 전쟁만큼이나 사상자가 나는 것을 당연시한다. 매년 광부 900명 중 하나꼴로 목숨을 잃으며, 여섯 명 중 하나가 상해를 당한다. 물론 상해의 대부분은 심한 정도가 아니나, 적지 않은 부상자는 완전 불구가 된다. 이는 광부의 직업 수명이 40년이라고 할 때, 상해를 모면할 확률은 7분의 1 정도이고 아예 사망당할 확률이 20분의 1 남짓이라는 뜻이다. 다른 어떤 직업도 이만큼 위험하지는 않다. 다음으로 가장 위험한 직업은 뱃일로, 사고로 인한 선원의 사망률은 1년에 1,300명 중 하나꼴이다. 물론 여기서 내가 제시한 수치는 탄광 노동자 전체에게 해당되는 것이다. 실제로 땅속에서 작업하는 사람들의 상해율은 훨씬 더 높을 것이다. 내가 대화를 나눠 본 사람 중에 오랫동안 광부 생활을 해온 이라면 누구나 꽤 심각한 사고를 직접 당해봤거나 자기 동료가 목숨 잃는 광경을 본 바가 있었으며, 광부의 가정치고 일하다 목숨 잃은 아버지나 형제나 삼촌 얘기를 하지 않는 경우가 없다("그는 200미터 아래로 떨어졌는데, 아마 새 방수포 작업복을 입고 있지 않았더라면 흩어진 시신을 수습하지도 못했을 거예요"). 그런 얘기들 중에는 정말 섬뜩한 것들이 있었다. 예컨대 한 광부는 내게 '날품팔이'인 자기 동료가 바위에 어떻게 깔렸는지 이야기해주었다. 그들은 사고 현장으로 달려가 그의 머리와 어깨 위의 바위를 겨우겨우 치워 숨을 쉴 수 있게 해주었고, 그는 숨이 끊어지지 않고 그들에게 말을 할 수 있었다. 그러다 천장이 다시 내려앉자 그들은 제 목숨을 건지느라 달아나야 했고, '날품팔이'는 다시 바위에 묻혔다. 그들은 다시 그에게 달려가 머리와 어깨 위를 치워주었고, 그는 다시 숨을 쉬며 그들에게 말을 했다. 이윽고 세 번째로 천장이 무너졌는데, 이번엔 몇 시간 동안 바위를 치워주지 못했고, 그는 결국 사망하고 말았다. 하지만 그 이야기를 해준 광부는(그 역시 한 번 바위에 깔린 적이 있었는데 운 좋게도 머리를 다리 사이에 파묻은 덕분에 숨 쉴 수 있는 조그만 공간이 있었다고 한다) 그게 특별히 섬뜩한 일도 아니라고 생각했다. 그가 보기에 중요한 건 그 '날품팔이'가 작업장이 안전하지 않다는 걸 너무나 잘 알고 있었고, 매일같이 사고를 예상하면서도 거길 갔다는 사실이었다. "그래서 그는 일하러 가기 전에 아내에게 꼭 키스를 해야 한다는 생각을 하게 되었지. 나중에 그녀는 나에게 그가 키스를 해준 지가 20년이 넘었다고 하더구먼."

가장 두드러지게 알 만한 사고 원인은 가스 폭발이다. 갱도 안에는 언제나 어느 정도 가스가 있다. 가스가 얼마나 있는지 점검하는 데 쓰이는 특별한 램프가 있는데, 가스가 많을 경우에는 흔히 쓰는 데이비램프도 파란 불꽃으로 변하기 때문에 알 수가 있다. 이때 심지를 최대한 돋우어도 불꽃이 파란빛이면 가스의 비중이 위험할 정도로 높다는 뜻이다. 그러나 가스가 공기 중에 고루 퍼져 있는 게 아니라 바위틈 같은 데 몰려 있곤 하기 때문에 그런 경우를 일일이 찾아내기는 어렵다. 광부는 작업하기 전에 흔히 작업장 구석구석에 램프를 들이대보곤 한다. 가스는 폭발 작업 때의 불티나 곡괭이가 돌에 부딪칠 때의 불티, 결함 있는 램프나 절로 발화하여 탄진을 태우는 꺼질 줄 모르는 '불덩이' 때문에 폭발한다. 탄광에서 이따금 일어나는, 수백 명이 목숨을 잃을 정도로 큰 재앙은 대개 폭발이 원인이다. 때문에 탄광에서 가장 위험한 사고는 폭발이라 생각하기 쉽다. 그런데 실제로 대다수 사건은 갱도에 항상 존재하는 위험, 특히 지붕 붕괴 때문에 일어난다. 예를 들어 천장에 둥그런 구멍이 나면서 사람을 죽일 만큼 큰 돌덩이가 총알처럼 빠르게 떨어지곤 한다. 내 기억으로는 단 한 번의 예외만 제외하고, 나와 얘기해본 모든 광부는 새로운 기계가 도입되고 전반적으로 작업 속도가 빨라지면서 일이 더 위험해졌다고 단언했다. 그것은 옛날 방식을 좋아하는 그들의 경향 때문이기도 하지만, 그들이 대는 이유는 적지 않다. 먼저 지금은 석탄을 캐내는 속도가 빨라지는 바람에 꽤 긴 구간에 걸쳐 천장에 지주를 대주지 못하는 위험을 감수하고 있다는 것이다. 그리고 진동이 심해져 모든 게 많이 흔들려 헐거워지는 경향이 있고, 소음도 심해져 위험 신호를 감지하기가 더 어려워졌다고 한다. 땅속에서 광부의 안전은 스스로의 조심과 기술에 크게 의존한다는 사실을 잊지 말아야 한다. 노련한 광부는 지붕이 안전하지 않으면 일종의 본능으로 알 수 있다고 한다. '무게가 느껴진다'는 것이다. 그는 이를테면 지주에 미세한 금이 가는 소리가 들린다고 한다. 아직도 전반적으로 철제 기둥보다 목제 지주를 선호하는 건, 철제는 갑자기 쓰러져버리곤 하는 데 반해 목제는 무너지기 전에 삐걱거리는 경고음을 내기 때문이다. 그런데 기계의 엄청난 소음 때문에 다른 소리를 들을 수가 없으니 그만큼 위험이 높아졌다는 것이다.

광부가 사고를 당하면, 누군가 즉시 달려가 보살펴줄 수 있는 건 물론 아니다. 그는 무섭고 깊은 땅속 어딘가에서 수백 파운드는 되는 돌더미에 깔려 있어야 한다. 그리고 구조된다 하더라도 남의 도움을 받아 1.5킬로미터 이상을, 그것도 아무도 일어설 수 없는 야트막한 갱도를 따라 끌려 나와야 한다. 대개 사고를 당해본 사람들과 얘기해보면, 지상으로 올라오기까지 몇 시간이 걸렸다는 걸 알게 된다. 때로는 승강기 사고도 있다. 승강기는 특급열차 속도로 수백 미터를 오르내리며, 밑에서 무슨 일이 벌어지는지 모르는 지상의 누군가가 작동을 한다. 그에겐 승강기가 얼마나 내려갔는지를 알려주는 대단히 섬세한 지표가 있지만, 누구나 실수를 할 수 있는 법이고, 승강기가 최대 속도로 수직 갱도 바닥에 곤두박질치는 사례가 몇 차례 있었다. 그런 죽음을 당한다면 너무나 끔찍할 것 같다. 그 조그만 철제 우리가 암흑 속으로 씽씽 떨어지다 어느 순간, 안에 갇힌 열 명의 광부들은 무언가가 잘못됐다는 사실을 '알게' 될 터인데, 바닥에 곤두박질하기 전까지 몇 초 동안 그들이 느낄 공포는 상상하기도 싫다. 한 광부는 내게 자기도 어디가 잘못된 승강기에 타본 일이 있다고 했다. 승강기는 때가 됐는데도 속도가 줄어들지 않았고, 그들은 케이블이 끊어진 게 분명하다고 생각했다. 어찌어찌 바닥에서 무사히 나올 수 있었을 때, 그는 승강기 밖으로 나온 다음 이 하나가 부러졌다는 걸 알았다. 끔찍한 충돌이 어찌나 공포스러웠던지 이를 그만큼 세게 악물었던 것이다.

사고를 당하지 않은 광부들은 건강해 보인다. 그들에게 요구되는 운동량을 생각해보면 그럴 만도 하다. 류머티즘을 앓기도 쉽고, 폐가 약한 사람은 탄진이 꽉 찬 공기 속에서 오래 버티지 못하겠지만, 광부들의 대표적인 직업병은 바로 안진증眼震症이다. 이것은 밝은 데로 오면 안구가 이상하게 마구 떨리는 병이다. 반암흑 속에서 일하는 탓인 듯한데, 이 증세는 때로는 완전한 실명으로 이어진다. 이래저래 불구가 된 광부들은 탄광회사로부터 보상을 받으며, 그것은 목돈으로도 주별 연금으로도 지급된다. 연금으로 받을 경우 주당 29실링을 넘지 못하는데,

15실링이 못 될 경우 불구자는 복지기관이나 생활보호위원회에서 실업수당을 받을 수 있다. 내가 불구가 된 광부라면, 나는 목돈으로 지급받기를 훨씬 선호할 것이다. 그래야 적어도 내 돈을 확보한 셈일 테니 말이다. 장애연금은 중앙에서 관리하는 기금의 보장을 받는 게 아니어서, 탄광회사가 파산하면 그길로 불구가 된 광부의 연금도 끝이다. 여러 채권자 가운데 하나의 자격은 있겠지만 말이다.

위건에서 나는 안진증으로 고생하는 광부와 한동안 함께 지낸 적이 있다. 그는 방 안에 있는 것들은 대충 볼 수 있었지만 그 이상은 볼 수 없었다. 그는 이전 아홉 달 동안 매주 29실링을 보상금으로 타 썼으나, 탄광회사에서는 그를 매주 14실링의 '부분 보상금' 지급 대상자로 전환할 참이었다. 판가름은 그에게 '지상'에서 가벼운 일을 할 수 있는 정도라 판정한 의사에게 전적으로 달려 있었다. 말할 필요도 없지만, 의사가 그렇게 판정했다 해도 그가 가벼운 일거리를 구할 수 있는 게 아니었다. 하지만 그는 복지기관의 보조금을 탈 수 있었고, 회사에서는 매주 15실링을 남길 수 있게 되었다. 그가 탄광으로 가서 보상금을 타는 모습을 보면서 나는 아직도 '신분'이 만들어내는 심각한 격차에 놀라고 말았다. 여기 그 무엇보다 유용한 일을 하다 반맹인이 된 사람이 있고 엄연한 권리가 있는(누가 무엇에 대한 권리라는 걸 가질 수 있다고 할 때) 연금을 타러 갔다. 하지만 그는 이 연금을 말하자면 '요구'할 수가 없었다. 그는 이를테면 자신이 원하는 때 원하는 방식으로 그 돈을 탈 수 없었다. 그는 매주 한 번씩 회사가 지정하는 때에 탄광으로 가야 했고, 가도 찬 바람을 맞으며 몇 시간을 기다려야 했다. 그리고 내가 알기론 돈을 내주는 사람이 누구건, 그에게 모자에 손을 대며 감사를 표하게 되어 있었다. 아무튼 그는 오후를 허비해야 했고, 버스비로 6페니를 써야 했다. 부르주아의 일원이라면, 나 같은 가난뱅이라도 사정이 전혀 다르다. 나는 굶어 죽기 직전이라 해도 부르주아라는 내 신분에 매달릴 특정한 권리를 갖는다. 나는 광부의 수입보다 벌이가 별로 낫지 않지만, 적어도 내 은행 계좌에 그것을 신사답게 지급받아 원할 때 찾아 쓸 수 있다. 그리고 내 계좌가 바닥이 나도 은행 사람들은 여전히 그런대로 공손하다.

이렇게 저열한 불편과 냉대를 당하고, 늘 기다려야 하고, 모든 걸 상대방 편한 대로 해야 하는 것은 노동계급의 생활에선 당연한 일이다. 무수히 많은 영향력이 끊임없이 노동자에게 압력을 행사하여 '피동적인' 역할로 축소시켜버린다. 그는 행동하는 게 아니라 무엇에 따라 처신하는 것이다. 그는 자신이 신비로운 권위의 노예임을 자각하며, 자신이 이것이나 저것이나 다른 그 무엇을 원해도 '그들'이 결코 허용하지 않으리라는 확신을 갖고 있다. 언젠가 나는 함께 홉을 따다가 땀 흘려 일하는 노동자들에게(그들의 수입은 시간당 6페니가 되지 않았다) 왜 노조에 가입하지 않느냐고 물어본 일이 있다. 나는 바로 '그들'이 절대 그걸 허용하지 않으리라는 대답을 들었다. '그들'이 대체 누구냐고 물었지만, 아무도 모르는 것 같았다. 그러나 '그들'이 전능한 존재인 건 분명했다.

부르주아 출신인 사람은 자신이 원하는 것을 합당한 한계 내에서는 얻을 수 있다는 일정한 예상을 하고서 살아갈 수 있다. 때문에 비상시에 '배운' 사람들이 전면에 나서는 경향이 있는 것이다. 그들이 다른 사람들에 비해 재주가 더 있는 것도 아니고, 그들의 '교육'은 대개 그 자체로는 거의 쓸모없다. 하지만 그들은 남에게 어느 정도의 존경을 받는 데 익숙하고, 그래서 남을 부리는 위치에 서는 데 필요한 낯이 있는 것이다. 그들이 '기꺼이' 전면에 나서려는 경향은 언제 어디서나 당연시되어 온 듯하다. 리사가레[26]의 『코뮌의 역사 History of the Commune』에는 파리 코뮌이 진압된 뒤 있었던 총살을 묘사하는 흥미로운 대목이 나온다. 진압군은 주모자들을 총살하고 있었는데, 누가 주모자인지 알 수 없었기 때문에 더 나은 계급 출신이 주모자일 것이라는 원칙에 따라 주모자를 색출하기 시작했다. 이때 한 장교가 줄지어 있는 포로들 앞을 지나가며 그럴듯해 보이는 유형을 골라내기 시작했다. 이렇게 총살을 당한 사람 중에는 시계를 차고 있다는 이유로 불려 나간 이도 있었고,

---

[26] Prosper Olivier Lissagaray(1838~1901). 파리 코뮌에 참여한 바 있는 저널리스트로 런던으로 망명하여 마르크스와 교분을 쌓았다. 그의 책 『코뮌의 역사』를 마르크스의 딸 엘리너가 번역한 영어판 제목은 『1871년 파리 코뮌의 역사』다.

"지적인 얼굴의 소유자"여서 그런 경우도 있었다. 나는 지적인 얼굴의 소유자라는 이유로 죽고 싶은 마음은 없지만, 어떤 혁명이건 지도자는 대개 유식한 말을 쓸 줄 아는 사람들이었던 게 사실이다.

4. 더 이상 나빠질 수 없는 주택 문제

산업 도시를 걸어다니다 보면 그을음 뒤집어쓴 작은 벽돌집들의 미로 속에서 길을 잃곤 한다. 이런 집들은 진창투성이 골목길과 석탄재 깔린 좁은 뜰가에 무질서하게 늘어선 채 쇠락해가고 있다. 뜰에는 지린내 나는 쓰레기통과 거무튀튀한 빨래들이, 그리고 반쯤 쓰러진 화장실이 눈에 띈다. 이들 주택은 방의 수는 둘에서 넷까지 다르지만 내부는 거의 흡사하다. 거실은 면적이 1~1.5제곱미터고 조리용 화로가 있는 게 거의 똑같다. 거실이 큰 경우엔 부엌방이 따로 있고, 작은 경우엔 싱크대와 화로가 함께 있다. 집 뒤편엔 뜰이 있는데, 딱 쓰레기통과 화장실만 있을 자리밖에 없는 넓이의 뜰 하나를 여러 집이 함께 쓰는 경우도 있다. 더운 물이 나오도록 되어 있는 집은 단한 채도 없다. 광부들이 사는 주택가를 말 그대로 수백 킬로미터씩 걸어보라. 일하다 보면 매일같이 머리부터 발끝까지 새까매지는 사람들이 사는 곳이지만 목욕을 할 수 있는 집은 단 한 채도 발견하지 못하리라. 부엌 화로에 온수관을 연결하면 아주 간단할 것 같지만 건축업자들은 그렇게 하지 않음으로써 집집마다 10파운드씩은 남겼을 터이며, 이 집들이 지어질 때 광부들이 목욕을 원한다고 상상한 사람은 아무도 없었을 것이다.

그럴 만도 한 게, 이 집들은 대부분 적어도 50~60년은 됐고, 상당수는 일반적인 기준으로 볼 때 인간이 거주하기에 마땅치 않다. 이런 집들에 계속 세입자가 드는 것은 단지 다른 집을 구할 수 없기 때문이다. 그리고 그것이 바로 산업 지대 주택 문제의 핵심이다. 즉, 문제의 핵심은 집들이 초라하고 흉하며 불결하고 불편하다는 것이나 시커먼 매연을 토해내는 주물공장과 악취 풍기는 운하와 유독한 가스 드리우는 탄광 쓰레기 더미 곁의 지저분하기 짝이 없는 슬럼가에 있다는 것이 아니라(물론 전부 다 사실이지만) 단지 집 자체가 부족하다는 것이다. '주택 부족'은 전쟁[27] 이후로 꽤나 널리 알려진 말이 되었는데, 소득이 주당 10파운드를 넘거나 5파운드쯤이라도 되는 사람이라면 거의 상관없는 일이다. 집세가 비싼 곳에서는 집을 못 구하는

---

27 제1차 세계대전(1914~1918)을 말한다.

게 아니라 세입자가 없는 게 문제다. 메이페어[28] 주택가를 걸어 다니다 보면 집들 절반은 창문에 '세입자 구함'이라 써 붙여둔 걸 볼 수 있다. 그러나 산업 지대에서는 집 자체를 구하기 어렵다는 사실이 가장 힘든 점 가운데 하나다. 이 말은 사람들이 무엇이든 참아야 한다는 뜻이다. 말하자면 외진 슬럼 한구석에 살아도, 벌레가 우글거리고 바닥이 썩고 벽에 금이 가는 비참함을 겪어도, 노랑이 집주인에게 갈취당하고 중개인에게 공갈당해도, 전부 참아야 한다는 뜻이다. 그래야 비라도 맞지 않을 거처를 구할 수 있다. 나라면 누가 집세를 대준다 해도 단 일주일도 못 살 만큼 상태가 끔찍한 집에 갔다가, 거기서 20~30년은 산 세입자가 그 집에서 죽을 수만 있어도 다행이라고 생각하는 경우를 여러 번 겪어보았다. 이런 사정은 반드시 그렇진 않아도 대개 당연한 것으로 받아들여진다. 어떤 사람들은 멀쩡한 집이란 게 있을 수 있다는 생각 자체를 못 하는 듯하다. 벌레가 우글거리는 것이나 지붕이 새는 것을 불가항력으로 여기는 것이다. 집주인을 몹시 원망하는 사람들도 있다. 하지만 모두가 더한 꼴을 당하지 않도록, 현재의 집에 필사적으로 매달린다. 주택 부족이 계속되는 한, 지역 당국에선 현재의 주택들을 좀 더 살 만한 곳으로 만들기 위해 할 수 있는 게 별로 없다. 당국은 주택에 대해 '사용 부적합' 판정을 내릴 수는 있지만,

---

28 런던 하이드파크 동쪽에 있는 고급 주택가.

세입자가 이사 갈 집이 없는 한 철거 명령을 내릴 수는 없다. 때문에 사용 부적합 판정을 받은 집들은 철거되지 않고 남아 있게 되며, 그 때문에 더 열악한 집이 되어버린다. 언제 부숴버릴지 모를 집을 집주인이 수리할 리 만무하기 때문이다. 예컨대 위건 같은 도시에는 사용 부적합 판정을 받은 지 여러 해 되었지만 아직 철거되지 않은 집이 2천 채 이상 있으며, 대체할 집이 지어질 가망만 있다면 도시 전역이 전부 사용 부적합 판정을 받을 것이다. 리즈나 셰필드 같은 도시에는 '등 맞댄back-to-back' 주택 수만 채가 사용 부적합 판정을 받을 만한 모습이지만 앞으로 수십 년은 그대로 남아 있을 것이다.

나는 여러 탄광촌의 많은 집을 답사해보고 핵심적인 사항을 메모해두었다. 그때그때 기록한 내 노트의 일부를 여기 옮겨놓으면 집들의 상태가 어떤지 이해하는 데 도움이 될 것이다. 짤막한 기록일 뿐이니 나중에 약간의 부가설명이 필요할 것이다. 다음은 위건에서 기록한 것들이다.

1. 월게이트 지구의 주택. 뒤가 장님인blind back 타입. 위에 하나, 아래에 하나. 거실은 가로세로 3.5×3미터, 위층의 방은 아래층과 똑같음. 계단 밑 1.5×1.5미터 골방은 식품 저장실이나 부엌방이나 석탄 창고로 쓰임. 창은 열림. 화장실까지 거리는 45미터. 집세는 4실링 9페니에 세금 2실링 6페니 포함, 총 7실링 3페니.

2. 근처의 다른 집. 치수는 위와 같으나 계단 밑에 골방 없고, 60센티미터 깊이 벽감(壁龕)에 싱크대 있음. 식품 저장실 등의 공간 없음. 집세는 3실링 2페니에 세금 2실링 포함, 총 5실링 2페니.

3. 위와 같으나 골방 없으며, 현관문 열자마자 거실. 집세는 3실링 9페니에 세금 3실링 포함, 총 6실링 9페니.

4. 숄스 지구의 주택. 사용 부적합 판정받은 집. 위에 하나 아래에 하나. 방 크기는 4.5×4.5미터. 거실에 싱크대와 조리용 화로, 계단 밑에 석탄 저장고 있음. 바닥 꺼짐. 창 하나도 안 열림. 습기 없는 편. 집주인 좋음. 집세는 3실링 8페니에 세금 2실링 6페니 포함, 총 6실링 2페니.

5. 근처의 다른 집. 위에 둘 아래에 둘. 석탄 저장고 있음. 벽이 마구 갈라짐. 위층에 물 많이 샘. 바닥 한쪽으로 기움. 아래층 창 안 열림. 집주인 나쁨. 집세는 6실링에 세금 3실링 6페니 포함, 총 9실링 6페니.

6. 그리너 지구의 주택. 위에 하나 아래에 둘. 거실은 4× 2.5미터. 벽 갈라지고 누수(漏水) 있음. 뒤쪽 창들 안 열리고 앞쪽만 열림. 10인 가족(자녀 여덟이 나이 차 별로 안 남). 지자체 Corporation에서 과밀을 사유로 퇴거시키고자 하나 마땅한 다른 주택을 구하지 못함. 집주인 나쁨. 집세는 4실링에 세금 2실링 3페니 포함, 총 6실링 3페니.

비슷한 메모가 몇 쪽은 되지만 위건에 대해선 이 정도로 하자. 다음은 셰필드의 어느 주택이다. 셰필드의 '등 맞댄' 주택 수만 채의 전형이라고 할 만한 집이다.

토머스가街의 주택. 등 맞댄 집. 위에 둘 아래에 하나(각 층에 방 하나인 3층집이란 뜻). 지하실 있음. 거실은 4×3미터. 2, 3층 방끼린 치수 같음. 거실에 싱크대 있음. 맨 위층은 문 없고 계단과 바로 연결됨. 거실 벽 약간 축축함. 2, 3층 방들 벽은 쩍쩍 갈라져 곳곳에 물이 샘. 집이 너무 어두워 온종일 불 켜야 함. 전기요금은 하루 6페니 추정(과장 아닌 듯). 6인 가족(부모와 자녀 넷). 남편은(생활보호위원회 보호대상자) 결핵 환자. 한 아이는 입원 중이고, 나머지는 건강해 보임. 이 집에 세든 지 7년. 이사 원하지만 마땅한 집 없음. 집세는 6실링 6페니(세금 포함).

다음은 반즐리의 집들이다.

1. 워틀리가의 주택. 위에 둘 아래에 하나. 거실은 3.5×3미터. 거실에 싱크대 및 화로 있으며, 계단 밑에 석탄 저장고 있음. 싱크대는 쓰러질 듯하고 물이 계속 넘침. 벽 허술함. 동전 투입식 가스등.[29] 집이 매우 어둡고, 가스등 요금은 하루 4페니 추산. 위층 방 둘은 실은 칸막이 지른 큰 방 하

나. 벽 상태 아주 나쁨(뒷방 벽의 틈새로 밖이 보임). 창틀 일그러져 새로 대주어야 함. 여러 곳에 빗물 샘. 집 밑으로 하수가 흘러 여름에 악취가 풍기지만 지자체에선 "할 수 있는 게 없다"고 함. 6인 가족(부모와 자녀 넷, 제일 큰 아이가 15세). 막내는 병원에 다니는 중(결핵 의심됨). 벌레 많음. 집세는 5실링 3페니(세금 포함).

 2. 필가의 주택. 등 맞댄 집. 위에 둘 아래에 둘. 지하실 큼. 거실은 가로세로 3미터에 싱크대와 화로 있음. 아래층 나머지 방도 같은 크기이며, 응접실용인 듯하나 침실로 쓰임. 위층 방들은 아래층 방과 크기 같음. 거실 매우 어두움. 가스등 요금은 하루 $4\frac{1}{2}$페니 정도. 화장실까지는 65미터. 8인 가족에 침대 네 개. 가족은 노부모 둘과 성년인 딸 둘(큰딸이 27세), 청년 하나, 그리고 어린아이 셋. 침대는 부모가 하나, 큰아들이 하나, 나머지 다섯 자녀가 둘을 함께 씀. 벌레 아주 많음("한창 많을 때는 손을 쓸 도리가 없지요"). 아래층 방은 너무 더럽고 위층에선 못 견딜 악취가 남. 집세는 5실링 $7\frac{1}{2}$페니(세금 포함).

 3. 메이플웰(반즐리 인근의 작은 탄광촌)의 주택. 위에 둘 아래에 둘. 거실 4×3.5미터. 거실에 싱크대 있음. 벽 갈라져

---

29 영국에선 18세기 초부터 석탄가스를 이용한 조명이 보급되었으며, 19세기 말부터 전기 조명과의 경쟁이 일자 가스 업체에서는 저소득층 가정에 동전을 투입하면 가스등이 켜지는 미터기를 보급했다.

회칠이 일어남. 조리용 화로에 선반 없음. 집에 가스 샘. 위층의 두 방 각각 3×2.5미터. 모두 성인인 6인 가족에 침대 네 개. 그나마 "하나는 있으나 마나"(이불이 모자란 탓인 듯). 계단 가까운 방에 문 없고 계단 난간 없음(침대에서 내려올 때 발이 허공에 뜨니, 자칫하면 3미터 아래로 구를 수 있음). 나무 곰팡이가 심해 위층 썩은 바닥 밑으로 아래층 방이 보임. 벌레가 많으나 "양털 소독액으로 계속 잡아준다" 함. 이런 집들 옆으로 뻗은 흙길은 퇴비 더미 같으며, 겨울엔 도저히 다닐 수 없을 정도라 함. 정원 끝에 있는 돌로 지은 화장실은 반쯤 쓰러진 상태. 세입자들은 이 집에 산 지가 22년. 밀린 집세가 11파운드라 매주 1실링씩을 더 내어왔다 함. 집주인이 더 봐줄 수 없다며 나가달라 했다 함. 집세는 세금 포함 5실링.

하나같이 이런 식이다. 사례는 수십 배는 더 들 수 있다. 산업 지대의 집을 전부 살펴볼 작정을 한다면, 그 수는 수십만 배가 될 것이다. 그건 그렇고, 내가 여기서 쓴 표현 몇 가지를 설명할 필요가 있다. 먼저 '위에 하나 아래에 하나'라고 한 것은 각 층에 방이 하나씩, 그러니까 방 둘인 집이라는 뜻이다. '등 맞댄' 집이란 앞집 뒷집이 등을 맞대고 있는 방식이다. 때문에 집 열두 채가 연이어 있는 듯 보이던 건물이 실은 스물네 채인 경우가 있다. 앞집은 길을 바라보고 뒷집은 뜰을 바라보며, 각

집의 출구는 하나뿐이다. 이럴 때 어떤 일이 벌어질지는 뻔하다. 화장실은 뒤뜰에 있으니, 앞쪽 집에 사는 사람은 화장실이나 쓰레기통까지 가려면 현관문을 나서 건물 전체를 빙 돌아가야 한다. 이 거리가 200미터나 되는 경우도 있다. 그런가 하면 뒤쪽에 사는 사람은 화장실이 줄지어 있는 경치를 보고 살아야 한다. '뒤가 장님인' 타입은 집 한 채이긴 하나, 건축업자가 뒷문 달기를 생략한 집이다(순전히 심술로 그런 듯하다). 창문이 잘 안 열리는 것은 오래된 탄광 도시의 별난 특색이다. 탄광 도시 중에는 오래전부터 땅속을 워낙 파내는 바람에 지면이 계속해서 꺼지고, 때문에 집이 조금씩 기우는 곳들이 있다. 위건의 경우에는 늘어서 있는 집들 한 줄 전체가 놀라운 각도로 미끄러져, 창들이 수평으로 10~20도 정도 누워 있는 광경을 볼 수 있다. 때로는 앞쪽 벽이 임신 7개월은 된 듯 불룩 튀어나온 것도 볼 수 있다. 그런 벽은 바로잡을 수도 있겠으나 금세 다시 불룩해지기 시작한다. 집이 어느 날 갑자기 기울어버리면 창틀과 문틀이 완전히 틀어져버리는데, 문틀은 고쳐 달지 않을 수 없다. 탄광촌 사람들한텐 놀랄 일도 아니다. 그들은 일을 마치고 집으로 돌아온 광부가 도끼로 문을 부수지 않고선 안에 못 들어가게 됐다는 이야기를 들으면 그냥 한번 웃어버리고 만다. 경우에 따라 나는 일단 '집주인 좋음' 또는 '집주인 나쁨'이라고만 적었는데, 그건 슬럼가 사람들의 집주인에 대한 평가가 워낙 다양하기 때문이다. 예상할 만한 일이기도 한데, 평가는 대개 키 작은 집주인들이 최악이다. 별로 내키진 않지만 이유는 대충 짐작할 수 있다. 관념적으로는 슬럼가 집주인 중에 최악의 유형은 갈취 수준의 집세로 막대한 수입을 올리는 뚱뚱하고 악독한(기왕이면 국교회 주교인) 남자일 것이다. 그런데 실제로는 평생 모은 돈을 슬럼가 집 세 채에 투자하여 그중 하나에 살고 나머지 두 채의 집세로 살려고 하는 불쌍한 할머니가 그런 주인이다. 사정이 그러니 집수리에 들일 돈이 있을 리가 없다.

하지만 메모에 불과한 이런 기록은 내 기억을 되살리는 것으로만 가치가 있다. 나야 읽어보면 내가 본 것들이 떠오르지만, 기록 자체가 북부 지역 슬럼가의 끔찍한 실태가 어떤 것인지 제대로 드러내는 건 아니다. 글이란 게 그렇게 미약한 것이다. '지붕 샘'이나 '여덟 식구에 침대 넷'이란 짤막한 문구가 무슨 소용이겠는가? 흘려 보면서 아무 인상도 남기지 못할 말에 불과하다. 그런가 하면 이 짧은 말들에 얼마나 비참한 현실이 담길 수 있는가! 이를테면 과밀 문제를 보자. 방 셋인 집에 식구가 여덟이나 열인 경우가 꽤 흔하다. 그나마 방 셋 중 하나는 거실이며, 가로세로 3미터 남짓한 공간에 조리용 화로와 싱크대 외에도 식탁과 의자들과 서랍장 등이 있어야 하니 침대 놓을 자리는 없다. 그러니 여덟이나 열 명씩 되는 식구가 작은 방 둘에, 그것도 기껏해야 침대 네 개에서 자야만 한다. 식구 중에 어른이 많고 그들이 일을 나가야 한다면 더 힘들어진다. 내가 가본 어떤 집에서는 장성한 딸 셋이 한 침대를 쓰면서 모두 다른 시간대에 일을 나갔으니, 서로 일어나거나 쉬러 들어올 때 곤하게 자는 사람을 깨워야 했다. 다른 어느 집에서는 밤 근무를 하는 젊은 광부가 낮에 이용하는 좁은 침대를 밤이면 식구 중 다른 사람이 써야 했다. 자녀들이 커갈수록 더 문제인데, 청소년기가 된 아들딸을 한 침대에 재울 수 없기 때문이다. 내가 방문해본 어떤 집은 부모와 열일곱쯤 된 아들과 딸이 살았고 침대는 둘뿐이었다. 때문에 아버지는 아들과 어머니는 딸과 잤으니, 근친상간의 위험을 없애려면 그 수밖에 없었다. 그리고 지붕과 벽에 빗물이 새는 것도 비참한 일인데, 그런 집은 겨울이면 거주가 거의 불가능할 정도다. 벌레도 문제다. 벌레는 일단 집에 한번 들어오면 박멸할 수 있는 방법이 없어, 최후의 심판이 닥칠 때까지 없어지지 않을 것이다. 창문이 안 열리는 문제도 있다. 그럴 경우 여름에도 음식 조리를 위해 화로에 계속 불을 지필 수밖에 없는 조그만 거실이 어떨지 굳이 말할 필요도 없으리라. 등 맞댄 공동주택의 앞집들은(집 앞의 작은 길에 대해서는 지자체가 간섭하지 않는다) 부인네들이 음식 찌꺼기 같은 걸 버리는 버릇이 들어 도랑에 찻잎이나 빵 껍질 같은 게 늘 널려 있다. 늘어선 화장실들과 담벼락이 주된 풍경인 빈민가에서 자라는 아이들에 대해 한번 생각해볼 일이다.

그런 곳에서 여성은 끝이 없는 일에 허우적거리는 가련한 노역자일 뿐이다. 아무리 정신을 차려보려 한들 만족할 만큼 깨끗하고 단정하게 살림을 할 수가 없다. 언제나 해야 할 일이 있으며, 일하기 불편한 정도가 아니라 말 그대로 돌아설 공간도 없는 정도다. 한 아이의 얼굴을 씻어주자마자 다른 아이의 얼굴이 더러워져 있으며, 한 끼 먹고 설거지를 하기도 전에 다음 끼니를 준비해야 한다. 내가 가본 바로는 집집마다 차이가 컸다. 어떤 집들은 그런 여건에서 기대할 수 있는 한껏 깔끔했고, 어떤 집들은 너무 심해서 뭐라고 표현해야 할지 모를 정도였다. 우선 제일 압도적이고 확연한 것은 말로는 표현 못 할 냄새다. 더러움과 너저분함은 또 어떤가! 여기 더러운 물 가득한 통이 있으면 저기 설거지 안 한 그릇 가득한 대야가 있고, 어느 한구석엔 안 닦은 그릇이 또 쌓여 있고, 곳곳에 찢어진 신문지가 널려 있으며, 한가운데에는 언제나 똑같은 식탁이 떡 버티고 있다. 그리고 이 끔찍한 식탁엔 끈적끈적한 방수천이 덮여 있고, 솥이며 다리미며 뜨다 만 스타킹이며 상한 빵 조각이며 기름 묻은 신문지로 싼 치즈 토막이 꽉 차 있으니! 좁은 방에서 자리를 좀 옮기려면 가구들 사이를 요리조리 헤쳐 나가야만 한다. 그것도 움직일 때마다 얼굴에 축축한 빨래가 닿고 발치엔 아이들이 버섯처럼 그득하니! 내 기억에 특별히 생생하게 남아 있는 장면들이 있다. 작은 탄광촌의 어느 오두막은 거실에 세간이 거의 없었는데, 온 가족이 실직하여 모두 제대로 못 먹고 있는 것 같았다. 그 대가족의 다 큰 아들딸들은 힘없이 늘어져 있었고, 모두 머리가 붉고 골격이 근사한 것이, 그리고 영양실조와 무기력감으로 얼굴이 수척한 것이 희한하게 닮아 있었다.

화롯가에 앉아 있는 키가 큰 아들 하나는 낯선 사람이 들어와도 쳐다볼 관심이 없을 만큼 맥이 풀린 채 양말을 겨우겨우 벗고 있었다. 위건에서 본 어느 끔찍스러운 방은 가구가 전부 짐 운반용 궤짝과 불룩한 나무통 같은 것들이었는데 그나마도 다 못 쓸 지경이었다. 거기엔 목주름이 까맣고 머리가 풀어져 내린 한 할머니가 랭커셔 지역 아일랜드계 억양으로 집주인 욕을 해댔다. 그리고 아흔은 넘었을 그녀의 어머니는 뒤에 놓인 나무통에 앉아 혈색 누런 얼굴로 우릴 멍하니 바라보고 있었다.

물론 이런 사람들의 집이 지저분한 건 때로는 그들 자신의 잘못이다. 등 맞댄 집에 살며 아이 넷을 키우고 매주 수입이 생활보호위원회에서 받는 32실링 6페니가 전부라 하더라도, 거실에 비우지 않은 요강단지를 방치할 '필요'는 없다. 그러나 그들의 처지가 그들의 자존을 북돋우는 게 아닌 것도 분명한 사실이다. 결정적인 변수는 자녀의 수인 것 같다. 내가 본 집 가운데 정돈이 가장 잘된 경우는 언제나 자녀 없는 집이거나 자녀가 한둘밖에 없는 집이었다. 이를테면 방 셋인 집에 자녀 여섯을 키운다면 깔끔하게 지낸다는 것 자체가 불가능하다. 그리고 특히 두드러지는 사실 하나는, 최악으로 지저분한 데는 절대 아래층이 아니라는 점이다. 수많은 집을, 심지어 실직한 가장 빈곤한 사람들의 집을 방문해본다 해도 그릇된 인상을 받고 오기가 쉽다. 당신은 이 사람들이 가구와 그릇만 충분히 있어도 그만큼 열악하게 살지 않을 것이라 생각하기 쉽다. 그러나 정작 빈곤의 황량한 모습이 적나라하게 제 모습을 드러내는 곳은 위층의 방이다. 사람들이 거실의 가구에 대해서는 끝까지 자존심을 지키려 해서인지 아니면 침대가 전당포에 잡히기 좋아서인지는 모르겠으나, 확실히 내가 본 많은 침실은 그야말로 살풍경이었다. 특히 여러 해 계속해서 실직 생활을 한 사람들의 경우, 침구류를 제대로 갖춘 집은 예외라고 해도 좋았다. 침구라 할 만한 것을 아예 갖추지 못한 경우도 흔했으니, 그런 집엔 녹슨 철제 침대 틀에 쌓아둔 낡은 외투나 잡다한 누더기 더미가 침구라면 침구였다. 이런 식으로 과밀은 문제를 더욱 악화시킨다. 내가 아는 부모와 자녀 둘인 4인 가족은 침대가 둘이어도 하나만 써야 했는데, 침구가 모자랐기 때문이다.

주택 부족이 어떤 최악의 결과를 낳는지 보고 싶다면 북부의 여러 산업 도시에 흔한 참담한 캐러밴caravan[30] 거주지를 찾아가보면 된다. 전쟁 이후, 집을 구하기가 불가능해진 인구의 일부는 임시 숙소가 되겠거니 하고 고정식 캐러밴으로 마구 몰려들었다. 인구 8만 5천인 위건의 경우, 캐러밴이 200채 정도이고 각각 한 가구가 사니 거주자는 천 명쯤 된다. 산업 지대 전역에 이런 캐러밴 거주지가 얼마나 되는지는 정확히 파악하기 어려울 것이다. 이 부분에 대해 지역 당국들은 말을 아끼고 있고, 1931년의 인구조사 보고서에선 아예 무시하기로 작정한

---

30 '이동주택'이라 부를 수도 있겠으나 뒤에 나오는 내용과 어감을 고려해 '캐러밴'으로 적는다.

모양이다. 하지만 내가 알아본 바로만도 그런 거주지는 랭커셔와 요크셔의 큰 도시에는 대부분 있으며, 더 북쪽으로 가도 마찬가지인 듯하다. 아마도 영국 북부 전역에 수천, 아니면 수만 '가구'는 고정식 캐러밴 말고는 집이 없을 것이다.

그런데 이 '캐러밴'이란 단어는 오해를 불러일으킬 소지가 다분하다. 장작불이 탁탁 튀고 아이들은 딸기를 따고 빨랫줄에 색색의 옷이 팔랑거리는, 집시들의 단란한 야영 생활을 떠올리기 쉽기 때문이다. 위건과 셰필드의 캐러밴 거주 지구들은 그렇지가 않다. 나는 여러 곳에 가보았고 위건의 경우엔 아주 세밀하게 살펴봤는데, 극동에서 본 것 말고는 그렇게 지저분한 곳을 본 적이 없다. 실제로 나는 그곳들을 둘러보며 버마에 사는 인도 쿨리[31]들의 불결한 사육장 같은 거처를 바로 떠올렸다. 그러나 동양에서는 사정이 그만큼 열악하지 않은데, 영국처럼 살을 에는 습한 추위와 싸울 일이 없는 데다 햇빛에 소독력이 있기 때문이다.

위건의 진창 같은 운하 둑을 따라가노라면 캐러밴들이 쓰레기 버리듯 내동댕이쳐진 황폐한 터들이 나타난다. 그중 일부는 실제로 집시 캐러밴이지만 아주 낡았고 수리 상태가 좋지 않다. 대부분은 오래된 버스로(10년 전에 나온 좀 작은 일층버스다) 바퀴를 떼어내고 나무 버팀대를 대준 것들이다. 일부는 반원형

---

31 옛 인도와 중국 출신의 미숙련 노동자.

널빤지들을 얹고 캔버스 천을 덮은 짐마차에 지나지 않아서, 안에 있는 사람들은 바깥 공기와 그들 사이에 캔버스만 둔 채 살고 있다. 이런 곳은 내부가 대개 폭 1.5미터에 높이 2미터 정도이며(나는 어딜 들어가도 똑바로 서 있을 수 없었다) 길이는 2미터에서 4미터 정도다. 혼자서만 사는 경우도 있는 듯하나, 내가 본 바로는 두 사람 이하인 경우가 없었고 일부는 대가족이 살고 있었다. 어떤 경우엔 길이 4미터인 캐러밴에 일곱 식구가 살고 있었다. 13세제곱미터의 공간에 일곱 사람이 산다는 건, 한 사람이 공중화장실 하나보다 '훨씬' 작은 거주 공간밖에 차지하지 못한다는 뜻이다. 이런 곳이 얼마나 지저분하고 어수선한지는 직접 가서 눈으로, 무엇보다 코로 확인해보지 않고서는 상상하기 어렵다. 어느 캐러밴이든 조리용 간이 화로와 꽉 채워 넣을 수 있는 만큼의 가구가 있다. 침대는 둘인 경우도 가끔 있으나 대체로 하나며, 거기에 온 가족이 요령껏 붙어 자야 한다. 바닥에서 잔다는 건 거의 불가능한데, 밑에서 습기가 몹시 올라오기 때문이다. 오전 11시인데도 짜면 물이 뚝뚝 떨어질 정도로 젖은 매트리스를 내게 보여주는 주민이 몇이나 있었다. 겨울엔 너무 추워서 화로를 밤낮 켜둬야 하고, 말할 것도 없지만 창은 절대 열지 않는다. 물은 어느 거주 지구에나 흔한 소화전에서 길어 오는데, 캐러밴 거주민 중에는 물 한 들통을 긷기 위해 100~200미터를 걸어야 하는 사람들이 있다. 위생 시설이라곤 전혀 없다. 대부분 자기네 캐러밴 주변의 조그만 터에 작은 헛간을 지어 화장실로 쓰며, 일주일에 한 번 깊은 구덩이를 파 쓰레기를 묻는다. 이런 곳들에서 내가 본 사람들은, 특히 아이들은 말할 수 없이 지저분했으며 아마 틀림없이 이도 많았을 것이다. 안 그럴 수가 없었다. 나는 캐러밴을 여기저기 둘러보며 그 비좁은 안에서 누가 죽기라도 하면 어떻게 될까 하는 생각이 계속 들었다. 하지만 물론 그것 역시 차마 던질 수 없는 질문 가운데 하나였다.

캐러밴에서만 아주 오래 산 사람들도 있었다. 이론상으로는 지자체에서 캐러밴 거주지를 없애고 거주민들을 주택으로 입주시키고 있다지만, 집이 충분히 지어지지 않고 있기 때문에 캐러밴이 그대로 남아 있는 것이다. 내가 만나본 사람들은 대부분 번듯한 집을 다시 구한다는 생각 자체를 이미 포기한 상태였다. 그들은 모두 일자리를 잃은 사람들로, 그들에겐 일도 집도 똑같이 멀고 불가능해 보이는 무엇이었다. 무신경한 듯한 사람들이 있는가 하면, 자신들이 얼마나 비참한 생활을 하고 있는지 뚜렷이 자각하는 사람들도 있었다. 한 여인의 얼굴이 지금도 내 곁을 떠나지 않는다. 지칠 대로 지친 해골 같은 그 얼굴은 더없이 비참한 신세를 대변해주고 있었다. 그 참담한 돼지우리 같은 곳에서 아이 여럿을 깨끗이 기르기 위해 몸부림치는 그녀의 표정은 마치 나더러 온몸에 똥을 뒤집어쓴 기분을 느껴보라고 말하는 듯했다. 잊지 말아야 할 것은 그들이 집시가 아니라는 사실이다. 거기에서 태어난 아이들 말고는 모두 한때는 자기 집이 있던 멀쩡한 영국인이라는 것도, 캐러밴이 집시의 그것보다 훨씬 열악할 뿐 아니라 움직일 수 있다는 훌륭한 장점이 사라졌다는 사실도 잊지 말아야 한다. 중산층 중에는 '하층민'은 그런 것쯤은 개의치 않는다고 생각하는 이들이, 기차를 타고 가다 어쩌다 캐러밴 거주지를 보면 다짜고짜 저런 데 사는 사람들은 원해서 저러는 거라고 여기는 이들이 아직 있는 게 분명하다. 요즘 나는 그런 유의 사람들과는 절대 언쟁을 하지 않는다. 한편 캐러밴 거주자들이 그렇게 산다고 해서 돈을 아낄 수 있는 것도 아니라는 사실을 주목할 필요가 있다. 그들은 일반 주택 못지않은 집세를 내고 있다. 나는 한 주에 5실링 이하를 낸다는 경우를 들어본 적이 없으며(6세제곱미터의 공간에 5실링이라니!) 집세가 10실링이나 된다는 경우도 있었다. 그렇다면 확실히 누군가는 캐러밴 때문에 재미를 보고 있다는 것 아닌가! 아무튼 그들이 계속 그렇게 살아야 하는 것은 주택 부족 때문이지 빈곤이 직접적인 이유는 아니다.

어느 광부와 이야기하다 나는 언제부터 그가 사는 지역에서 주택 부족이 심각해졌는지 물어보았다. 그의 대답은 "사람들이 그 소리를 할 때부터"였으니, 최근까지는 사람들의 기대 수준이 워낙 낮아서 아무리 과밀해도 당연지사로 받아들였다는 뜻이었다. 그는 또 자기가 어릴 때는 한 방에 식구 열한 명이 자면서도 아무 생각이 없었다고 했다. 그리고 성인이 되어서는 아내와 함께 구식의 등 맞댄 집에 살았는데, 화장실에 가려면 몇백 미터를 걸어야 하고 서른여섯 명이 함께 쓰는 화장실이라 줄을 서야 할 때가 많았다고도 했다. 병을 얻어 먼저 세상을 떠난 그의 아내는 아픈 몸을 이끌고 화장실까지 200미터의 장거리 여행을 해야 했다. 그는 "사람들이 그 소리를 할 때부터" 그들이 으레 참던 게 그런 생활이었다고 했다.

그의 말이 정말 맞는지는 모르겠다. 단, 확실한 것은 '이제'는 그 누구도 한 방에 열한 명이 잔다는 건 있을 수 없는 일이라 생각하며, 수입이 넉넉한 사람들도 '슬럼' 생각을 하면 왠지 마음이 불편해진다는 사실이다. 주교나 정치인이나 자선가 같은 사람들은 경건한 어조로 '슬럼 철거'를 논하기 좋아하는데, 그렇게 함으로써 보다 심각한 사회악에 쏠리는 관심을 딴 데로 돌릴 수 있을 뿐만 아니라 슬럼을 척결하면 빈곤을 척결할 수 있다는 환상을 심어줄 수 있기 때문이다. 하지만 그 숱한 논의가 낳은 결과는 놀랍도록 초라하다. 따져보면 과밀 문제는 10여 년 전에 비해 나아진 바 없으며, 오히려 조금 더 나빠졌다. 주택 문제에 달려드는 속도는 도시마다 차이가 큰 게 분명하다. 일부 도시에서는 주택 건설이 거의 제자리걸음인가 하면, 진척 속도가 아주 빨라 민간인 집주인이 퇴출되고 있는 곳들도 있다. 예컨대 리버풀은 주로 지자체 차원에서 재건축이 아주 활발히 이루어지고 있다. 셰필드도 그곳 슬럼의 더없이 끔찍한 실태에 비한다면 충분하지는 않으나, 철거와 재건축이 꽤 빠르게 이루어지고 있다.[32]

재건축이 전반적으로 왜 그리 더딘지, 어떤 도시들은 다른 곳들에 비해 왜 건축비를 훨씬 쉽게 빌려 오는지는 내가 모르는 바다. 그런 질문엔 나보다 지방자치체 당국의 사정에 밝은 누군가가 답변을 해야 할 것이다. 지자체에서 공급하는 주택은 보통 300에서 400파운드 정도이며, 하청을 주지 않고 직접 지을 경우 가격이 더 싸다. 집세는 세금을 빼고 연평균 20파운드 남짓이니, 간접비와 이자를 감안한다 해도 지자체에서 가능하면 많은 집을 지어 세를 놓는 게 수지맞는 일이라고 생각함 직하다. 물론 많은 경우 그런 집의 세입자는 생활보호위원회의 보호대상자일 테고, 때문에 지역 당국에서는 한 주머니에서 뺀 돈을 다른 주머니에 넣는 사업을 해야 할 것이다. 달리 말해 구제의 형태로 지급한 돈을 집세로 거둬들이게 된다는 것이다. 하지만 어쨌든 빈민 구제금은 지출되어야 하고, 현재는 그 돈의 상당 부분을 민간인 집주인들이 꿀꺽하고 있다. 주택 건설이 왜 더디냐고 하면 돈이 부족하다는 이유와 터를 구하기 어렵다는 이유를 든다. 터야 지자체에서 집을 하나씩이 아니라 '단지' 단위로, 그래서 한 번에 수백 채씩 지으니 그렇다고 하자. 아무리 생각해봐도 이해할 수 없는 건, 북부 도시들이 공공건물은 으리으리하고 호화롭게 지으면서 애처로울 정도로 주택 부족 문제에 시달리는 경우가 너무 많다는 점이다. 반즐리

32 1936년 초에 셰필드에서 건설 중인 지자체 공급 주택은 1,398채다. 셰필드의 슬럼가를 전부 대체하려면 10만 채가 필요하다고 한다.(원주)

의 경우, 노동계급을 위해 공중목욕탕은 물론이요 적어도 신규 주택 2천 채가 필요하다고들 하는데도 최근에 시 청사 신축에 15만 파운드를 썼다(반즐리의 공중목욕탕 중에 남성용 간이 목욕 시설은 '열아홉' 곳이 전부다. 7만 인구의 대부분이 욕실 없는 집에 사는 광부인 도시에서!). 15만 파운드면 지자체 주택 350채를 짓고, 남은 1만 파운드로 시청을 지을 수도 있었을 것이다. 하지만 역시 나는 지자체 당국의 수수께끼를 이해하는 척하고 싶지 않다. 단지 주택 보급이 절실하며, 그 주택들이 지어지곤 있으나 대체로 마비된 듯 진척이 더디다는 사실만 기록하고 싶을 뿐이다.

아무튼 주택이 지어지고 '있긴' 하며, 콩 두 알보다 서로 더 닮은(콩이야 저마다 대단한 개성이라도 있건만) 작고 빨간 집이 줄줄이 늘어선 지자체 주택 단지는 산업 도시 외곽의 흔한 풍경이 되어가고 있다. 그 집들이 어떻고 슬럼의 주택에 비해 어느 정도인지에 대해서는 내 수첩의 두 부분을 더 인용하는 게 제일 낫겠다. 집에 대한 세입자들의 의견이 크게 달랐기에, 호평과 악평을 하나씩 들기로 한다. 둘 다 위건의 집이며, 응접실이 없는 비교적 저렴한 타입이다.

1. 비치 힐 단지의 주택.

아래층: 큰 거실에 벽난로식 조리용 화로, 찬장, 붙박이 서랍장 있고 바닥은 비닐장판. 부엌 크고 작은 복도 있음. 최신식 전기오븐을 가스오븐과 같은 가격으로 지자체에서

빌림.

위층: 큰 침실 둘과 조그만 방 하나(창고방이나 임시 침실로나 적합). 냉온수 다 나오는 욕실과 화장실 있음.

작은 정원. 단지 내에서도 크기가 다양하나, 대개 임대용 채소밭[33]보다는 좀 작은 편.

4인 가족(부모와 자녀 둘). 남편은 일자리 안정된 편. 집은 잘 지어진 듯하고 미관도 괜찮은 편. 여러 가지 제약 있음. 이를테면 지자체 허락 없이 가금류나 비둘기 기르기, 하숙인 받기, 전대轉貸,[34] 모종의 사업 등은 금지됨(하숙인 받기의 경우에만 허가받기가 쉬움). 집에 대해 세입자가 아주 만족하고 자랑스러워함. 지자체에서 하자 보수는 잘해주나, 청결 유지 등에 대해서는 엄격함.

집세는 세금 포함 11실링 3페니. 시내까지 버스비 2페니.

2. 웰리 단지의 주택.

아래층: 가로세로 4×3미터의 거실. 부엌은 아주 작고, 계단 밑에 조그만 저장실 있으며, 작지만 꽤 쓸 만한 욕실 있음. 가스오븐에 전기 조명. 화장실은 옥외에.

위층: 침실 하나는 3.5×3미터에 조그만 벽난로, 또 하나는 같은 크기에 벽난로 없으며, 나머지 하나는 2×1.5미터.

---

33 지역 정부에서 시민들에게 임대해주는 채소밭.
34 자신이 빌린 집을 남에게 다시 빌려주고 세를 받는 것.

제일 나은 침실에 작은 붙박이 옷장 있음.

정원은 약 20×10미터.

6인 가족(부모와 자녀 넷). 큰아들 19세, 큰딸 22세. 큰아들만 일자리 있음. 세입자의 불만 큼. 그들의 불평: "집이 춥고 웃풍 많고 습하다. 거실의 벽난로는 전혀 안 따뜻하고 그을음만 많이 낸다(아마 너무 낮게 가설한 탓인 듯). 제일 나은 침실의 벽난로는 너무 작아서 소용이 없다. 위층의 벽이 갈라진다. 조그만 침실은 있으나 마나 해서 다섯 명이 한 침실에 자고, 골방은 한 명만(큰아들) 쓴다."

이 단지의 정원은 전부 방치된 상태.

집세는 세금 포함 10실링 3페니. 시내까지의 거리는 1.5킬로미터 남짓(버스는 없음).

예를 한참 더 들 수 있지만 이 둘이면 충분하지 싶다. 지금 짓고 있는 지자체 주택의 유형이 단지마다 크게 다르지 않은 까닭이다. 여기서 당장 드러나는 분명한 사실이 두 가지 있다. 하나는 지자체 주택이 아무리 최악이어도 슬럼보다는 낫다는 점이다. 욕실과 조그만 정원이 있다는 것만으로 어떠한 단점도 극복할 수 있다. 또 하나는 집세가 훨씬 더 비싸다는 점이다. 6~7실링을 내던 집이 사용 부적합 판정을 받아 퇴거한 사람에게 지자체에서 제공하는 집은 10실링쯤 되는 게 다반사다. 단, 이는 일자리가 있는 사람이나 최근까지 실직하지 않은 사람들에게만 해당하는 문제다. 생활보호위원회의 실업수당을 받는 사람은 총액의 4분의 1을 집세로 인정받으며, 실제 집세가 그보다 많을 경우 추가 보조를 받는다. 그렇다 해도 생활보호대상자가 들어갈 수 없는 등급의 지자체 주택이 분명 있긴 하다. 그런데 실직 상태든 아니든, 지자체에서 제공하는 단지에서의 생활이 비싸게 먹히는 데는 다른 이유들도 있다. 먼저, 집세가 세기 때문에 단지 내 가게들이 훨씬 비싸고 그나마 가게가 많지도 않다. 게다가 다닥다닥 붙어 있는 슬럼가를 벗어나 비교적 크고 분리된 집으로 오니 훨씬 춥고 연료가 많이 든다. 그리고 특히 일자리가 있는 사람의 경우 시내까지 오가는 데 드는 비용도 있다. 이 교통이야말로 재건축 문제에서 확실히 두드러지는 것 중 하나다. 슬럼 철거는 곧 인구의 분산을 의미한다. 대대적인 규모로 재건축을 한다는 것은 사실상 시내의 일부를 떼어내어 외곽 어딘가에 재배치하는 일이다. 이는 어떤 면에서는 대단히 긍정적인 일이다. 사람들이 악취 진동하는 골목에서 벗어나 마음 놓고 숨 쉴 만한 공간으로 옮기게 해주기 때문이다. 그러나 주민들 입장에서 볼 때, 그건 사람들을 덜어내어 일터에서 10킬로미터 가까이 떨어진 곳으로 내팽개치는 짓이다. 그렇다면 가장 간단한 해결책은 고층 공동주택이다. 모름지기 대도시에 살 것이면 남의 집 위에 사는 법을 배워야 한다. 그러나 북부의 노동자들은 고층 공동주택을 탐탁잖게 여긴다. 거의 대부분이 '제 집'을 원한다고 말할 것이며, 그들에겐 100미터 정도 줄지어 있는 주택들 한가운데 있는 집이 허공에 떠 있는 공동주택의 한 층보다는 '제' 집에 가까운 것 같다.

　좀 전에 언급한 지자체 주택 둘 중 두 번째 집으로 다시 돌아가보자. 세입자는 집이 춥고 습한 것 등이 불만이라 했다. 집이 날림으로 지어졌을 수도 있겠으나, 마찬가지로 세입자가 과장했을 수도 있다. 우연히도 그는 내가 이전에 살펴보았던 위건 한가운데 있는 지저분한 누옥陋屋 출신이었다. 거기서 그는 지자체 주택으로 가기 위해 온갖 노력을 다했고, 지자체 주택으로 오자마자 다시 슬럼으로 돌아가고 싶어 했다. 이런 태도는 그가 필요 이상으로 까다로워 그런 것 같지만 실은 진짜 불만을 아주 잘 드러내는 것이다. 아주 많은 경우, 아마도 절반은 될 텐데, 나는 지자체 주택에 사는 사람들이 그곳을 정말 좋아하지 않는다는 사실을 알 수 있었다. 그들은 슬럼의 악취에서 벗어나는 것을 기뻐하며, 집에 자녀들이 뛰어놀 공간이 있는 게 더 낫다는 걸 알지만, 도무지 편치가 않은 것이다. 예외는 대개 일자리가 안정되어 연료와 가구와 교통비로 약간 더 지출할 여유가 있는, 아무튼 '형편 좋은' 유형이다. 그 나머지인 전형적인 슬럼 거주민들은 냄새가 날지언정 옹기종기 몰려 있는 슬럼의 온기가 그리운 것이다. 그들은 "촌으로 나오니", 즉 시 외곽으로 오니 "너무 춥고 배고프다"고 한다. 확실히 대부분의 지자체 주택 단지는 겨울이면 꽤나 음산하다. 내가 가본 데 중에 나무라곤 없는 언덕에 터를 잡아 찬 바람이 몰아치는 곳들이 있는데, 이런 데선 살기가 몹시 힘들 것이다. 배에 기름 찬 부르주아들은 슬럼 거주민들이 스스로 좋아서 불결함과 혼잡함을 원한다고 믿고 싶어 하는데, 그게 아니다(이를테면 골즈워디[35]의 『백조의 노래Swan Song』에 나오는 슬럼 철거에 대한 대화를 보라. 슬럼 거주민이 슬럼을 만드는 것이지 그 반대는 아니라는 소신을 가진 불로소득 생활자의 믿음이 유대인 자선가의 입을 빌려 전달된다). 사람들에게 번듯한 집을 줘보라. 그러면 그들은 그것을 번듯하게 가꾸는 법을 금세 배울 것이다. 나아가 근사한 집을 주면, 그들은 그 수준에 맞춰 보다 자존적이고 청결한 생활을 해 나갈 것이고, 아이들은 더 나은 삶을 시작할 기회를 가질 것이다. 그런데, 지자체에서 건설한 주택 단지에는 불편하고 거의 감옥 같은 분위기가 있으며, 거기 사는 사람들은 그것을 너무나 잘 알고 있다.

바로 이 점이 주택 문제에서 가장 까다로운 부분이다. 맨체스터의 칙칙한 슬럼가를 걷다 보면, 이런 혐오스러운 동네는 다 헐어버리고 그 자리에 번듯한 집을 짓는 것 말고는 아무것도 필요하지 않다는 생각을 하게 된다. 그러나 문제는 슬럼을 부수면 다른 것들까지 부숴야 한다는 점이다. 집들은 절실히 필요하지만 충분히 빨리 건설되지는 않고 있다. 한데 그나마 재건축이 이루어지고 있는 곳은(불가피한 일인지는 모르나) 너무

---

[35] John Galsworthy(1867~1933). 영국의 소설가이자 극작가. 1932년에 노벨문학상을 수상했다.

나 비인간적인 방식으로 이루어지고 있다. 집들이 새것이고 흉한 게 문제라는 뜻이 아니다. 모든 집은 한번은 새 집이 되어야만 하고, 말이 나왔으니 말이지 지금 지어지고 있는 지자체 주택들은 전혀 흉물스럽지 않다. 리버풀 외곽에는 전적으로 지자체 주택만으로 이루어졌다 할 만한 동네들이 있으며, 그 집들은 보기에 꽤 근사하다. 동네 한가운데 있는 노동자 공동주택 단지의 집들은 내가 보기엔 빈의 노동자 공동주택을 본뜬 것인데, 분명코 멋진 건물들이다. 하지만 전반적으로 무자비하고 무정한 무언가가 있다. 예컨대 지자체 주택에 입주했을 때 당하는 제약들을 생각해보자. 그런 단지에서는 집과 정원을 원하는 대로 관리하는 게 허용되지 않는다. 이를테면 일부 단지에서는 모든 정원에 같은 종류의 울타리를 쳐야 한다는 규정도 있다. 가금류나 비둘기를 기르는 것도 안 된다. 요크셔의 광부들은 집비둘기를 기르기 좋아하며, 뒤뜰에 두고서 일요일이면 풀어놓고 경주를 시키곤 한다. 하지만 비둘기는 지저분한 새이니, 지자체에선 당연히 사육을 금지한다. 가게에 대한 제약은 더 심하다. 지자체 주택 단지의 가게 수는 엄격히 제한되며, 협동조합이나 연쇄점에 특혜를 주는 것으로 알려져 있다. 이는 반드시 그런 것은 아니나, 그런 단지에서 볼 수 있는 것들은 대개 그런 가게다. 이는 일반 대중에게는 그다지 나쁜 일이 아니지만, 독자적인 가게의 주인 입장에서 보자면 재앙이다. 많은 소규모 가게의 주인들은 그들의 존재 자체를 인정하지 않는 재개발 계획 때문에 완전히 망하곤 한다. 동네 일부가 통째로 사용 부적합 판정을 받았다고 하자. 그러면 당장 집들이 헐리고 사람들은 몇 킬로미터 떨어진 어느 주택 단지로 옮겨진다. 이런 식으로 한 거주 지구의 모든 소규모 가게 주인들은 단번에 손님을 전부 빼앗겨버리고 보상은 단 한 푼도 받지 못한다. 그렇다고 그들이 그 단지로 가게를 옮겨 갈 수 있는 것도 아니다. 옮겨 갈 형편이 되고 훨씬 비싼 집세를 낼 수 있다고 해도 면허를 받을 가능성이 별로 없기 때문이다. 선술집의 경우, 새 주택 단지에서는 면허를 얻는다는 게 거의 불가능하고, 면허를 따는 소수라 해봐야 대형 양조회사에서 개점하는 유사 튜더 양식[36]의 건물이며, 또한 대단히 비싸다. 이러한 변화는 중산층에게는 맥주 한 잔을 마시러 1~2킬로미터를 걸어가야 하는 성가신 정도의 문제겠지만, 노동자 계층에겐 선술집이 일종의 친목 클럽 같은 것이기 때문에 공동체적 생활이 큰 타격을 입게 된다. 슬럼 거주민들을 번듯한 집으로 이주시키는 것은 대단한 업적이긴 하지만, 우리 시대의 독특한 분위기 때문에 그들이 누려온 자유의 마지막 흔적까지 박탈할 필요가 있다고 여기는 것은 불행한 일이다. 그들 자신이 그렇게 느끼고 있으며, 새 집이 (집 '자체'로선 그들이 살던 곳보다 훨씬 낫지만) 춥고 불편하고 "집 같지 않다"고 불평할 때 그들이 표현하고자 하는 것이 바

---

36 영국 튜더 왕조 시대(1485~1603)와 관련이 있는 건축 양식으로, 벽을 윗가지에 흙을 바르고 회칠로 마감하는 것이 그중 하나다.

로 그런 느낌인 것이다.

나는 이따금 자유의 대가는 언제나 긴장하는 것이라기보다는 언제나 지저분한 것이라는 생각을 하곤 한다. 일부 지자체 주택 단지에서는 조직적인 이 박멸 절차를 거친 세입자에게만 입주를 허락한다. 세입자들이 입고 있는 옷만 빼고 모든 소유물을 수거하여 훈증 소독을 한 다음 새 집으로 보내주는 것이다. 이러한 절차는 나름의 일리가 있다. 사람들이 완전한 새 집에 벌레를 데리고 들어간다는 건(벌레는 일말의 기회라도 있으면 짐과 함께 따라가려고 할 것이다) 안타까운 일이기 때문이다. 그러나 그런 식의 절차를 겪어야 하는 사람은 '위생'이라는 단어를 사전에서 빼버렸으면 좋겠다 싶어진다. 벌레도 나쁘지만, 사람이 양처럼 소독액 속에 빠졌다가 나와야 하는 수모를 스스로 인정하는 일은 더 나쁘다. 하지만 문제가 슬럼 철거라는 것인 한, 어느 정도의 제약과 비인간성은 당연한 것으로 받아들여야 하는지도 모른다. 결국 가장 중요한 것은 사람들을 돼지 우리가 아닌 번듯한 집에 살게 하는 일이다. 나는 너무나 많은 슬럼들이 철거 계획에 체스터턴처럼 황홀해하는 것을 보았다. 아이들이 맑은 공기를 마실 수 있고, 여자들이 고역에서 벗어나게 해주는 편의시설을 누릴 수 있고, 남자들이 흙을 만질 수 있는 조그만 정원을 가질 수 있는 곳은 리즈나 셰필드의 악취 진동하는 뒷골목보다는 '나아야' 한다. 그리고 전반적으로 봐서 지자체 주택 단지는 슬럼보다 낫다. 단, 아주 조금만 더 나은 정도다.

　주택 문제를 들여다보면서 여러 탄광 도시와 탄광촌의 집을 아마 100~200채쯤은 찾아가 살펴보았을 것이다. 여기서 어딜 가든 내가 정중하고 따뜻한 대우를 받았다는 사실을 밝히지 않고서는 이번 장을 마무리할 수 없겠다. 나는 혼자 다닌 게 아니었다. 언제나 실직 중인 그 지역 친구가 있어 날 안내해주었다. 하지만 그렇다 해도 모르는 사람 집에 불쑥 찾아가 침실 벽이 갈라진 데를 보여달라고 요구하는 건 무례한 일이다. 그런데도 모두가 놀랍도록 잘 참아주었으며, 거의 설명하지 않아도 내가 왜 그런 조사를 하고 무얼 보고 싶어 하는지 이해하는 것 같았다. 처음 보는 사람이 '내' 집에 불쑥 찾아와 지붕이 새는지, 벌레 때문에 얼마나 고생을 하는지, 집주인에 대해 어떻게 생각하는지 물어본다면, 나는 아마 당장 꺼지라고 할 것이다. 그런 일이 내게도 한 번 있었는데, 이 경우에 그 여인은 귀가 좀 어두워 나를 '자산 조사' 당국의 감시원인 줄 알았던 것이다. 그러나 잠시 뒤에 그녀는 마음을 누그러뜨리며 내가 원하는 정보를 제공해주었다.

　작가가 자신에 대한 서평을 인용하는 것은 모양새 좋은 일이 아니라는 말을 들어서 알지만, 나는 여기서 때마침 내 책 한 권에 대한 〈맨체스터 가디언〉의 서평을 반박하고 싶다.

　위건 아니면 화이트채플에 잠시 묵은 오웰 씨는 긍정적

인 모든 것에 대해서는 어김없이 시선을 차단해버리고는 인간성을 비방하는 데 전심전력을 다한다.

아니다. 오웰 씨는 위건에 한동안 '눌러앉아' 있었으며, 위건에는 그에게 인간성을 비방하고픈 소망을 불러일으킬 만한 게 전혀 없었다. 그는 위건을 아주 좋아했던 것이다(경치가 아니라 사람을 말한다). 그가 흠을 하나 발견한 것은 사실인데, 그것은 그가 보았으면 했던 그 유명한 '위건 부두'에 관해서였다. 아! 위건 부두는 헐려버리고 이젠 그 자리마저 확실치가 않으니!

5. 실업수당으로 사는 사람들

실업자 수가 200만이라는 수치 인용을 보면, 200만 명이 실직했으며 그 나머지 인구는 비교적 안락한 생활을 누리고 있다는 뜻으로 받아들이기가 너무나 쉽다. 나만 해도 최근까지 그런 식으로 생각해왔다고 인정해야겠다. 나는 등록된 실업자를 200만 명 정도로 잡고 거기다 극빈층과 이런저런 이유로 등록되지 않은 사람들까지 합하면, 영국에서 제대로 못 먹는(실업수당을 받을 정도면 '누구나' 제대로 못 먹는다고 봐야 하니까) 사람의 수가 많아야 500만 명 정도일 것이라는 계산을 하곤 했다.

하지만 이는 엄청난 과소 추정이었다. 우선 실업 통계에 나타나는 사람들은 실업수당을 타는 이들뿐이며, 그들은 대개 한 가계의 가장이기 때문이다. 실업 가장의 피부양인들은 그들 역시 별도의 수당을 타지 않는 한 수치에 반영되지 않는다. 직업 안정소의 한 관리는 내게 실질적으로 실업수당에 의존하며(타 쓰는 게 아니라) 살아가는 사람들의 수는 공식 집계의 세 배 이상은 된다고 했다. 그의 말만으로도 실업자 수는 600만 명은 될 것이다. 하지만 그게 다가 아니다. 일은 하고 있지만 최저생활임금[37]이라 할 만한 소득을 못 올리는, 형편상 실업자라고 해도 되는 아주 많은 사람들이 있다. 그들과 그 피부양인들, 그리고 앞서와 같이 노령 연금생활자와 극빈층 등을 합산해보라. 그러면 '제대로 못 먹는' 인구가 족히 1천만 명을 넘을 것이다. 존 오어 경[38]은 그 수가 2천만 명을 넘는다고 말한다.

산업 지대인 동시에 탄광 지대의 전형으로 충분한 위건의 수치를 예로 들어보자. 위건에서 실업보험 가입 노동자는 약 3만 6천 명이다(남자가 2만 6천 명이고 여자가 1만 명이다). 이 중에 1936년 초의 실업자 수는 약 1만 명이었다. 그러나 이는 탄광이 풀가동을 하는 겨울철 수치고, 여름이면 1만 2천 명 정도일 것이다. 이 수를 앞서 언급한 것처럼 세 배로 잡으면 3만 또는 3만 6천 명이 된다. 위건의 총인구는 8만 7천 명이 조금 못되니, 어느 때든 전 인구의 3분의 1 이상이(등록된 노동자만이

---

[37] 예를 들어 최근에 랭커셔 지방의 방직 공장에 대한 통계 조사에 따르면, 4만 명 이상의 '상근' 근로자의 주당 수입이 30실링이 안 되는 것으로 나타났다. 그중 한 도시 프레스턴만 보면, 주 수입이 30실링 '이상'인 사람이 640명이고 '이하'인 사람이 3,113명이었다.(원주)

[38] Sir John Boyd Orr(1880~1971). 스코틀랜드의 의사이자 생물학자. 영양에 대한 연구와 유엔 식량농업기구FAO 사무총장으로 이룩한 업적에 대한 공로로 노벨평화상을 수상했다.

아니다) 실업수당으로 살고 있는 것이다. 1만 또는 1만 2천 명의 실업자 중에는 지난 7년 동안 계속해서 실업 상태인 광부 4천~5천 명이 꾸준히 핵을 이루고 있다. 그렇다고 위건이 산업 도시 중에 특별히 사정이 나쁜 것도 아니다. 전쟁 때문에 또는 전쟁 소문 때문에 지난 한 해 남짓 형편이 좋았다는 셰필드에서도 실업률은 매한가지로, 등록된 노동자 셋 중 하나가 실업자다.

최초로 실직한 노동자는 지급받은 보험 인지印紙들을 다 써버릴 때까지 '완전급부 full benefit'를 받을 수 있으며, 그 요율은 다음과 같다.

	주당
독신 남성	17실링
부인	9실링
14세 이하 자녀 1인당	3실링

그렇다면 부모가 있고 자녀가 셋이며 그중 하나가 14세 이상인 전형적인 가정의 총수입은 주당 32실링에 맏이가 벌어올지도 모를 얼마를 더한 액수일 것이다. 보험 인지를 다 쓰고 나면 생활보호위원회의 관리를 받게 되기 전에 실업지원청에서 26주 동안 '과도급부 transitional benefit'를 받으며, 그 요율은 다음과 같다.

	주당
독신 남성	15실링
부부	24실링
14~18세 자녀	6실링
11~14세 자녀	4실링 6페니
8~11세 자녀	4실링
5~8세 자녀	3실링 6페니
3~5세 자녀	3실링

그렇다면 일하는 자녀가 없는 전형적인 5인 가족이 실업지원청에서 지원받는 액수는 매주 37실링 6페니일 것이다. 지원청의 실업수당을 받는 경우 액수의 4분의 1을 집세로 인정받으며, 그게 주당 최소 7실링 6페니다. 실제로 내는 집세가 실업수당의 4분의 1 이상이면 추가로 보조금을 받으며, 7실링 6페니보다 적으면 차액을 차감한다. 생활보호위원회의 실업수당은 이론상으로는 지자체에서 거두는 세금에서 나오지만 실질적으로 중앙에서 관리하는 기금의 지원을 받으며, 그 요율은 다음과 같다.

	주당
독신 남성	12실링 6페니
부부	23실링

첫 자녀	4실링
그 외의 자녀	3실링

지자체의 판단에 따라 이 요율은 조금씩 다르며, 독신 남성은 매주 추가로 2실링 6페니를 받아 실업수당이 15실링이 될 수도 있고 안 될 수도 있다. 가족이 있는 사람은 지원청의 실업수당을 받는 동안 수당의 4분의 1을 집세로 인정받는다. 따라서 앞서 언급한 전형적인 5인 가족이 생활보호위원회로부터 타는 총수입은 매주 33실링일 것이며, 그중 4분의 1이 집세로 간주된다. 여기다 대부분의 지역에서는 크리스마스 전후 6주 동안 매주 1실링 6페니(석탄 112파운드 정도를 살 수 있는 액수)의 석탄 보조금을 지급받는다.

그렇다면 실업수당을 타는 가계의 소득은 매주 30실링 남짓으로 보면 될 것이다. 여기서 최소한 4분의 1은 집세로 나간다고 보면, 아이든 어른이든 식구 한 사람이 매주 평균 6~7실링으로 먹는 것과 입는 것, 난방과 그 외의 것들을 해결해야 하는 셈이다. 엄청나게 많은 가계들이, 아마도 산업 지대 전체 인구 중 적어도 3분의 1이 그런 수준으로 살고 있다. '자산 조사'는 매우 엄격히 시행되고 있어, 다른 소득원이 있다는 기미가 조금이라도 있으면 당장 실업수당을 거부당할 수 있다. 예를 들어 대개 하루에 한나절씩 고용되어 일을 하는 부두 노동자는 매일 두 번씩 직업안정소에 가서 서명을 해야 하며, 그렇지 못

할 경우 일을 하고 있는 것으로 간주되어 그만큼 실업수당을 삭감당한다. '자산 조사'를 재주껏 빠져나가는 경우를 약간 보긴 했으나, 아직도 공동체적 분위기가 어느 정도 남아 있고 아는 이웃이 많은 산업 도시의 동네에서는 그러기가 런던보다는 훨씬 어렵다는 사실을 언급할 필요가 있다. 흔히 쓰는 방법은 실제로는 부모와 사는 청년이 별도의 주소지를 구함으로써, 따로 살고 있는 듯 보여 별도의 실업수당을 타내는 것이다. 하지만 그것을 막기 위한 감시와 밀고가 만연해 있다. 이를테면 내가 만난 어떤 사람은 이웃이 집을 비운 사이 이웃의 닭들에게 먹이를 주는 모습이 누군가의 눈에 띄었다. 그 뒤 그는 "닭 모이 주는 일을 한다"고 당국에 보고되는 바람에 반박을 하느라 몹시 애를 먹었다. 위건에서 흔히 하는 우스개 중엔 어떤 남자가 "수레로 장작 나르는 일을 한다"는 이유로 실업수당을 거부당했다는 사연이 있다. 그가 밤에 장작을 나르는 모습을 봤다고 누군가가 고자질한 것이었다. 그는 장작을 나른 게 아니라 야반도주를 한 것이라고 해명해야 했고, '장작'이란 그의 가구였다.

'자산 조사'가 끼치는 가장 큰 해악은 이산가족을 만들어 버린다는 사실이다. 이 제도 때문에 노인들이, 그중에도 때로는 병석에 누워 있던 노인들이 집에서 쫓겨나다시피 한다. 이를테면 홀아비인 노년의 연금생활자는 대개 자녀들 중 하나의 집에서 함께 사는 경우가 많으며, 그가 매주 받는 10실링은 가계의 생계비로 쓰이고 그는 그럭저럭 보살핌을 받을 수가 있다. 그런데 '자산 조사'라는 제도는 그를 '하숙인'으로 보며, 그가 자녀의 집에서 함께 살면 자녀의 실업수당을 삭감해버린다. 때문에 일흔이 넘은 노인이 진짜 하숙집으로 나가 살면서 하숙집 주인에게 연금을 다 넘겨주고는 굶주림에 허덕이는 것이다. 나는 그런 경우를 여러 번 직접 목격한 바 있다. '자산 조사' 덕분에 그런 일이 지금 이 순간 영국 전역에서 벌어지고 있는 것이다.

그런데 산업 지대인 북부의 실업률이 아무리 끔찍한 수준이라 해도 런던에 비하면 빈곤이(특히 극심한 빈곤이) 덜 두드러져 보인다. 모든 게 더 초라하고 누추하지만, 자동차도 적고 잘 차려입은 사람도 적지만, 확연히 궁핍해 보이는 사람도 런던보다 적다. 북부는 리버풀이나 맨체스터 같은 큰 도시에서도 걸인이 적다는 게 놀랍다. 런던은 버려진 사람들을 끌어당기는 소용돌이와도 같은 곳이며, 워낙 거대해서 고독한 익명의 생활이 가능하다. 그리고 법을 어기지 않는 한 아무도 자신을 알아보지 않으며, 자기를 아는 이웃들이 많은 곳에서는 가당치도 않을 정도로 망가질 수도 있다. 그러나 산업 도시에서는 오래된 공동체적 생활방식이 아직 다 깨지지 않았기 때문에 전통이 여전히 강하게 남아 있으며, 거의 대부분 가족이 있다(때문에 집도 있을 가능성이 높다). 인구 5만 또는 10만인 도시에서는 부랑생활을 하는, 말하자면 방치된 사람이 없으며 길에서 자는 사람도 없다. 그런 맥락에서 실업에 관한 제도가 결혼을 막지는 않는다는 점은 여기서 꼭 언급할 필요가 있다. 한 주에 23실링의 수당으로 사는 부부는 기아선상에서 별로 멀지 않지만 아무튼 그럭저럭 한 가정을 꾸릴 수 있다. 그들은 15실링으로 사는 독신 남성보다는 훨씬 형편이 나은 것이다. 실업 상태인 독신 남성의 삶이란 비참하다. 그는 일반 하숙집에 살기도 하지만 그보다는 가구 딸린 방에서 주당 6실링을 내고 사는 경우가 많으며, 나머지 9실링으로 그 밖의 것들을 겨우겨우 해결해야 한다(이를테면 먹는 데 6실링을 쓰고 옷과 담배와 오락에 3실링을 쓰는 식이다). 물론 그는 제대로 먹을 수도 다른 이런저런 것들을 제대로 챙길 수도 없으며, 한 주에 방세로 6실링을 내야 하는 처지라 필요 이상으로 집 안에 버티고 있기도 어렵다. 때문에 그는 낮 시간을 안 떨고 있을 수 있는 공공도서관이나 그 밖의 장소에서 때워야 한다. 안 떨고 있을 수 있는 것, 이것이야말로 실업자인 독신남이 겨울에 관심을 쏟는 거의 유일한 문제다. 위건에서는 겨울에 애용되는 대피소가 환상적으로 저렴한 영화관이었다. 4페니면 언제든 좌석을 구할 수 있으며, 오후 시간에는 2페니만 줘도 가능한 곳들이 있다. 배를 곯을까 말까 하는 사람들이라 해도 겨울날 오후의 지독한 추위로부터 벗어나기 위해서는 기꺼이 2페니를 쓸 수 있는 것이다. 셰필드에서 나는 누굴 따라 공회당에 가서 어느 성직자의 강연을 들어본 일이 있는데, 그간 들어봤거나 앞으로 들어볼 수 있는 강연 중에 가장 한심한 최악의 것이었다. 버티고 앉아 있기가 물리적으로 불가능할 정도였다. 실제로 강연이 반도 안 끝났는데 절로 박차고 나가려는 듯한 내 두 발에 이끌려 나갈 뻔했다. 하지만 강당은 실업자들로 꽉 차 있었고, 그들은 따뜻한 곳에 몸을 피해 있을 수만 있다면 그보다 훨씬 더 한심한 강연도 견딜 수 있다는 자세였다.

나는 실업수당으로 사는 독신 남성이 더없이 비참한 생활을 하는 경우를 종종 보았다. 어느 도시에선 그런 사람들이 무리를 이루어 말 그대로 쓰러져가는 버려진 집에서 무단 거주를 하는 것을 보았다. 그들은 아마도 쓰레기 더미에서 주워 왔을 폐가구 몇 개를 놓고 살았으며, 탁자라곤 대리석 상판을 댄 세면대 하나가 전부였다. 하지만 이런 경우는 예외적이었다. 노동계급이면서 독신 남성인 경우는 드물며, 일단 결혼을 하면 실업을 당해도 생활양식이 잘 바뀌지 않는다. 기혼자의 가정은 궁핍하긴 하지만 여전히 하나의 가정이며, 어딜 가봐도 실업이 초래하는 비정상적인 상황 때문에(말하자면 여자는 전과 다를 바 없이 일이 많지만 남자는 일이 없는 상황 때문에) 부부간의 상대적인 지위가 바뀌는 건 아니라는 점은 주목할 만하다. 노동계급 가정에서 주인은 남자이지 중산층 가정의 경우처럼 여자나 아이가 아니다. 이를테면 노동계급의 가정에서는 남자가 가사의 일부를 맡아서 하는 경우를 도무지 볼 수 없다. 이런 관행은 실업 때문에 바뀌는 게 아니며, 때문에 표면적으로는 좀 부당해

보이기도 한다. 남자는 아침부터 저녁까지 빈둥거려도 여자는 변함없이 바쁘며, 그것도 살림이 더 빠듯해졌으니 더욱 바쁘다. 그런데도 내가 확인해본 바로는 여자들이 반발하는 경우가 없었다. 아마도 남자뿐만 아니라 여자도 남자가 일자리를 잃었다는 이유만으로 '아줌마' 노릇을 한다면 사내다움을 잃는 게 아닐까 두렵기 때문일 것이다.

실업이 남자든 여자든 모두를, 특히 여자보다는 남자를 무기력하게 만든다는 건 분명한 사실이다. 그런 무기력감은 아무리 지성이 뛰어나다 해도 떨쳐버리기 어렵다. 나는 필력이 정말 뛰어난 실업자를 우연히 만나본 적이 있다. 그리고 만나보진 못했지만 이따금 잡지에서 작품으로 접하게 되는 이들도 있다. 아주 드문드문하긴 해도 그런 사람들은 종종 뛰어난 글 한 편이나 단편소설을 써내곤 하며, 그런 글은 추천사만 요란한 대부분의 작품보다는 확실히 낫다. 그런데도 그들은 왜 자기 재능을 좀처럼 발휘하지 않는 걸까? 누구보다 시간이 많은 그들이 왜 차분히 앉아 글을 쓰지 못하는 걸까? 그것은 글을 쓰기 위해서는 안락과 고독뿐 아니라(노동계급의 집에선 고독하기도 어렵다) 마음의 평화도 필요하기 때문이다. 실업이라는 암울한 그림자가 드리운 상황에서는, 무엇엔가 전념한다는 것도 무언가를 창조하는 데 필요한 '기대감'을 발휘한다는 것도 거의 불가능하다. 그렇다 해도 책 읽는 게 편한 실업자는 어쨌든 책 읽기로 소일할 수 있다. 하지만 책 읽는 게 도무지 편치 않은 사람은 어쩌겠는가? 어릴 적부터 갱도 안에서 일해오며 광부 아닌 다른 무엇도 될 수 없도록 길들여져온 사람을 생각해보자. 허구한 세월을 대체 무엇으로 다 채운단 말인가? 일자리를 알아봐야 하지 않느냐고 한다면 얼토당토않은 소리다. 알아볼 일거리도 없거니와 그런 사실을 모두가 아는 까닭이다. 말하자면 7년 내내 매일같이 일자리를 알아보러 다닐 수는 없는 노릇이다. 임대 채소밭이 있어 소일도 하고 가족의 먹을거리도 조금 기를 수 있겠다 싶지만, 큰 도시에선 그런 채소밭을 임대할 기회가 잘 주어지지 않는다. 실업자를 도울 목적으로 몇 년 전부터 문을 연 직업센터들이 있긴 하다. 이 운동은 전반적으로 실패였지만 여전히 번창하는 센터들도 있다. 나는 그런 곳들 한두 곳에 가보았다. 춥지 않고 지낼 만한 공간이 있으며, 목공, 제화製靴, 가죽공예, 베 짜기, 바구니 짜기, 짚공예 등의 정기 강좌가 열리는 곳이다. 팔 목적은 아니고 자기 집에 쓸 가구 등을, 연장은 무료로 쓰고 재료도 싸게 구하여 만들 수 있도록 하자는 발상인 것이다. 내가 만나 얘기해본 사회주의자들 대부분은 실업자들에게 농지를 주는 기획을 비난하듯이 이런 운동을 비난한다(단, 언제나 얘기만 있지 아무 결론에도 도달하지 못한다). 그들은 직업센터는 실업자들을 잠잠히 있게 만들고 실업자들에게 무언가를 해주고 있다는 환상을 심어주기 위한 장치일 뿐이라고 말한다. 그것이 숨은 동기임은 의심의 여지가 없다. 실업자가 구두를 수선하느라 바빠지면 〈데일리 워커〉[39]를 잘 읽지 않을 테니 말이다. 게다가 그런 곳들은 들어가자마자 역겨운 YMCA[40] 분위기가 느껴진다. 그런 곳에 자주 가는 실업자들은 주로 모자를 만지며 잘 굽실거리는 타입이다. 말하자면 '금주 운동'과 보수당을 지지한다는, 말은 번드르르한 타입인 것이다. 하지만 여기서도 모순된 감정을 느끼지 않을 수 없다. 몇 년 내내 그야말로 '아무것'도 안 하고 지내는 것보다는 짚공예 같은 시시한 일이라도 하며 시간을 때우는 게 나을 수도 있기 때문이다.

실업자들을 위해 단연 가장 나은 활동을 보이고 있는 곳은 '전국 실업 노동자 운동NUWM'[41]이다. 이 단체는 실업자들을 단합시키고, 실업자들이 파업을 방해하는 세력이 되는 것을 방지하며, 실업자들에게 '자산 조사'에 대한 법률 조언을 해주기 위해 만들어진 혁명적인 조직이다. 아울러 실업자 자신들의 한두 푼과 노고만으로 이루어진 운동이기도 하다. 나는 이 운동 단체와 많이 접해본 바 있으며, 잘 입지도 먹지도 못하면서 단체를 꾸려가느라 애쓰는 사람들을 존경한다. 또한 그러기 위해 그들이 보이는 기지와 인내에 대해서는 더욱 찬탄을 금치 못한다. 생활보호위원회의 실업수당을 받는 처지인 사람들의 호주머니에서 매주 1페니의 회비를 받아낸다는 게 보통 일이 아닌

---

39 영국 공산당이 1930년에 창간한 일간지. 1966년에 〈모닝 스타〉로 개명했다.
40 '기독교 청년회Young Men's Christian Association' 운동은 1844년 영국에서 처음 조직되었다.
41 National Unemployed Workers' Movement.

까닭이다. 앞서 언급한 것처럼, 영국의 노동계급은 앞으로 나서는 데는 별 재주가 없지만 조직력에 있어서는 놀라운 능력을 보인다. 모든 직종별 노동조합이 그런 사실을 입증하고 있으며, 이를테면 요크셔에 아주 흔한 탁월한 노동자 클럽[42]들도 마찬가지다(사실상 아주 인기 좋은 협동조합 선술집이며 상당히 잘 조직화되어 있다). NUWM은 많은 도시에 공간을 마련하여 공산주의자 연사들의 연설을 주선하고 있다. 그런데 사람들은 이런 곳에 가서도 난로 앞에 앉아 있다 이따금 도미노게임이나 할 뿐이다. 이 운동에 직업센터의 노선과 같은 요소가 가미된다면, 운동은 정말 필요한 것에 보다 가까워질 수 있을 것이다. 기술 좋은 사람이 해마다 아무 희망 없이 빈둥거리는 모습을 본다는 건 참으로 딱한 노릇이다. 그런 사람을 YMCA 분위기의 코코아 중독자로 만드는 법 없이 자기 손으로 자기 집에 필요한 가구 등을 만들 기회를 준다는 건 결코 불가능한 일이 아닐 것이다. 우리는 영국에서 수백만 명이 (또 전쟁이 터지지 않는 한) 이승에서는 절대 번듯한 일자리를 구할 수 없다는 사실을 직시하는 게 낫다. 할 수도 있고 당연히 해야만 하는 일 하나는, 원하는 모든 실업자에게 약간의 땅과 연장을 제공해주는 것이다. 생활보호위원회의 실업수당으로 연명해야만 하는 사람들이 가족을 위해 채소라도 기를 기회조차 얻지 못한다는 건

---

42 19세기부터 영국 산업 지대, 특히 북부에 만들어진 일종의 친목 클럽으로, 노동계급에게 오락과 교육을 제공하는 것이 목적이었다. 지금도 영국에 3천 개의 노동자 클럽이 있다.

가당찮은 일이다.

 실업과 그 영향에 대해 알아보려면 산업 지대에 가봐야 한다. 실업은 남부에도 있긴 하지만 분산되어 있으며 묘하게도 잘 드러나지 않는다. 시골에 가면 누가 실직했다는 얘기를 거의 들어볼 수 없고, 도시처럼 한 블록 전체가 실업수당으로 살아가는 광경을 아예 볼 수 없는 경우가 대부분이다. 지금 우리 문명에 일어나고 있는 변화를 파악하기 위해서는 아무도 일자리가 없으며, 일자리 구하기가 비행기 소유하는 것만큼이나 어렵고, 축구 도박에서 50파운드를 따는 것보다 '더' 어려운 거리에서 살아봐야만 한다. 변화는 '확실히' 일어나고 있으며, 그 점에 대해선 의심의 여지가 없다. 최저 생활을 하는 노동계급의 태도는 일고여덟 해 전과는 너무나 많이 달라져 있다.

 내가 처음 실업 문제를 인식하게 된 것은 1928년이었다. 그때 나는 실업이란 한낱 단어로만 존재할 뿐인 버마에서 막 돌아온 상태였으며, 버마에 갈 즈음은 아직 어리고 전후의 경기 붐이 아직 끝나지 않았을 때였다. 그러다 처음으로 가까운 주거지에서 실업자들을 보았을 때, 몹시 충격적이었던 것은 그중 많은 사람들이 실직한 것을 '수치스러워'한다는 사실이었다. 나는 대단히 무지했으나, 해외시장을 잃어 200만 명이 일자리에서 밀려났다고 해서 그 200만 명을 인도 도박판에서 패가망신한 사람들보다 더 잘못됐다고 생각할 만큼 어리석지는 않았다. 하지만 그 당시에는 누구도 실업이 불가피한 것이라고 인정하지 않았다. 그랬다간 실업이 계속될 수 있다고 인정하는 것이나 마찬가지였기 때문이다. 중산층은 여전히 "실업수당이나 타먹고 사는 게으름뱅이"란 말을 썼으며 "그런 자들은 원하기만 하면 일자리를 구할 수 있다"고 말하곤 했다. 그리고 그런 생각이 자연스럽게 노동계급 자신에게도 스며들었다. 나는 처음으로 부랑자나 걸인과 섞여 다니다가, 흔히들 불만 많고 양식만 축내는 존재라고 하는 그들 중 상당수가(아마도 4분의 1 정도가) 젊고 번듯한 광부와 면직공綿織工이란 사실을 알고는 충격을 받은 기억이 있다. 더구나 그들은 덫에 걸린 짐승처럼 놀라고 멍한 상태로 자신의 운명을 방관하고만 있었다. 그들은 자기에게 무슨 일이 벌어지고 있는지 도무지 이해할 수 없었던 것이다. 그들은 일을 하도록 길러졌다가, 이제 다시는 일할 기회가 없을 것만 같아져 난감해졌다. 그런 처지에서 그들은 먼저 자괴감에 시달리는 수밖에 없었다. 그때만 해도 실업을 대하는 사람들의 태도가 그랬다. 실업은 당신 '개인'에게 닥친 재앙이었으며, 그것은 당신 '자신' 탓이었던 것이다.

25만 명의 광부가 실업을 당한다고 할 때, 뉴캐슬 뒷골목에 사는 광부 앨프 스미스라는 사람이 일자리를 잃는 것은 일종의 순리라 볼 수 있다. 앨프 스미스는 단지 25만이란 숫자 가운데 하나, 말하자면 하나의 통계단위일 뿐이다. 그러나 어떤 사람이 자신을 하나의 통계단위로 보기는 쉽지 않다. 길 건너 사는 버트 존스가 아직 일을 하고 있는 한, 앨프 스미스는 스스로를 불명예스러운 실패자로 볼 수밖에 없는 노릇이다. 그래서 실업의 가장 큰 해악이랄 수 있는 무력감과 절망감이 무시무시하다는 것이다. 이 해악은 어떤 고생살이보다 훨씬 해롭고, 강요된 무위도식 탓에 기가 꺾이는 것보다도 해로우며, 앨프 스미스가 실업수당 생활을 하는 동안 태어난 아이들의 신체 발육이 떨어지는 것보다만 덜 해롭다. 그린우드의 연극「실업수당 생활의 사랑 Love on the Dole」[43]을 본 사람이라면 가엾고 선하고 어리석은 노동자가 탁자를 내리치며 "제발 하느님 일자리를 좀 내려주세요!"라고 울부짖는 비참한 장면을 기억할 것이다. 이는 극적인 과장이 아니라 실제 생활에서 나온 탄식이었다. 이런 외침은 지난 15년 동안 영국의 수만, 아니 아마도 수십만 가정에서 거의 같은 말로 터져 나온 게 분명하다.

하지만 나만 해도 더 이상, 아니면 적어도 그리 자주는 생각지 않는다. 그리고 그 점이야말로 정말 중요한 부분이다. 사람들이 괜히 덤벼들다 자기만 더 상처 입는 짓을 그만둬버린 것이다. 마침내는 중산층도(시골 읍내에 있는 브리지 클럽도 그렇다) 실업 같은 게 있다는 사실을 알아가고 있다. 5년 전만 해도 번듯한 티테이블마다 들을 수 있던 말, 이를테면 "난 실업이란 이 말도 안 되는 소린 도저히 믿질 못하겠어. 지난주만 해도 정원 풀 깎을 인부가 필요한데 구할 수가 없었다고. 일들 하기 싫어

---

[43] 대량 실업으로 고통받는 영국 북부 노동계급의 생활을 그려 큰 반향을 불러일으킨 월터 그린우드의 동명 소설은 연극 및 영화 등으로도 만들어졌다.

서 그런 거지, 딴게 아냐!"라는 소리가 이제는 이전만큼 쉽게 듣기는 어려워졌다. 노동계급 자신도 경제에 관한 지식이 아주 많이 늘었다. 이 점에 대해 나는 〈데일리 워커〉의 몫이 컸다고 생각한다. 구독자 수에 비해 영향력이 훨씬 크니 말이다. 아무튼 노동계급은 배운 바를 가슴에 깊이 새겼는데, 그것은 실업이 워낙 만연해서라기보다는 워낙 오래 지속됐기 때문이다. 실업수당 생활을 한 번에 여러 해나 하다 보면 점점 그 생활에 적응하게 되고, 수당을 타 쓴다는 게 여전히 불쾌하긴 하지만 더 이상 수치스럽지는 않아진다. 할부 구매 방식 때문에 빚지기를 몹시 싫어하던 오랜 정신이 훼손되듯, 구빈원의 도움을 몹시 싫어하는 독립심 강한 오랜 전통이 훼손되고 있는 것이다. 위건과 반즐리의 뒷골목에서 나는 온갖 궁상을 다 목격했지만, 10년 전에 봤을 만한 비참함에 대한 '자각'은 훨씬 적어 보였다. 사람들이 실업은 자신들로서는 어쩔 수 없는 문제임을 깨달은 것이다. 이제 일자리를 잃은 것은 앨프 스미스만이 아니다. 버트 존스 역시 실직한 상태이며, 둘 다 일을 못 하게 된 지도 몇 해나 된다. 모두 같은 처지가 되면 사정이 크게 달라진다.

  말하자면 여생을 실업수당에 의존하기로 작정한 듯한 사람들이 잔뜩 생겨난 것이다. 그런데 내가 보기에 감탄스럽고 심지어 희망적이기까지 한 것은, 그들이 정신적인 파탄을 겪지 않으면서 그럭저럭 그렇게 살아간다는 점이다. 노동계급은 중산충처럼 빈곤의 부담 때문에 망가지지 않는다. 예컨대 노동계급은 실업수당을 받는 처지이면서도 결혼하는 것에 대해 아무렇지도 않게 생각한다는 사실을 생각해보자. 남부의 브라이턴에 사는 노부인들에겐 당치도 않은 일일 것이다. 하지만 그런 사실은 노동계급의 분별을 단적으로 잘 드러내주는 증거다. 즉, 그들은 일자리를 잃는다고 해서 인간이기를 포기할 수는 없는 일임을 잘 알고 있는 것이다. 때문에 빈곤에 시달리는 지역들은 어떤 면에서는 생각만큼 사정이 나쁜 게 아니다. 그들의 삶은 그럭저럭 정상이라 할 수 있으며 생각 이상으로 그렇다. 수많은 가족이 빈궁한 생활을 하고 있지만 그렇다고 가족제도가 깨진 건 아니다. 사람들은 이전보다 긴축 생활을 하고 있는 셈이다. 운명에 발악하기보다는 생활수준을 낮춤으로써 상황을 견딜 만한 것으로 만든 것이다.

하지만 수준을 낮춘다고 해서 반드시 사치를 끊고 꼭 필요한 것으로만 사는 건 아니다. 오히려 그 반대인 경우가 더 흔한데, 잘 생각해보면 그게 더 자연스럽다 할 수 있다. 그래서 유례없는 공황기에 온갖 값싼 사치가 늘어나는 현실이 가능한 것이다. 전쟁 이후 가장 큰 차이를 보이는 것 두 가지는 영화와 값싸고 맵시 있는 의류의 대량생산이다. 열네 살에 학교를 떠나 가망 없는 일자리를 얻은 청년이 스무 살 때 실직하여 어쩌면 평생 실업 상태로 살아야 할지도 모른다고 하자. 하지만 그는 할부로 2파운드 10실링을 내는 조건으로, 슬쩍 보면 그리고 약간 떨어져서 보면 '새빌 로'[44]에서 맞춘 듯한 양복을 살 수가 있다. 아가씨들은 그보다 싼값으로 최신 유행복을 입은 이처럼 보일 수가 있다. 주머니엔 반 페니 동전 세 닢뿐이고 이 세상에 아무 전망도 없으며 돌아갈 집이라곤 비가 새는 작은 골방뿐이라 해도, 새 옷 차림으로 길모퉁이에 서서 클라크 게이블이나 그레타 가르보가 된 듯한 착각에 빠질 수 있는 것이다. 그리고 집에서도 웬만하면 차 한잔을 마실 수 있게 되어, 1929년부터 실직한 아버지도 시저위치Cesarewitch[45]에 대한 유력 정보를 들을 수 있는 티타임 동안에는 잠시나마 행복할 수 있다.

전쟁 이후로 시장은 제대로 못 벌고 못 먹는 사람들의 수요에 맞춰 적응해야만 했고, 그 결과 오늘날 사치품은 거의 대부분 생필품보다 저렴해졌다. 수수한 구두 한 켤레 값이 엄청나게 세련된 신발 두 켤레 값과 같다. 정식 한 끼 값이면 싼 사탕과자 두 파운드를 살 수 있다. 3페니로 고기는 얼마 못 사지만 '피시 앤드 칩스'는 충분히 살 수 있다. 우유 한 파인트가 3페니고 '순한' 맥주도 4페니나 되지만, 아스피린은 1페니에 일곱 알이며 차는 4분의 1파운드 한 다발로 40잔을 짜낼 수 있다. 단연 돋보이는 것은 모든 사치 중에서도 가장 값싼 도박이다. 기아선상에서 허덕이는 사람들이라 해도 당첨금에 1페니를 걸어 봄으로써 며칠간의 희망을(그들 말대로 "삶의 이유가 되는 무언가

---
44 고급 양복점들로 유명한 런던의 거리.
45 영국 서퍽의 뉴마켓에서 매년 열리는 유명 경마 대회.

를") 살 수 있는 것이다. 조직화된 도박은 이제 거의 주요 산업의 지위로 올라섰다. 예를 들어 축구 도박 같은 현상을 생각해보자. 이 사업이 올리는 한 해 600만 파운드 가까운 매상고는 거의 다 노동계급의 호주머니에서 나온 것이다. 히틀러가 라인 지방을 다시 점령했을 때 나는 우연히 요크셔에 있었다. 히틀러나 로카르노,[46] 파시즘이나 전쟁의 위협 같은 건 그곳 사람들의 스쳐 가는 관심거리도 되지 못했다. 반면에 경기 일정을 미리 발표하지 않겠다는 축구협회의 결정은(축구 도박을 억제해보려는 시도였다) 온 요크셔를 분노의 도가니로 몰아넣었다. 아울러 배곯는 사람들에게 기적을 퍼부어주는 오늘날의 전기 과학이 빚어내는 진풍경도 가관이다. 이불이 없어 밤새 떨다가도 아침이면 공공도서관에 가서 샌프란시스코나 싱가포르에서 전송한 뉴스를 읽는 게 오늘날인 것이다. 영국에선 2천만이나 되는 사람들이 제대로 먹지 못하지만, 말 그대로 누구나 라디오를 들을 수 있다. 우리는 먹는 것에서 생긴 결핍을 전기로 채우는 셈이다. 정말 필요한 것은 전부 강탈당한 상당수의 노동계급이 생활의 표피만을 누그러뜨리는 값싼 사치로 부분적인 보상을 받고 있는 것이다.

 이 모든 현상을 바람직하다고 보시는가? 나는 아니라고 본다. 그러나 노동계급이 겉으로나마 보이고 있는 적응은 그들이

---

[46] 1925년 스위스 로카르노에서 중부 유럽의 안전 보장을 위해 채택된 조약. 1936년에 히틀러는 이 조약을 일방적으로 파기하고 라인 지방을 침공했다.

지금 상황에서 할 수 있는 최선인지도 모른다. 그들은 혁명적으로 변한 것도 자존심을 잃은 것도 아니다. 단지 노여움을 참고, '피시 앤드 칩스' 수준에서 그럭저럭 견뎌나가는 생활을 하고 있는 것이다. 대안은 절망의 고통을 이어나가는, 신만이 아는 무엇일 터이다. 아니면 영국처럼 통치력 강한 나라에서는 헛된 학살과 가혹한 억압의 체제로 이어지기 십상인 반란을 시도하는 것인지도 모른다.

물론 전후에 값싼 사치가 발달한 것은 우리의 통치자들에겐 대단히 다행스러운 일이었다. '피시 앤드 칩스', 인조견 스타킹, 연어 통조림, 할인 초콜릿(6페니에 2온스짜리 초콜릿 바가 다섯 개), 영화, 라디오, 진한 차, 축구 도박 같은 것들이 혁명을 막은 게 사실인지도 모른다. 때문에 우리는 이따금 실업 문제를 개선하지 않는 게 전부 지배층의 교활한 술책이라는(일종의 '빵과 서커스'[47]라는) 말을 듣는다. 내가 본 바로는 우리 지배층에게 그만한 머리가 있는 것 같지는 않다. 그보다는 의식하지 못하는 사이에 여기까지 온 것 같다. 말하자면 시장을 확대할 필요가 있는 제조업자들과 값싼 고통 완화제가 필요한 배고픈 사람들의 형편이 그럭저럭 맞아떨어졌다는 것이다.

---

[47] 정치인들이 강권으로 대중을 억압하기보다는 지지를 얻기 위해 베푸는 하찮은 물자와 오락에 대한 고전적 비유.

6. 실업과 먹을거리

어린 시절 내가 다니던 학교에는 학기마다 한 번씩 찾아와 블렌하임[48]이나 아우스터리츠[49] 등의 유명한 전투에 관해 뛰어난 강연을 해주는 연사가 있었다. 그는 "군대는 위胃로 진군한다"는 나폴레옹의 격언을 즐겨 인용했다. 그는 강연을 끝내며 갑자기 우리 쪽을 돌아보며 "이 세상에서 제일 중요한 게 뭐지?" 하고 묻곤 했다. 우리는 "음식이요!"라고 외쳐야 했고, 그러지 않으면 그는 실망했다.

어떤 면에서 그는 분명히 옳았다. 인간이란 무엇보다 음식을

---

[48] 1704년 스페인 왕위 계승 전쟁의 주요 전투가 벌어진 바바리아(지금은 독일의 바이에른)의 작은 마을. 영국계 동맹이 프랑스계 동맹을 대파했다.
[49] 1805년 나폴레옹이 러시아-오스트리아 연합군을 대파한 체코 모라바의 소읍. 이 전투는 전술상의 걸작으로 평가받곤 한다.

채워 넣어야 하는 가죽 부대이며, 그에 비해 나머지 기능은 신성한 것에 가깝지만 급한 순서로 볼 때 언제나 그다음이다. 사람이 죽어 땅에 묻히면 그의 모든 말과 행동은 잊히지만, 그가 먹은 음식은 후손의 튼튼하거나 약한 뼈로 엄연히 살아남는다. 나는 먹을거리의 변화가 왕조나 종교의 변천보다 중요하다는 주장이 그럴듯하다고 생각한다. 이를테면 통조림 음식이 발명되지 않았다면 세계대전은 불가능했을 것이다. 그리고 중세 말기에 근채류根菜類[50]나 그 밖의 다양한 채소가 들어오지 않았다면, 또 그 얼마 뒤 무알코올성 음료(차, 커피, 코코아)와 맥주를 마시던 영국인에게 익숙지 않던 증류주가 들어오지 않았다면, 지난 400년 동안 영국의 역사는 엄청나게 달랐을 것이다. 그런데도 음식이 얼마나 중요한지를 좀처럼 인식하지 못하는 것을 보면 묘한 일이다. 정치인이나 시인이나 주교의 동상은 어디서나 볼 수 있지만, 요리사나 베이컨 제조인이나 과채果菜 재배인의 동상은 아예 없다. 신성로마제국 황제 카를 5세는 훈제 청어를 만들어낸 사람의 동상을 세워줬다는데, 당장 내가 아는 사례는 그것 하나뿐이다.

그러니 실업자들의 앞날을 생각할 때 아마도 가장 중요하고 가장 기본적인 것은 그들이 무얼 먹고 사느냐는 사실이다. 앞서 언급한 바와 같이 실업자 가정의 평균 수입은 매주 30실링

---

[50] 감자나 순무 등 뿌리를 먹는 작물.

정도이며, 그중에서 적어도 4분의 1은 집세로 나간다. 그렇다면 그 나머지 돈이 구체적으로 어떻게 쓰이는지 알아볼 필요가 있다. 여기서 나는 실직한 광부와 그 아내가 나를 위해 작성해준 생활비 예산을 소개하고자 한다. 나는 그들에게 매주 나가는 돈의 지출 항목을 최대한 정확히 작성해달라고 했다. 이 가장의 실업수당은 한 주에 32실링이며, 아내 말고 2년 5개월 된 아이와 10개월 된 아이가 하나씩 있었다. 목록은 다음과 같다.

집세	9실링 $\frac{1}{2}$페니
피복 클럽	3실링
석탄	2실링
가스	1실링
우유	10$\frac{1}{2}$페니
노조 회비	3페니
보험(아이들)	2페니
고기	2실링 6페니
밀가루(2스톤[51])	3실링 4페니
효모	4페니
감자	1실링
비계	10페니

---

51 14파운드(6.35킬로그램)에 해당하는 무게 단위.

마가린	10페니
베이컨	1실링 2페니
설탕	1실링 9페니
차	1실링
잼	$7\frac{1}{2}$페니
콩, 양배추	6페니
당근, 양파	4페니
시리얼	$4\frac{1}{2}$페니
비누, 분가루, 가루비누	10페니
총계	1파운드 12실링

여기다 '유아 복지 클리닉'에서 매주 제공하는 분유 세 봉지가 있다.

여기서 한두 가지 언급할 게 있다. 먼저 이 목록엔 빠진 게 아주 많다. 구두약, 후추, 소금, 식초, 성냥, 장작, 면도날, 식기류 교체, 가구와 침구류의 마모 등 우선 떠오르는 것만 해도 여러 가지다. 이런 항목 중 하나에라도 지출되는 돈이 있다면 다른 항목에 드는 액수를 줄여야만 한다. 훨씬 큰 부담이 되는 것은 담뱃값이다. 이 가장의 경우 담배를 적게 피우는 편이라 해도 매주 1실링은 들었으니, 그만큼 식비가 줄어들 수밖에 없다. 실업자들로부터 매주 거금을 거둬들이는 '피복 클럽'은 어느 산업 도시든 대형 포목상들이 운영한다. 그들 없이는 실업자들이 새 옷을 산다는 건 불가능한 일이다. 실업자들이 그런 클럽에서 침구류를 사는지는 모르겠다. 어쩌다 알고 보니 이 가정은 침구류라곤 없는 것이나 마찬가지였다.

위의 목록에서 담뱃값으로 1실링을 추가하고서 식품 아닌 다른 항목에서 그만큼을 차감하면, 16실링 $5\frac{1}{2}$페니가 남는다. 그러면 그냥 16실링으로 잡고, 아기는 계산에서 빼기로 하자 (아기는 복지 클리닉에서 매주 분유를 지급받으니까). 이 16실링으로 어른 둘이 포함된 사람 셋이 '연료를 포함하여' 모든 영양분을 공급받아야 한다. 가장 먼저 드는 의문은 세 사람이 매주 16실링으로 영양분을 공급받는다는 게 이론상으로 가능하냐는 점이다. '자산 조사'에 대한 논란이 한창일 때, 인간이 생존하기 위해 매주 필요한 최소한의 수입에 대한 역겨운 공개 논쟁이 있었다. 내가 기억하는 한, 일군의 영양학자들은 5실링 9페니라는 계산을 내놓았고, 다른 학파는 그보다 후하게 5실링 $9\frac{1}{2}$페니라는 수치를 제시했다. 그 뒤 그들에겐 한 주에 4실링으로 먹고산다고 주장하는 편지가 빗발쳤다. 다음은 그중에서 하나 뽑아본(〈뉴 스테이츠먼New Statesman〉과 〈뉴스 오브 더 월드News of the World〉에 실린 내용이다) 한 주 예산이다.

통밀 식빵 3덩이   1실링
마가린 반 파운드 $2\frac{1}{2}$페니
비계 반 파운드   3페니

치즈 반 파운드	7페니
양파 반 파운드	$1\frac{1}{2}$페니
당근 반 파운드	$1\frac{1}{2}$페니
부서진 비스킷 반 파운드	4페니
대추 2파운드	6페니
연유 한 깡통	5페니
오렌지 10개	5페니
총계	3실링 $11\frac{1}{2}$페니

 이 예산 역시 '연료비'는 전혀 포함되어 있지 않다는 사실을 주목해야 한다. 실제로 작성자는 연료를 살 형편이 못 되며 모든 음식을 날것으로 먹는다고 분명히 언급했다. 여기서 편지 내용이 진실인지 날조인지는 중요한 게 아니다. 아무튼 인정할 수밖에 없는 것은 이 목록이 생각해낼 수 있는 가장 현명한 씀씀이를 나타내고 있다는 점이리라. 달리 말해 한 주에 3실링 11페니 반으로 먹고살아야만 한다면, 이 이상의 영양가를 뽑아내는 게 거의 불가능하다는 것이다. 꼭 필요한 먹을거리에만 집중한다면 생활보호위원회의 실업수당으로 그럭저럭 먹는 게 가능할 것도 같다.

 그러면 이 목록과 내가 앞서 제시한 실업 광부의 예산을 비교해보자. 광부의 가족은 매주 채소에는 10페니만 그리고 우유에는 10페니 반만(둘 중 하나는 분유를 지급받는다는 사실을 기억하자) 지출하며, 과일은 전혀 사지 않는다. 그러면서도 설탕에는 1실링 9페니를(8파운드를 살 수 있는 액수다), 차에는 1실링을 지출한다. 고기에 반 크라운(2실링 6페니)을 지출한다는 건 살점 적은 부위 아니면 스튜용 부위를, 또는 쇠고기 통조림 네댓 깡통을 산다는 뜻일 수도 있다. 따라서 그들의 주식은 흰 식빵과 마가린, 절인 쇠고기, 설탕 탄 차, 감자 정도이니 한심한 노릇이다. 그보다는 건강에 좋은 오렌지나 통밀 식빵에 돈을 더 쓰는 게 낫지 않을까? 아니면 〈뉴 스테이츠먼〉에 편지를 보낸 사람처럼 연료비를 아끼고 당근을 날것으로 먹는 게 더 낫지 않을까? 물론 그렇긴 하겠지만, 요는 평범한 인간은 절대 그러지 않는다는 사실이다. 그리고 여기서 참 얄궂은 것은, 돈이 없는 사람일수록 건강에 좋은 음식에는 돈을 쓰고 싶은 마음이 없어진다는 점이다. 백만장자라면 아침 식사로 오렌지주스와 리비타Ryvita[52] 비스킷을 즐길 수 있을 테지만, 실업자는 그렇지가 않다. 앞 장 끄트머리에서 언급한 경향이 여기서도 적용된다. 말하자면 실업자가 되어 못 먹고 시달리고 따분하고 비참한 신세가 되면, 몸에 좋은 음식은 심심해서 먹기가 싫은 것이다. 그보다는 먹는 '재미'가 있는 게 좋으며, 그럴 때 유혹하는 싸고 그럴싸한 먹을거리는 언제든 있게 마련이다. 3페니 주고 푸짐한 감자튀김을 사 먹자! 나가서 2페니 주고 아이스크림

---

[52] 최초로 대량생산을 시작한 제과회사 중 하나로, 통호밀로 만든 고급 비스킷이 유명하다.

을 사 먹자! 주전자 물 올리고, 모두 차 한잔 근사하게 하자! 실업수당을 받는 형편이 되면 사람 마음이 그런 식으로 돌아가는 것이다. 흰 빵에 마가린에 설탕 친 차는 영양에 별 도움이 되지 않으나, 누런 통밀 빵에 비계에 찬물보다는 '근사한' 것이다(적어도 대부분의 사람들은 그렇게 생각한다). 실업으로 인한 끝없는 비참함은 계속해서 고통 완화제를 필요로 하며, 그런 차원에서 차야말로 영국인의 아편이다. 차 한 잔이나 아스피린 한 알이 통밀 식빵 한 조각보다는 훨씬 나은 일시적 흥분제가 되는 것이다.

이 모든 것의 결과는 신체적 퇴보로 나타나며, 눈으로 직접 확인할 수도 있고 인구 동태 통계를 통한 추론으로도 알 수 있다. 산업 도시의 신체 평균치는 엄청나게 낮으며, 런던의 경우보다도 낮은 정도다. 셰필드의 길거리를 걷다 보면 선사시대 동굴 거주인들 사이에 있다는 느낌이 든다. 광부들은 탁월한 신체를 갖고 있지만 대개 몸집이 작다. 또 늘 고된 일 덕분에 근육이 탄탄하다고 해서 그들의 자녀가 날 때부터 신체조건이 더 나은 것은 아니다. 아무튼 광부들은 전체 인구 중에서 신체적으로 선택받은 축에 든다. 영양실조가 가장 분명히 드러나는 지점은 모두들 이가 좋지 않다는 사실이다. 랭커셔에 가서 타고난 성한 이를 가진 노동계급을 만나보려면 한참을 찾아봐야 한다. 실제로도 아이가 아닌 한 이가 성한 사람은 아주 드물다. 그리고 아이들일지라도 이가 무르고 푸른빛이 도는데, 내가 보기엔 칼슘 부족이 아닌가 싶다. 치과의사 몇몇은 내게 산업 지대에서는 서른 넘은 사람치고 이빨이 성한 경우는 비정상에 가까워지고 있다고 했다. 위건에서는 많은 사람들이 내게 치아는 되도록이면 일찌감치 "없어져버리는" 게 상책이라고 했다. 한 여인은 "이는 곧 불행"이라 했다. 내가 묵었던 어느 집은 나 말고 다섯 식구였는데, 제일 연장자가 마흔셋이었고 가장 어린 사람이 열다섯 살 소년이었다. 식구들 중에 소년만이 성한 이가 하나라도 있는 사람이었는데, 소년의 이 역시 얼마 못 버틸 게 확연해 보였다. 인구 동태 통계에 관하여, 큰 산업 도시에서 가장 가난한 거주지의 사망률과 유아 사망률이 부유층 거주지에 비해 언제나 두 배쯤 높다는 사실은(두 배를 훨씬 넘는 곳들도 있다) 언급할 필요도 없을 듯하다.

물론 체격이 이전만 못한 것을 실업 탓으로만 볼 수는 없다. 영국 전역의 평균 체격이 이전만 못해진 것은 꽤 오래된 일이고, 산업 지대의 실업자들만 그런 게 아니기 때문이다. 이는 통계적으로 증명할 수 있는 바는 아니나, 시골에서도 런던 같은 번화한 도시에서도 눈으로 분명히 확인할 수 있는 결론이다. 조지 5세의 운구 행렬이 런던을 거쳐 웨스트민스터로 향하던 날, 나는 어쩌다 트래펄가 광장에서 군중 속에 한두 시간 갇혔었다. 그때 나는 내 주변을 돌아보다가 오늘날 영국의 체격 저하가 심각한 것을 보고 충격을 받지 않을 수 없었다. 내 둘레의 사람들은 대부분 노동계급이 '아니었다'. 그들은 주로 가게 주인이나 출장 외판원 타입이었으며, 간간이 부유층도 있었다. 그런 그들 무리가 어때 보였는지 아는가! 추적추적한 런던 하늘 아래 그 허약한 팔다리와 창백한 얼굴이란! 체격 번듯한 남자나 얼굴 반듯한 여자는 거의 찾아보기 어려웠고, 혈색 성한 사람은 하나도 보이지 않았다. 왕의 관이 지나갈 때 남자들은 모자를 벗었는데, 그때 스트랜드가 맞은편 군중 속에 섞여 있던 내 친구는 나중에 내게 "팟기 있는 사람은 대머리밖에 없더군"이라는 말을 했다. 내가 보기엔 근위병도(관 옆으로 행진하는 분대가 하나 있었다) 이전의 근위병이 아니었다. 20~30년 전 내 어린 시절 시선을 사로잡으며 활보하던, 가슴은 불룩한 통 같고 콧수염은 독수리 날개 같던 거한들은 다 어디로 갔단 말인가? 내 생각엔 플랑드르[53] 진창에 다 묻혀버린 것 같다. 그들 대신에 키가 크다는 이유로 선발된 이 낯빛 창백한 소년들은 어쩔 수 없이 오버코트 걸친 꺽다리 같아 보이기만 한다. 사실 요즈음 키 180센티미터가 넘는 영국 청년은 대개 뼈에 가죽만 있고 다른 건 별로 없다. 영국인의 체격이 저하됐다면, 그 이유는 부분적으론 분명 세계대전이 영국에서 가장 건장한 남성 100만 명을 골라다가 그들이 채 번식하기 한참 전에 몰살해버렸다는 데 있다. 그러나 그 과정은 그보다 일찌감치 시작된 게 분명하며, 궁극적으론 건강하지 않은 생활양식, 즉 산업화 때

---

53 제1차 세계대전 당시 서부 전선인 벨기에와 프랑스 접경의 전략적 요충지. 오랫동안 참호전이 벌어진 결과 영국군만 9만 명이 전사했다.

문임이 틀림없다. 도시에 살면서부터 그렇게 되었다는 뜻은 아니다. 여러 면에서 도시가 시골보다 건강에 도움이 되는 수도 있기 때문이다. 그보다는 우리에게 무엇이든 대체할 수 있는 값싼 대용품을 제공해주는 근대의 산업 기술 때문이라는 뜻이다. 우리는 결국엔 통조림 음식이 기관총보다 더 치명적인 무기라는 사실을 알게 될지도 모른다.

불행하게도 영국의 노동계급은 음식에 대해 유달리 무지하고 낭비적이다(그 점에 대해서는 영국민 일반이 그렇기도 하다). 나는 다른 데서 한 끼 식사에 대해 프랑스 건설 인부의 생각이 영국인에 비해 얼마나 세련되었는지 지적한 바 있다. 나는 영국의 가정에서 으레 볼 수 있는 것과 같은 낭비를 프랑스 가정에선 도무지 볼 수 없으리라 믿는다. 물론 모두가 실업자인 몹시 가난한 가정에서는 대단한 낭비를 찾아볼 수 없겠지만, 음식을 낭비할 수 있는 형편이 되는 가정은 흔히 그렇게 하고 있다. 뜻밖의 경우를 예로 들어보자. 그것은 영국 북부라 해도 집에서 빵을 해 먹는 방식이 약간 낭비적이라는 사실이다. 이는 일에 지친 여인들이 빵을 일주일에 기껏해야 한두 번밖에 못 굽기 때문이며, 그래서 빵이 얼마나 먹힐지 정확히 예측하기 불가능하여 대개 어느 정도는 버리게 된다. 그나마 낭비를 줄이느라 빵을 한 번에 큰 것 여섯 덩이와 작은 것 열두 덩이 만드는 게 보통이다. 이런 습성은 영국인이 예로부터 삶을 대하는 태도가 넉넉한 것과 상관이 있으며 미덕이라 볼 수도 있지만, 지금 같은 때에는 치명적이다.

  내가 아는 한 영국의 노동계급은 어디서나 통밀 식빵이라고 하면 사절이다. 때문에 노동계급 거주 지구에선 통밀 식빵을 산다는 게 거의 불가능한 일이다. 이따금 그들은 통밀 식빵이 '지저분하기'[54] 때문이라는 이유를 댄다. 내 생각에 진짜 이유는 예전에는 통밀 식빵이 통호밀로 만든 검은 식빵 black bread 과 혼동되었으며, 검은 식빵이라고 하면 전통적으로 가톨릭[55] 과 나막신을 연상시켰기 때문이 아닌가 싶다(그런데 랭커셔에는 가톨릭 신도도 많고 나막신도 많으나 검은 빵은 없는 게 안타까울 따름이다!). 그러나 이제 영국인의 입맛은, 특히 노동계급의 입맛은 몸에좋은 음식은 거의 자동적으로 배척하고 있다. 진짜 콩이나 진짜 생선보다 통조림 콩과 통조림 생선을 '선호'하는 수많은 사람들의 수가 매년 늘어나고 있으며, 차에 진짜 우유를 넣어 마실 형편이 되는 많은 사람들도 통조림 우유를(심지어 설탕과 옥수숫가루로 만든, 깡통에 큰 글씨로 '아기에겐 부적합'이라고 쓰여 있는 끔찍한 통조림 우유까지도) 쓰려고 한다. 일부 지역에서는 실업자들에게 음식의 영양가와 현명한 소비에 대해 더 많은 교육을 하고 있다. 이런 소리를 들으면 가슴이 터질 것만 같다. 나는 어느 공산주의자 연사가 이 문제를 두고 연단에 서서 몹

---

[54] 통밀이나 통보리로 만든 빵은 도정搗精을 안 하여 속껍질의 짙은 빛깔이 살아 있어 'brown bread'라고도 한다.
[55] 영국은 국교인 성공회 신도가 가톨릭 신도보다 압도적으로 많다.

시 화를 내는 모습을 본 적이 있다. 그는 런던의 사교계 귀부인들이 무리를 지어 낯 두껍게도 '이스트엔드'[56]의 주택을 찾아가 실업 가정의 부인네에게 장 보는 요령을 가르친다고 했다. 그는 이 경우를 영국 지배계급의 사고방식을 드러내는 단적인 예로 제시했다. 즉, 한 가정을 폐기처분하여 한 주에 30실링으로 살게 만들어놓고는 돈 쓰는 요령을 가르쳐주겠다고 나설 정도로 뻔뻔하다는 것이다. 그의 말은 확실히 옳으며, 내가 전적으로 동의하는 바다. 그런가 하면 마찬가지로 안타까운 것은, 마땅한 전통이 없다는 이유만으로 사람들이 통조림 우유 같은 쓰레기를 목구멍에 쏟아붓고도 그게 암소의 몸에서 나온 것보다 열등한 것조차 모른다는 사실이다.

  한편 나는 실업자들이 돈을 보다 경제적으로 쓰는 법을 배운다 해서 궁극적으로 득을 볼지 의심스럽다. 그들이 경제적이지 '않은' 까닭에 그들의 실업수당이 그만큼 높은 것이다. 매주 생활보호위원회의 실업수당이 15실링인 것은, 최소한 그 정도는 돼야 실업자 한 사람이 살 수 있다고 보기 때문이다. 그런데 이를테면 쌀과 양파만 먹고도 살 수 있는 인도인이나 일본인 쿨리라면 한 주에 15실링을 받지 못할 것이다(한 달에 15실링을 받아도 좋다고 할 것이다). 우리의 실업수당은 비참한 수준이지만 기준은 아주 높고 경제관념은 별로 없는 시민들에게 맞

---

[56] 런던 동부의 빈민가.

쳐 설계되어 있다. 실업자들이 씀씀이를 더 야무지게 하는 법을 배운다면 아마도 살림이 눈에 띄게 나아질 텐데, 그렇게 되면 머지않아 실업수당도 그만큼 삭감되고 말 것이다.

북부에 사는 실업자들의 부담을 크게 덜어주는 것이 하나 있으니, 바로 연료가 싸다는 점이다. 탄광 지대 어딜 가나 석탄의 소매가격은 112파운드(약 50킬로그램)에 1실링 6페니 정도인데, 남부에서는 2실링 6페니 정도 한다. 게다가 실직하지 않은 광부는 탄광에서 톤당 8~9실링을 주고 석탄을 바로 살 수 있으며, 집에 지하실이 있는 사람은 때로는 한 번에 1톤씩 사다 놓고 실직한 사람들에게 팔기도 한다(아마 불법일 것이다). 뿐만 아니라 실업자들은 조직적으로 석탄을 엄청나게 훔치기도 한다. 여기서 훔친다고 한 건 법적으로 그렇다는 것일 뿐, 누구에게도 해를 끼치는 일은 아니다. 갱도에서 올라온 '쓰레기' 중에는 어느 정도 석탄 부스러기가 있으며, 실직한 사람들은 탄광 쓰레기 더미에서 그런 부스러기를 골라내느라 아주 많은 시간을 들인다. 때문에 괴기스러운 잿빛 산더미마다 자루와 바구니를 든 사람들이 오가는 모습을 온종일 볼 수 있다. 그들은 여기저기 묻혀 있는 조그만 석탄 덩이를 캐내느라 유황 연기 속을 헤치고 다닌다(탄광 쓰레기 더미 속이 타고 있는 경우가 많다). 손수 만든 희한하지만 감탄할 만한 자전거를 끌고 오는 사람들도 만나게 되는데(쓰레기장에서 주운 녹슨 부품으로 만든, 안장도 체인도 없고 대부분 타이어도 없는 자전거다) 자전거에 걸친 석탄

50파운드는 들었을 자루는 한나절 수고의 수확물이다. 파업 중이어서 모두 연료가 부족할 때면 광부들이 곡괭이와 삽을 들고 나타나 탄광 쓰레기 더미 속으로 파고들어가는데, 그 때문에 탄광 쓰레기 더미에 볼록볼록한 흔적이 생기는 것이다. 파업이 길어지면 탄맥이 노출된 곳에서는 광부들이 석탄을 바로 캐내기 시작하여 지면 수십 미터 밑까지 파고들기도 한다.

위건에서는 실업자들 사이의 석탄 부스러기 경쟁이 워낙 치열해서 '석탄 쟁탈전'이라 부르는 독특한 관습이 생겨났는데, 이게 아주 볼만한 광경이다. 여태 기록영화로 만들어지지 않은 게 의아할 정도다. 실직한 광부 한 사람이 어느 날 오후 나를 현장에 데려가주었다. 우리는 오래된 탄광 쓰레기 더미가 산맥을 이룬 장소로 갔다. 이 산맥 아래 골짜기로는 철길이 나 있었다. 몇백 명은 되는 남루한 남자들이 저마다 자루와 광부 망치를 상의 옷자락에 매달고서 '브루broo'를 기다리고 있었다. 갱도에서 올라온 탄광 쓰레기는 덮개 없는 열차에 실리고, 기관차는 이 열차들을 끌고서 400미터쯤 떨어진 탄광 쓰레기 더미로 가서 쓰레기를 비운다. '석탄 쟁탈전'이란 열차가 움직이는 동안 그 위에 잽싸게 올라타는 것을 말하며, 일단 성공하면 그 열차는 움직이는 동안 올라탄 사람의 것으로 간주된다. 이윽고 기차가 눈에 띄기 시작했다. 열차가 굽이를 돌기 시작하자 백 명이 넘는 사람들이 힘찬 소리를 지르며 비탈 아래로 돌진했다. 열차는 굽이를 돌 때에도 속도가 시속 30킬로미터는 되었다. 사람들은 각 열차로 달려들어 뒤편의 고리를 붙들고는 범퍼를 딛고 올라탔다. 열차마다 대여섯 명 정도였다. 기관사는 쳐다보지도 않았다. 그는 탄광 쓰레기 더미 정상까지 열차를 몰고 가서 화물칸 차량을 풀어놓고는 기관차를 몰고 갱도 쪽으로 돌아갔고, 얼마 뒤 다른 화물칸 차량을 달고 나타났다. 그러자 아까처럼 남루한 사람들이 다시 마구 돌진하는 광경이 벌어졌다. 그렇게 해서 결국 열차에 올라타는 데 실패한 사람은 50명 정도밖에 되지 않았다.

우리는 쓰레기 더미 정상으로 걸어가보았다. 그들은 삽으로 열차의 쓰레기를 퍼내고 있었고, 더미 아래에서는 아내들과 아이들이 무릎을 꿇고서 손을 잽싸게 놀리고 있었다. 축축한 더미에서 그렇게 골라내는 석탄 덩이는 기껏해야 계란만 했다. 여인네들이 조그만 덩이 하나를 발견하고 와락 달려들어 집더니 앞치마에 닦아 석탄인지 확인하고는 몹시 경계하며 자루에 집어넣는 모습을 볼 수 있었다. 물론 열차에 올라타기 전까지는 안에 무엇이 들었는지 알 수가 없다. 그것은 갱도를 트다 나온 '진짜' 쓰레기일 수도 있고, 갱도 천장에서 떨어진 혈암일 수도 있다. 열차에 실린 게 혈암이면 석탄이 없다는 뜻이지만, 혈암 부스러기 속에 촉탄燭炭이라는 가연성 암석이 있는 경우가 있다. 촉탄은 혈암과 아주 비슷하게 생겼지만 조금 더 검으며, 점판암粘板岩처럼 쩍쩍 잘 갈라지는 성질이 있다. 때문에 촉탄은 상업적인 가치가 있을 만큼 좋지는 않아도 실업자들이

탐낼 만큼은 좋은, 그런대로 쓸 만한 연료가 된다. 그래서 혈암 실린 열차에 올라탄 광부들은 촉탄을 골라내어 망치로 쪼개고 있었다. '브루' 밑에서는 열차에 올라타지 못한 사람들이 위에서 굴러떨어지는 조그만 석탄 부스러기를 주워 담고 있었다. 도토리만 한 크기였지만 그것도 감지덕지였다.

  우리는 열차가 다 비워질 때까지 지켜보았다. 몇 시간 만에 사람들은 마지막 한 알까지 골라냈다. 그리고 자루를 어깨나 자전거에 걸치고는 위건까지 3킬로미터 거리를 터벅터벅 걷기 시작했다. 대부분의 가정이 석탄이나 촉탄을 50파운드 남짓 주웠으니, 그들 모두가 훔친 연료는 5톤에서 10톤은 되었다. 이렇게 위건에서 탄광 쓰레기 열차를 터는 일은 겨울에도 매일 벌어지며, 이 탄광 한 군데서만 일어나는 것이 아니다. 이 일은 물론 대단히 위험하다. 내가 가본 그날 오후에는 아무도 다치지 않았지만, 몇 주 이전엔 두 다리가 잘린 사람이 있었고 한 주 뒤엔 손가락 몇 개를 잃은 사람이 있었다. 법적으론 절도라 하겠지만, 누구나 알다시피 그렇게 슬쩍하지 않은 석탄은 고스란히 낭비될 것이다. 탄광회사들은 이따금 형식적으로만 석탄 절도로 누군가를 처벌하는데, 그날 지역 아침신문에는 두 사람이 10실링의 벌금 처분을 받았다는 기사가 있었다. 그러나 실제로 처벌을 어떻게 받았는지는 모를 일이며(신문에 난 두 사람 중 하나는 그날 오후에도 쟁탈전에 참가했다) 벌금 물 일이 있으면 이렇게 함께 석탄을 슬쩍하는 사람들이 돈을 걷어준다. 당연지

사로 받아들여지는 일인 것이다. 실업자들이 어떻게든 연료를 구해야 한다는 것은 누구나 안다. 때문에 매일 오후 수백 명이나 되는 사람들이 위험을 무릅쓰고, 몇백 명의 여인이 축축한 더미를 몇 시간이나 뒤지는 것이다. 그런데 그게 다 값으로 치면 9페니어치밖에 안 되는 하등한 연료 50파운드를 구하기 위해서다.

랭커셔를 생각하면 언제나 내 머릿속에 남아 있는 광경이 있다. 그것은 거친 앞치마에 무거운 검정 나막신 차림의 숄 두른 땅딸막한 여인들이, 젖은 잿빛 더미에 무릎을 꿇고서 차디찬 바람을 맞아가며 조그만 석탄 부스러기를 열심히 뒤지는 모습이다. 그래도 그들은 기꺼이 그렇게 한다. 겨울이면 더욱 절실한 연료는 거의 식량보다 중요하다. 그런가 하면 사방 어디를 둘러봐도 탄광들의 쓰레기 더미가 끝없이 펼쳐져 있고 도르래가 쉴 새 없이 돌아가고 있지만, 그 어느 탄광도 석탄을 생산 능력만큼 전부 판매할 수 있는 게 아니다. 더글러스 소령[57]의 마음을 끌 일이다.

---

[57] C. H. Douglas(1879~1952). 경제이론이자 개혁운동인 사회신용론의 주창자. 유능한 엔지니어로서 1차 대전 때 공군 소령으로 기업 회계감사 일을 하다 소득과 생산의 불균형에 주목하며 경제에 눈을 떴다. 사회신용론은 은행과 대기업의 영향력으로부터 개인의 자유를 지키고 공황을 막기 위해선 소득보장을 해야 하며, 그러자면 '공공통화'와 '국민배당'(기본소득) 그리고 '정당한 가격'이라는 장치가 있어야 한다는 이론이다.

7. 그리운 노동계급 가정의 거실 풍경

 북부를 여행할 때, 남부나 동부에 익숙한 눈은 버밍엄 이북까지 가지 않는 한 별 차이를 느끼지 못한다. 버밍엄 아래에 있는 코번트리는 런던의 '핀즈베리 파크' 같고, 버밍엄의 '불 링'은 동부 노퍽의 '노리치 마켓'과 별로 다르지 않다. 중부 지방의 도시들엔 남부와 다를 바 없는 주택 밀집 지구가 뻗어 있다. 산업화의 추한 진면목과 마주치려면 조금 더 북쪽으로, 그러니까 도자기 산지인 도시들과 그 이북까지는 가봐야 한다. 그런 곳들의 추함은 워낙 끔찍하고 확연하여 체념하지 않고는 볼 수가 없다.
 곳곳에 무질서하게 쌓여 있는 쓸모없는 탄광 쓰레기 더미는 잘 봐줘도 흉물이다. 그것은 거인이 땅에 마음대로 쏟아버린 쓰레기 같다. 탄광 도시의 외곽엔 들쭉날쭉한 회색 산들이 지평선처럼 이어져 있고, 발밑으론 진창과 재가 질펀하며 머리 위론 광차 끄는 강철케이블이 끝없이 뻗어 있는 살풍경이 펼쳐 진다. 탄광 쓰레기 더미는 타고 있는 경우가 흔한데, 밤이면 붉은 불줄기가 굽이굽이 흐르는 게 보이고 파란 유황불이 넘실거리는 것도 보인다. 이런 불꽃은 꺼질 듯하다가도 언제나 되살아나곤 한다. 탄광 쓰레기 더미는 언젠가는 결국 밑으로 꺼지고, 그 자리엔 누런 풀만이 흉하게 자라나며 볼록볼록한 흔적이 남는다. 위건의 어느 슬럼에서는 그런 땅을 놀이터로 썼는데, 찰랑찰랑하던 바다가 갑자기 얼어붙어버린 듯하며, 그래서 그곳 사람들은 '솜 채운 매트리스'라 불렀다. 석탄 캐낸 지역은 몇 세기가 흘러 농경지로 변한다 해도 비행기에서 내려다보면 탄광 쓰레기 더미가 있던 흔적이 뚜렷이 구분될 것이다.

어느 겨울날 오후 위건에서 본 살풍경은 잊히지 않는다. 사방으로 탄광 쓰레기 더미의 음울한 풍경이 펼쳐져 있고, 북쪽으론 더미들 사이의 골짜기로 연기를 내뿜는 공장 굴뚝들이 보였다. 운하는 재가 뒤섞인 얼어붙은 진창길이었는데 이리저리 나막신 자국이 무수히 나 있었다. 탄광 쓰레기 더미가 펼쳐진 곳은 멀리 어디까지나 '반짝이'가 뻗어 있었으니, 이는 오래된 탄광이 주저앉은 자리에 고인 물이 잔잔한 웅덩이를 이룬 것들을 말한다. 날은 지독히도 추웠다. '반짝이'들은 갈색빛이 도는 얼음으로 뒤덮여 있었고, 뱃사공들은 웃옷을 눈까지 올려 입고 있었으며, 수문水門엔 얼음이 턱수염처럼 붙어 있었다. 식물은 전부 추방된 세상 같았다. 연기, 혈암, 얼음, 진창, 재, 구정물밖에 없는 풍경이었다. 한데 위건은 셰필드에 비하면 아름다운 곳이다. 내가 보기에 셰필드는 구舊세계에서 가장 흉측한 곳이라 자부해도 좋을 듯하다. 실제로 무엇에든 걸출하길 바라는 그곳 주민들도 기꺼이 그렇게 주장할지 모르겠다. 셰필드는 인구 50만의 도시이면서도 동부의 평범한 마을 500곳을 합친 것보다 번듯한 건물 수가 적다. 악취는 또 어떤가! 가끔 가다 유황 냄새가 안 날 때가 있는데, 그건 그보다 독한 다른 가스 냄새가 날 때라서 그렇다. 시내를 흐르는 얕은 강은 대개 무슨 화학물질 때문에 샛노란 빛이 돈다. 한번은 길거리에 멈춰 서서 공장 굴뚝 수를 세어본 적이 있다. 서른세 개까지 셌는데, 매연 때문에 공기가 뿌옇지 않았다면 훨씬 더 셀 수 있었을 것이다. 특별히 잊히지 않는 광경이 있다. 하도 짓밟혀 풀이라곤 없는, 신문지와 소스 냄비 등이 버려져 있는 끔찍이도 지저분한 쓰레기장이 있었다(북부의 쓰레기장은 런던은 상대도 안 될 정도로 지저분하다). 오른쪽으로는 검붉은 벽돌이 연기 때문에 더 검어진, 방 넷짜리 집들이 한 줄로 황량하게 뻗어 있었다. 왼쪽으로는 공장 굴뚝이 끝도 없이 이어지며 어둑하고 뿌연 공기 속으로 사라지고 있었다. 내 뒤로는 용광로 쓰레기로 만든 철길 둑이 있었다. 그리고 앞으로는 쓰레기장 건너편에 붉고 노란 벽돌로 지은 납작 지붕 건물이 서 있고, "화물 열차 도급업체 토머스 그로콕"이라는 간판이 붙어 있었다.

　밤이 되어 집들의 흉측한 모습이나 모든 게 시커먼 꼴을 볼 수 없을 때, 셰필드 같은 도시는 불길하면서 장엄한 것이 묘한 분위기를 띤다. 때로는 유황 때문에 불그레한 연기 덩어리가 떠다니고, 주물공장 굴뚝 갓 밑으로는 둥근 톱 같은 불꽃이 빠져나온다. 주물공장의 열린 문 안으로는 청년들이 벌겋게 달구어진 뱀 모양의 쇠를 이리저리 밀고 다니는 모습이 보이고, 증기로 움직이는 거대한 망치가 휘잉 소리를 내다 쿵 내려찍는 소리와 거기에 깔리는 쇠의 찢어지는 소리가 난다. 도자기 산지인 도시들은 약간 덜할 뿐 흉하기는 매한가지다. 시커메진 조그만 주택들이 줄지어 있는 가운데, 길거리의 일부는 말 그대로 '도자기 둑$_{\text{pot bank}}$'이 즐비하다. 땅에 살짝 묻힌 거대한 포도주병 같은 이 원뿔 모양의 벽돌 굴뚝들이 내뿜는 연기가 얼굴을 때린다. 흙을 퍼내어 생긴 폭과 깊이가 수백 미터나 되는 골이 있고, 그 한쪽 둑에는 흙 나르는 열차가 느릿느릿 움직이고 다른 쪽 둑에는 곡괭이 든 이들이 미나리 캐는 사람처럼 비탈에 매달려 흙을 파고 있었다. 나는 눈 내리는 날 그곳을 지나갔는데, 눈조차 검은빛으로 변했다. 도자기 산지 도시들에 대해서는 제일 좋게 말할 수 있는 게 규모가 꽤 작아 갑자기 시야에서 사라진다는 점이다. 15킬로미터도 못 가서 언덕들은 거의 헐벗긴 했지만 때 묻지 않은 시골이 나타나고, 그 정도 멀리서 바라보면 도자기 산지는 한 점 얼룩에 지나지 않는다는 것이다.

그런 흉한 광경들에 대해 곰곰이 생각해보면, 두 가지 의문이 떠오른다. 첫째, 꼭 그래야만 하는가? 둘째, 그게 무슨 대수인가?

나는 산업화 자체가 본질적이고 불가피하게 흉측한 것이라고는 생각지 않는다. 공장이(심지어 가스공장도) 본래부터 흉해야만 하는 것은 아니다. 그것은 궁전이나 개집이나 성당이 꼭 그래야만 하는 게 아닌 것과 마찬가지다. 모든 건 시대의 건축 관행에 달려 있다. 북부의 산업 도시들이 흉한 것은 오늘의 철강 건축법과 매연 처리술이 알려지지 않은 시절에, 그리고 모두가 돈 벌기만 바빠 다른 생각을 전혀 못 하던 시절에 세워진 탓이다. 나아가 이 도시들이 계속해서 추한 것은 북부인들이 그런 풍경에 익숙해져 더 이상 추한 줄도 모르게 된 탓이다. 셰필드나 맨체스터의 주민 가운데 상당수는 콘월[58] 지역의 바닷가 공기를 맡으면 아마 냄새가 싱겁다고 할 것이다. 그러나 전쟁 이후 산업은 남부 쪽으로 옮겨가는 경향이 있고, 그러면서 제법 멋까지 갖추게 되었다. 전후의 전형적인 공장은 삭막한 막사도, 시커먼 건물과 매연 토해내는 굴뚝이 엉망으로 널려 있는 곳도 아니다. 콘크리트와 유리와 철골로 만든 반짝반짝하고 하얀 구조물을 푸른 잔디와 튤립 화단이 둘러싸고 있

---

[58] 영국 남서부 끄트머리의 반도 지역. 해안 절경과 온화한 기후로 유명하다.

는 곳이다. 그레이트웨스턴 철도를 타고 런던에서 서부로 갈 때 눈에 띄는 공장들을 보라. 미의 극치라고는 못 해도 셰필드의 가스공장들처럼 흉하지 않은 건 분명하다. 그런데 산업화의 흉측함이 워낙 두드러지고 처음 보는 사람이면 누구나 혀를 차는 것이라 해도, 나는 그게 가장 중요한 문제일까 하는 의문을 품게 된다. 또한 지금의 산업화라는 게 다른 무엇이기라도 하다는 양 위장할 줄 알게 되는 것도 바람직하지 않은 일일 것이다. 올더스 헉슬리[59] 씨가 정확히 지적한 바와 같이, "악마의 시커먼 공장dark Satanic mill"[60]은 악마의 시커먼 공장 같아야지 신비로운 사원이나 찬란한 신神 같아서는 안 된다. 더구나 최악의 산업 도시에서도 협소한 미학의 차원으로 볼 때 흉하지 않은 것들을 꽤 발견할 수가 있다. 매연 토해내는 굴뚝이나 악취 진동하는 슬럼이 역겨운 것은, 그것이 주로 뒤틀린 삶과 병든 아이들을 연상시키기 때문이다. 그런데 순전히 미학적인 차원에서만 보자면 소름 끼치긴 해도 어느 정도 매력이 있을 수도 있다. 내 경우에는 너무 별난 것을 보면 혐오스러워하다가 결국엔 묘한 매혹을 느끼곤 한다. 버마의 풍경이 그랬다. 나는 그곳의 풍경들을 보며 악몽을 꾸는 느낌을 받을 정도로 질리고 말았고, 나중에도 그것들이 내 머릿속에 집요하게 남는 바람에

---

59 Aldous Huxley(1894~1963). 반유토피아 소설 『멋진 신세계』로 유명한 영국 작가.
60 영국 낭만주의 시대의 대표적 시인 블레이크가 시에서 처음 쓰면서 유명해진 문구. 시에서 그는 예수의 재림으로 세워진 예루살렘(천국)이 "푸르른" 땅이 아니라 "악마의 시커먼 공장"들 가운데 있겠느냐고 묻는다.

떨쳐버리기 위해 소설을 하나 써야만 했다(동양에 대한 모든 소설에서 풍경은 정말 중요한 문제이자 주제다). 아널드 베넷[61]의 경우처럼 시커먼 산업 도시에서 어느 정도 아름다움을 발견해내는 건 꽤나 쉬운 일인지도 모른다. 이를테면 보들레르가 탄광 쓰레기 더미에 대한 시를 쓰는 것은 쉽게 상상할 수 있는 일이다. 하지만 산업화의 아름다움이나 추함 자체가 그리 중요한 것은 아니다. 그것의 진정한 사악함은 그보다 훨씬 깊은 곳에 있어 뿌리를 뽑기가 아주 어렵다. 그 점을 명심하는 게 중요한 것은, 산업화가 깨끗하고 질서 정연한 것이면 해롭지 않다고 생각할 유혹이 언제나 도사리고 있기 때문이다.

한편, 북부의 산업 지대로 접어들 때 묘한 땅으로 들어선다는 느낌은 낯선 풍경 때문만은 아니다. 풍경 말고도 엄연히 존재하는 분명한 차이가 있어서이기도 한데, 아주 오래전부터 우리 뇌리에 각인된 남북 사이의 차이가 그것이다. 영국에는 북부인의 속물근성이라 할 만한, 북부 사람이라는 것에 대한 묘한 맹신이 있다. 남부에 사는 요크셔[62] 사람은 당신이 자기보다 열등한 존재임을 알게 해주려는 수고를 아끼는 법이 없다. 이유를 물어본다면 북부의 삶만이 '진짜' 삶이고, 북부에서 이뤄낸 산업화의 업적만이 '진짜' 업적이고, 북부에 사는 사람만 '진짜' 사람이며 남부엔 불로소득 생활자와 거기에 기대 사는

61 Arnold Bennet(1867~1931). 영국 북부 도자기 산지 출신의 소설가.
62 영국 북동부의 최대 행정 구역.

사람뿐이라고 대답할 것이다. 아무튼 북부인은 '담력' 있고 강인하고 '강직'하고 씩씩하고 인정 있고 민주적이며, 남부인은 속물적이고 나약하고 게으르다는 지론이 있는 것이다. 때문에 남부인은 처음으로 북부에 갈 때 어쨌든 야만인들 사이에서의 모험을 감수하는 문명인이 느끼는 막연한 열등감 콤플렉스를 품게 된다. 반면에 요크셔 사람은 런던에 오면 약탈 나온 스코틀랜드인이 되는 기분이다. 이런 느낌은 전통에서 비롯되는 것이지 눈으로 드러나는 사실 때문은 아니다. 북부인의 남부인에 대한 우월감은 키는 160센티미터 남짓이고 가슴둘레는 70센티미터 남짓인 영국 남자가 신체에 관해 영국민으로서 라틴계인 카르네라[63]보다 우월하다고 느끼는 것과 비슷하다. 나는 폭스테리어 같은 애완견이 덤벼드는 시늉만 해도 도망갈 듯싶은 작고 깡마른 요크셔 남자가 남부에 가면 "거친 침략자"가 되는 기분이라고 하는 말을 들어본 적이 있다. 그런데 이러한 맹신을 북부 태생이 아닌 사람들까지 받아들이는 경우가 흔히 있다. 한두 해 전에 나는 남부에서 나고 자라서 지금은 북부에 사는 친구가 태워주는 차를 타고 동부의 서퍽을 다녀본 적이 있다. 우리는 꽤 아름다운 마을을 지나가고 있었다. 그런데 그는 그곳 오두막들을 탐탁잖은 눈으로 흘긋 보더니 이렇게 말했다.

---

63 Primo Carnera(1906~1967). 헤비급 세계 챔피언을 지낸 이탈리아 권투선수. 이탈리아인 평균 신장이 165센티미터일 때 키 197센티미터에 체중 129킬로그램의 거구였다.

물론 요크셔의 마을들은 대부분 흉하지. 하지만 요크셔 사람들은 훌륭해. 그런데 여긴 정반대야. 마을은 아름다운데 사람들이 썩었어. 저런 오두막에 사는 사람들은 전부 쓸모가 없어. 아무짝에도 못 쓰는 사람들이야.

나는 그 마을에 아는 사람이 있느냐고 물어보지 않을 수 없었다. 그는 아니라고 했다. 그러나 거기가 영국 동부 지방이기 때문에 거기 사는 사람들이 쓸모없는 게 분명하다는 것이었다. 역시 남부에서 태어난 다른 친구 하나는 남부를 헐뜯어가며 북부를 추켜세울 기회가 있으면 절대 놓치지 않았다. 다음은 그가 내게 보낸 편지의 일부다.

난 지금 랭커셔의 클리더로에 와 있어. …… 살찌고 굼뜬 자들의 남부보다는 풀 우거진 이곳 산골의 물줄기가 훨씬 매력적이라고 생각해. 셰익스피어는 "새치름한 은빛 트렌트강"[64]이라 했지. 난 남부로 갈수록 사람들이 더 새치름하다고 말하겠어.

여기서 북부에 대한 묘한 맹신의 흥미로운 일례를 발견할 수 있다. 당신과 나와 영국 그 밖의 모든 남부 사람은 "살찌고

---

64 영국 중부의 강으로, 남쪽에서 발원하여 북동부 해안으로 흐른다. 인용구인 "the smug and silver Trent"는 「헨리 4세」 1막의 일부다.

굼뜬" 인간 취급을 받으며, 물조차 일정 위도 이북으로 가면 더 이상 H_2O가 아니라 신비롭게 우월한 무엇이 되어버리는 것이다. 그런데 이 인용문에서 정말 흥미로운 점은 글 쓴 사람이 '진보'적인 견해를 가진 지극히 지적인 사람이며, 일반적인 형태의 민족주의를 몹시 경멸할 사람이라는 데 있다. 그에게 '영국인 한 사람은 외국인 세 사람의 가치가 있다'는 식의 주장을 해보라. 그는 치를 떨며 아니라고 할 것이다. 그런데 문제가 북부 대 남부인 것이 될 경우, 그는 상당히 일반화하는 경향을 보일 것이다. '모든' 민족주의적 구분은(모두 누가 다른 두개골을 가졌고 다른 악센트를 쓴다는 이유로 다른 누구보다 낫다고 하는 주장이다) 분명 가당찮지만, 사람들이 믿는 한 중요한 것들이다. 자기보다 남부에 사는 사람은 무조건 자기보다 열등하다고 생각하는 영국인의 타고난 확신은 확고하다. 우리의 외교 정책도 어느 정도는 그것에 따라 좌지우지될 정도다. 때문에 나는 언제 어쩌다 그런 확신이 생겨났는지 지적할 필요가 있다고 생각한다.

　민족주의가 처음 신앙이 되었을 때, 영국인들은 지도를 보고는 자기네 섬이 북반구에서 아주 높은 곳에 있다는 것을 알고는 북쪽에 살수록 도덕적으로 우월해진다는 기분 좋은 이론을 개발해냈다. 내가 어릴 때 주입받은 역사는 대개 날씨가 추워야 사람이 활동적으로 되고 더울수록 게을러지며 그래서 스페인 무적함대가 패배한 것이라는 설명을 더없이 순진하게 하는 것으로 시작되었다. 영국인이 더 활동적이라는 이 말도 안 되는 소리는(실제로는 유럽에서 제일 게으른 민족이다) 적어도 100년 동안 통해왔다. 1827년 〈쿼털리 리뷰Quarterly Review〉[65]의 한 필자는 "올리브와 포도와 부도덕 가운데 호사를 누리느니 우리나라를 위해 징역살이를 하는 게 낫다"고 쓴 바 있다. "올리브와 포도와 부도덕"은 라틴 민족들에 대한 영국인 일반의 정서를 요약해주는 말이다. 칼라일[66]이나 크리시[67] 등의 신화 속에서 북부인은(처음엔 '독일계'였다 나중엔 '스칸디나비아계'가 된다) 금발 콧수염에 도덕적이며 풍채 당당하고 정력적인 사나이로 그려진다. 그에 비해 남부인은 교활하고 비겁한 호색한이다. 이 이론을 논리적으로 끝까지 밀고 나가는 경우는 없었으니, 그랬다간 이 세상에서 가장 뛰어난 민족은 에스키모임을 인정해야 했을 것이다. 하지만 그런 이론이 우리보다 북쪽에 사는 사람들이 우리보다 우월하다고 인정하는 경향에 영향을 끼친 건 사실이다. 때문에 스코틀랜드와 스코틀랜드적인 것에 대한 열광이 지난 50년 동안 영국인의 삶에 깊은 흔적을 남긴 것이다. 그러다 대조적 균형을 이루던 남북 관계를 묘하게 기울게 한 것이 북부의 산업화였다. 비교적 최근까지만 해도 영국 북부 지역은 뒤처지고 봉건적인 지역이었으며, 그 이전의 산업이

---

65 1809년에 창간되어 1967년까지 출간됐던 보수적인 문학 및 정치 평론지.
66 Thomas Carlyle(1795~1881). 스코틀랜드 출신의 평론가이자 역사가.
67 John Creasey(1908~1973). 600여 편의 소설을 쓴 유명 범죄소설가. 『스코틀랜드 야드의 기드온Gideon of Scotland Yard』이 특히 유명하며 나중에 텔레비전 시리즈로도 제작되었다.

란 런던과 남동부에 집중되어 있었다. 예컨대 '내전'[68]은 거칠게 말해 금력 대 봉건주의의 대결이었는데, 이때 국왕 편을 든 것은 북부와 서부였고 남부와 동부는 의회 편을 들었다. 그러다 석탄 산업이 점점 발달하면서 북부에 확산되었으며 그 결과 새로운 유형의 인간이 생겨났으니, 바로 자수성가한 북부의 사업가이다. 말하자면 디킨스 소설에 나오는 라운스웰[69] 씨나 바운더비[70] 씨 같은 유형이다. 가증스러운 '성공 아니면 실패'라는 철학을 지닌 이 북부 사업가는 19세기의 압도적인 인물상이며, 지금은 송장이 되었지만 여전히 포악무도한 힘으로 우리를 지배하고 있다. 이는 아널드 베넷이 신성시한 인물상이기도 한 바, 단돈 반 크라운으로 시작해 5만 파운드까지 벌어들이지만 유일한 자랑거리는 돈을 번 뒤에 더 천박해진다는 것뿐인 유형이다. 이런 인물의 유일한 미덕은 결국 돈 버는 재주뿐이다. 우리는 그가 속 좁고 야비하고 무식하고 욕심 많고 천박할지라도 '담력' 있고 '성공'했으니, 달리 말해 돈 버는 법을 아니 동경해야 한다는 요구를 받았던 것이다.

이런 상투적인 소리는 이제는 완전히 시대착오적인 것이 되어버렸다. 북부의 사업가가 영화를 누리는 시대는 끝났기 때문

---

68 English Civil War(1641~1651). 잉글랜드 왕국의 왕당파와 의회파의 대결. 의회파가 승리하여 국왕 찰스 1세가 처형되는 결과를 낳았다.
69 소설 『황폐한 집Bleak House』(1853)의 인물. 어머니를 버리고 군에 입대한 후 사업가가 되었다 살인죄 누명을 쓴다. 나중에 어머니와 재결합한다.
70 소설 『어려운 시절Hard Times』(1854)에 나오는 인물. 은행가이자 공장주인 그는 고아 출신으로 자수성가한 것을 자랑으로 여기나, 그가 어머니를 버렸다는 사실이 탄로 난다.

이다. 그러나 사실이 전통을 죽이지는 못하기에, 북부인의 '담력'은 아직도 명맥을 이어가고 있다. 남부인이 실패할 일도 북부인은 '성공'한다는, 즉 돈을 번다는 믿음이 아직도 막연히 남아 있는 것이다. 런던으로 오는 모든 요크셔 사람이나 스코틀랜드 사람의 마음 한구석엔 자신을 신문팔이에서 시작해 시장까지 되는 딕 휘팅턴[71] 같은 인물로 그리는 심리가 있으며, 그 때문에 실제로 오만해지는 것이다. 그런데 이런 심리가 실제 노동계급에게도 퍼져 있다고 생각한다면 큰 오산이다. 나는 몇 해 전에 요크셔에 처음 가면서 천박한 사람들의 본고장으로 간다는 생각을 했다. 그칠 줄 모르고 열변을 토하며 남들이 박력 있는 자기 악센트에 당연히 감동하리라 생각하고 자부심을 느끼는 런던의 요크셔 사람들에게 익숙해져 있었기에, 본고장에 가면 무례한 사람들이 아주 많을 줄 알았다. 그러나 그런 사람은 전혀 만나볼 수 없었고, 광부들 중에는 더더욱 그런 유형이 없었다. 오히려 나는 랭커셔와 요크셔 광부들의 친절과 예절 때문에 당황할 정도였다. 광부야말로 내가 정말 열등감을 느낄 만한 인간 유형이었던 것이다. 그 누구도 같은 나라의 다른 지역에서 왔다는 이유로 나를 얕보는 기색을 보이지 않았다. 이런 사실이 중요한 것은, 지역에 대한 영국인의 속물근성이 실

---

[71] Dick Whittington(1354~1423). 런던 시장을 세 번이나 지낸 실존 인물로 재산을 공공사업과 자선사업에 많이 썼다. 1605년 이후엔 그의 이야기가 극으로도 만들어져 오랫동안 인기를 누렸다.

은 민족주의의 축소판이기 때문이다. 아울러 그런 사실로 볼 때 지역에 대한 속물근성은 노동계급의 특성이 아님을 알 수 있기 때문이다.

그런가 하면 북과 남 사이에 실제로 차이가 있으며, 영국 남부를 놈팡이들 득시글거리는 하나의 거대한 브라이턴으로 보는 시선엔 일말의 진실이 있는 게 사실이다. 기후 때문에 연금을 타먹으며 기생적인 삶을 사는 층이 남부에 정착해 사는 경향이 있는 것이다. 랭커셔의 어느 면직물 생산 도시에서는 몇 달을 가도 '배운' 사람 악센트를 들어보지 못할 것이다. 그에 비해 남부에서는 벽돌을 던지면 주교의 조카딸이 맞지 않는 도시를 찾아보기 힘들다. 따라서 분위기를 선도할 하급 상류층이 없는 북부에서는 노동계급의 부르주아화가 진행된다 해도 상대적으로 더딜 수밖에 없다. 이를테면 남부의 사투리는 영화와 BBC 방송 앞에 무너져가고 있는 반면에, 북부의 사투리는 강하게 남아 있다. 그래서 북부에서 '배운' 사람 악센트는 하급 상류층이라기보다는 외국인의 것으로 인정되며, 이는 노동계급과 접촉하는 일을 훨씬 쉽게 해준다는 점에서 큰 이점이 된다.

한데 노동계급과 정말 가까워진다는 게 과연 가능한 일일까? 나중에 더 이야기해야 할 테지만, 여기선 가능하지 않다는 내 생각만 밝혀두기로 한다. 그런데 노동계급 사람들과 거의 대등한 조건으로 만나는 일이 남부보다 북부에서 더 쉽다는 것은 의심할 여지가 없다. 광부의 집에 살면서 가족의 일원으로 받아들여지는 일은 꽤 쉬운 편이다. 이를테면 남부의 농장 인부의 집에서는 그러기 불가능할 것이다. 나는 이상화할 수 없는 노동계급 사람들도 얼마든지 보았지만, 노동계급의 집은 가볼 수만 있다면 배울 게 아주 많다고 분명히 말할 수 있다. 정말 중요한 것은 중산층의 이상과 편견이란 게, 꼭 나은 건 아니어도 확실히 다르기는 한 딴 계급 사람들과 접촉함으로써 흔들릴 수 있다는 사실이다.

예를 들어 가족을 대하는 태도가 다른 점을 생각해보자. 노동계급 가족은 중산층 가족과 마찬가지로 결속하되 그 관계는 훨씬 덜 억압적이다. 노동자는 가문의 위신이라는 끔찍한 짐을 맷돌처럼 목에 걸고 다니지 않는다. 앞에서 나는 중산층은 빈곤에 처하면 완전히 망가진다는 점을 지적한 바 있는데, 그것은 대체로 가족들 때문에 벌어지는 일이다. '성공'하지 못한다고 밤낮으로 들볶는 친척이 너무 많아서이다. 노동계급이 단합할 줄 알고 중산층은 그렇지 못하다는 사실은 아마 가족에게 얼마나 성실해야 하느냐에 대한 개념이 다르기 때문일 것이다. 중산층 노동자들이 효과적인 노동조합을 결성한다는 것은 불가능한 일일 터인데, 파업이라도 나면 중산층 아내들은 거의 다 남편을 부추겨 파업을 방해하여 다른 사람의 일자리를 차지하도록 할 것이기 때문이다. 노동계급의 또 다른 특징은(처음엔 좀 당혹스럽게 느껴진다) 동등하다고 여기는 상대면 누구에게나

꾸밈없이 말한다는 점이다. 중산층은 원치 않는 것을 주면 상대의 기분을 상하게 할까 봐 일단 받아들일 텐데, 노동계급 사람은 바로 원치 않는다고 말한다. 여기서도 '교육'에 대한 노동계급의 태도가 얼마나 다른지 주목할 필요가 있다. 그것은 우리의 것과 얼마나 다르며 훨씬 더 건전한가! 노동계급은 누가 배웠다고 하면 은근히 존경하곤 하지만, '교육'이 자신들의 삶에 손을 뻗치면 건강한 본능으로 그것을 간파하여 거부해버린다. 한때 나는 열네 살 소년들이 배울 기회를 박탈당하고 반강제로 가망 없는 일을 하기 시작한다는 상상을 하며 한탄을 하곤 했다. 열네 살 나이에 운명적인 일자리를 부여받는다는 사실은 내가 보기엔 끔찍한 일이었다. 물론 이제는 나도 학교 떠날 날을 애타게 기다리지 않는 노동계급 소년이 천에 하나도 되지 않는다는 사실을 안다. 그들은 역사니 지리니 하는 웃기고 쓸데없는 것에 시간을 허비하지 않고 진짜 일을 배우기를 바란다. 노동계급이 보기에 어른이 다 되도록 학교에 남아 있다는 것은 한심하고 사내답지 못한 일이다. 집에 매주 1파운드는 갖다줘야 할 열여덟 살 다 큰 사나이가 우스꽝스러운 제복을 입고 학교에 나갈뿐더러 숙제를 안 했다고 지팡이로 얻어맞기까지 하다니! 열여덟 살 노동계급 청년이 지팡이로 얻어맞는 걸 자신에게 허락한다는 상상을 해보라! 학교에 있는 또래는 아직 어린애지만 그는 어른이다. 새뮤얼 버틀러의 『만인의 길 The Way of All Flesh』[72]에서 어니스트 폰티펙스는 진짜 인생을 몇 번 슬쩍

들여다본 뒤 자기가 받은 사립학교와 대학 교육을 돌이켜보고는 그게 얼마나 "병적이고 무기력하고 방탕한" 것인지를 알게 된다. 노동계급의 시각으로 보면 중산층의 삶은 병적이고 무기력한 데가 많은 것이다.

노동계급의 가정에는(실업 상태 아닌 비교적 살 만한 가정을 말한다) 다른 데서는 찾아보기 쉽지 않은 따스하고 건전하고 인간적인 공기가 있다. 나는 일거리가 꾸준하고 벌이가 괜찮다면(그러기가 갈수록 어려워지고 있지만) 육체노동자가 '배운' 사람보다는 행복할 가능성이 많다고 감히 말하겠다. 그의 가정생활이 보다 건전하고 그럴듯한 축에 들기 쉬워 보이는 까닭이다. 나는 형편이 가장 나은 편인 노동계급 가정의 거실 풍경이 완벽한 균형을 이룬다고 할 만큼 너무나 편안한 것을 보고 깜짝 놀라곤 했다. 특히 겨울날 저녁에 차를 마시고 난 뒤, 조리용 난로에선 불꽃이 춤을 추고, 난로 한쪽엔 아버지가 셔츠 차림으로 흔들의자에 앉아 경마 결승전 소식을 읽고, 어머니는 다른 한쪽에 앉아 바느질을 하고, 아이들은 1페니 주고 산 박하사탕 때문에 행복해하고, 개는 카펫에 드러누워 불을 쬐는 정경情景을 볼 수 있는 집은 정말 가볼 만한 곳이다. 단, 그런 분위기 속에 함께 있는 정도가 아니라 충분히 그 '일부'가 될 정도로 편한 존재로 받아들여질 때 말이다.

72 빅토리아 시대를 대표하는 작가 버틀러의 사후에 발표된 반자전적 소설로 빅토리아 시대의 위선을 고발한다.

이런 정경은 전쟁 이전만큼은 아니어도 다수의 영국인 가정에서 지금도 계속되고 있다. 아울러 그런 가정이 얼마나 행복한지는 아버지가 실직했느냐 실직하지 않았느냐에 달려 있다. 그런데 내가 떠올린, 훈제 청어와 진한 차를 먹고 석탄 난로 주변에 둘러앉은 노동계급 가정의 정경은 우리 시대에만 속하는 것일 뿐, 미래의 것도 과거의 것도 아니다. 200년 뒤의 유토피아적 미래로 건너뛰어 가본다면 풍경은 완전히 달라져 있을 것이다. 내가 상상해온 것들은 거의 하나도 남아 있지 않을 것이다. 육체노동이 전혀 없고 모두가 '배운' 사람인 시대엔 셔츠 차림으로 앉아 구수한 사투리로 한마디씩 할 투박하고 손 큼직한 아버지가 남아 있을 것 같지 않다. 난로는 석탄불이 아니라 다른 무엇을 태우는 것이리라. 가구는 고무나 유리나 강철로 만들 것이다. 석간신문 같은 게 아직 남아 있다 해도 경마 뉴스 같은 건 절대 없을 것이다. 빈곤이 없어지고 말馬이 지상에서 사라져버린 세상에서 도박은 아무 의미가 없을 테니 말이다. 개도 위생 문제 때문에 키우는 게 금지되고 말 것이다. 산아 제한 주장이 기승을 부린다면 아이들도 별로 없을 것이다. 그렇다면 중세로 돌아가보자. 그래도 세상은 마찬가지로 낯설어 보일 것이다. 창도 없는 오두막, 굴뚝이 없어 눈을 맵게 하는 장작불, 곰팡이투성이 빵, 형편없는 생선, 이와 빈대, 괴혈병, 해마다 태어나는 아이와 해마다 죽는 아이, 경악스러운 지옥 이야기로 괴롭히는 사제의 세상일 것이다.

우리 시대가 살기에 완전히 나쁘기만 한 것은 아니었음을 나에게 일깨워주는 것은 근대 기술의 승리도, 라디오도, 영화도, 매년 5천 종씩 출간되는 소설도, 애스콧 경마장의 인파도, 명문교 이튼과 해로의 크리켓 라이벌전도 아니다. 그것은 참으로 묘하게도 내 기억에 남은 노동계급 가정의 거실 풍경이며, 그중에서도 아직 영국의 번영기이던 전쟁 이전의 내 어린 시절에 이따금 보았던 정경들이다.

2부

민주적 사회주의와
그 적들

8. 학교에서 익힌 편견

만달레이[1]에서 위건까지 가는 길은 멀고, 내가 그 길을 택한 이유는 당장은 분명치 않다.

이 책의 이전 장들에서 나는 랭커셔와 요크셔 일대의 탄광 지대에서 본 다양한 것들을 다소 단편적으로 이야기했다. 내가 그곳에 간 것은 대량 실업이 최악일 때의 상황이 어떤지 보고 싶었고, 또 영국 노동계급의 거주 지역 가운데 가장 전형적인 곳을 가까이서 지켜보고 싶었기 때문이다. 그것은 사회주의에 대한 나의 태도를 결정하기 위해 필요한 일이기도 했다. 자신이 사회주의에 대해 진정으로 호의적인지 확인하기 위해서

---

1 오웰이 살았던 버마에서 두 번째로 큰 도시이자 마지막 왕도王都.

는 작금의 상황이 과연 용인할 만한 것인지 아닌지를 판단해야 하며, 계급이라는 지독히도 까다로운 문제에 대해 확고한 입장을 정해야 하기 때문이다. 여기서 나는 본론을 살짝 벗어나 계급에 대한 나의 입장이 어떻게 변해왔는지를 설명하고자 한다. 그러기 위해서는 어느 정도 분량의 자서전을 쓰지 않을 수 없는데, 만일 내가 어느 정도 중요성을 띨 만큼 내 계급의 대표성을 갖추지 못했다면 그러지 않았을 것이다.

나는 상류 중산층 가운데 하급에 속한다고 할 수 있는 집안에서 태어났다. 상류 중산층은 1880년대와 1890년대에 처음 생겨나 키플링[2]을 계관시인으로 삼는 계급으로, 빅토리아 시대의 번영기가 퇴조하면서 한 무더기의 잔해만 남았다고 할 수 있다. 아니면 비유를 바꾸어 한 무더기가 아니라 한 켜라고 부르는 게 낫겠다. 연소득 2천 파운드에서 300파운드 사이인 한 켜의 사람들 말이다. 내가 태어난 집안은 그중에서도 밑바닥에 가깝다. 내가 돈을 기준으로 계급을 정의하고 있음을 간파하셨을 텐데, 그렇게 해야 이해하기가 가장 쉽기 때문이다. 그런가 하면 영국의 계급 체계에서 가장 중요한 점은 돈만으로는 다 설명할 수 '없다'는 데 있다. 거칠게 말하자면 돈으로 이루어진 계층 구조이지만, 거기에 그림자 같은 계급 제도가 스며들어 있는 형국이다. 달리 말해 날림으로 지은 근대식 간이주택에

---

2 Rudyard Kipling(1865~1936). 이야기 모음집인 『정글북』(1894)으로 유명한 작가.

중세의 유령이 출몰하는 꼴이다. 때문에 상류 중산층에 한 해 소득이 300파운드밖에 안 되는 사람들까지 포함되는 것이다 (그 정도 소득은 사회적으로 뽐낼 게 없는 보통 중산층의 소득보다 훨씬 낮은 수준이다). 소득에 따라 그 사람의 견해를 예측할 수 있는 나라들이 있을 텐데, 영국에선 그게 절대 안전하지 않다. 그의 내력까지 고려해야 하기 때문이다. 해군장교와 그가 다니는 식품점 주인은 소득이 비슷할 가능성이 다분하지만, 둘은 동등한 사람이 아니며 전쟁이나 총파업 같은 아주 큰 문제에 대해서만 의견이 같을 것이다(물론 그것마저 다를 수 있다).

물론 이제 상류 중산층은 몰락해버린 게 분명하다. 켄징턴이나 얼스코트[3]의 음산한 황야는 말할 것도 없고 영국 남부의 모든 시골 소읍에도, 영화롭던 시절부터 몰락을 예견했던 그들은 마땅찮은 세상 때문에 상심한 채 죽어가고 있다. 나는 키플링의 아무 책을 펼칠 때마다, 상류 중산층 사람들이 즐겨 찾던 거대하고 따분한 상점에 들어갈 때마다, "내가 보는 모든 것이 변하고 쇠하네"[4]라는 구절을 떠올리지 않을 수 없다. 하지만 전쟁 전만 해도 상류 중산층은 이미 한물가긴 했어도 여전히 자부심을 가질 수 있었다. 전쟁 전엔 특권계급(젠틀맨)이거나 아니거나 둘 중 하나였으며, 특권계급이면 소득이 얼마든 그에

---

3 둘 다 런던의 자치구 안에 있는 지구다.
4 유명 찬송가 「저와 함께 하소서 Abide with Me」의 한 구절. 찬송가 531장 「때 저물어 날 이미 어두니」가 같은 노래다.

맞춰 행동하려고 애를 썼다. 연소득이 400파운드인 사람과 2천 파운드 또는 1천 파운드인 사람 사이에는 건널 수 없는 격차가 있었으나, 그것은 400파운드인 사람이 최선을 다하면 무시할 수 있는 격차였다. 아마도 상류 중산층의 중요한 특징 하나는 그 전통이 돈벌이와는 전혀 상관이 없으며, 주로 군대나 공직이나 전문직과 관련이 있다는 점일 것이다. 이 계급 사람들은 땅을 소유하지 않아도 하느님 보시기엔 지주라는 생각을 스스로 하여, 장사보다는 전문직이나 군복무에 종사함으로써 준귀족적인 관觀을 잃지 않으려 했다. 어린 소년들은 자기 접시에 남은 자두 씨 개수를 헤아리는 동시에 "육군, 해군, 교회, 의술, 법"을 차례로 읊으며 자기 운명을 점치곤 했다. 그중에서도 '의술'은 다른 것들에 비해 다소 열등한 취급을 받았으나 균형을 고려하여 포함된 직업이었다. 연소득이 400파운드 수준이면서 이 계급에 속한다는 건 참으로 피곤한 노릇이었다. 그럴 때 상류층에 속한다는 것은 순전히 이론적인 사실에 가까웠다. 말하자면 두 가지 차원을 동시에 살아야 했던 것이다. 이를테면 이론상으로는 하인들에 대해 전부 알고 그들에게 팁 주는 요령까지 다 알았지만, 실제로는 집에 함께 거주하는 하인이 기껏해야 한둘이었다. 이론상으로는 정장 입는 법과 정찬 주문하는 법을 알았지만, 실제로는 번듯한 양복점이나 번듯한 음식점에 갈 형편이 도무지 아니었다. 이론상으로는 사냥하고 승마하는 법을 알았지만, 실제로는 말도 없고 사냥할 땅 한 뼘도 없었던 것이다. 이런 사정을 알아야 하급 상류 중산층이 인도에(더 최근엔 캐나다 나이지리아 등에) 매력을 느낀 이유를 이해할 수 있다. 군인이나 공직자로 그곳에 간 사람들은 돈벌이를 하러 간 게 아니었다. 돈은 군인이나 공직자가 버는 게 아니었다. 그들이 거기까지 간 것은 예컨대 인도에 가면 말도 싸고 사냥도 공짜로 하고 얼굴 까만 하인들도 얼마든지 둘 수 있어 특권층 노릇을 하기가 아주 쉽기 때문이었다.

 지금 내가 말하는 구차하게나마 체면을 유지해야 하는 유형의 집안은, 실업수당으로 사는 부류보다는 형편이 나은 어느 노동계급 가정보다 훨씬 더 빈곤을 '의식'한다. 집세와 옷값과 학비는 끝도 없는 악몽이며 모든 호사, 심지어 맥주 한 잔도 가당찮은 사치다. 집안의 모든 수입은 실제로 체면을 유지하는 데 들어간다. 이런 유형의 사람들은 비정상적인 처지임이 분명한 만큼, 예외적이며 중요하지 않은 현상으로 무시해버리고 싶은 유혹을 느낄 만하다. 그러나 실제로 그런 사람들이 꽤나 많은 게 사실이다. 대부분의 성직자와 학교장, 인도에 거주하는 영국인 공직자 거의 전부, 일부 육해군 장교, 상당수의 전문직 종사자와 예술가가 이 범주에 든다. 그런데 이 계급이 정말 중요한 것은 그들이 자본가이자 유산자인 부르주아 계급의 충격 흡수기 노릇을 한다는 점이다. 연소득이 2천 파운드 이상인 진짜 부르주아는 그들 자신과 그들이 착취하는 계급 사이에 두꺼운 완충재 노릇을 하는 돈을 가지고 있다. 그리고 그들이 인식하는 하층 계급이란 종업원이나 하인이나 소매상에 해당하는 이들이 전부다. 그런데 그들 아래엔 사실상 노동계급의 수입으로 체면을 유지하며 살려고 발버둥 치는 가련한 사람들이 있으며, 그들의 사정은 일반 하층 계급과는 완전히 다른 것이다. 그런 사람들은 노동계급과 아주 가까이, 어떤 의미에서는 친밀하게 지낼 수밖에 없는데, 내가 보기엔 '평민'에 대한 상류층의 해묵은 태도는 그들에게서 비롯된 게 아닌가 싶다.

그렇다면 그것은 어떤 태도일까? 상대를 조롱하는 우월감을 보이는 동시에 이따금 엄청난 증오를 퍼붓는 태도다. 지난 30년 동안 발행된 〈펀치Punch〉[5]의 어느 호를 봐도 좋다. 어딜 봐도 노동계급인 사람은 그 자체로 조롱의 대상이 되는 게 당연시된다. 예외가 있다면 그가 큰돈을 벌기 시작하는 조짐을 보여 더 이상 조롱의 대상이 아니라 마귀가 될 때뿐이다. 그런 태도를 비난하느라 에너지를 낭비할 필요는 없다. 그보다는 어쩌다 그런 태도가 생겨났는지 알아보는 게 나은 일이며, 그러기 위해서는 노동계급 속에 섞여 살지만 다른 관습과 전통을 가진 사람들이 노동계급의 눈에 어떻게 비치는지를 알아야 한다.

구차한 체면을 유지하며 살아가야 하는 가정은 모두가 흑인인 동네에 사는 '딱한 백인' 가정과 상당히 비슷한 처지다. 상

---

5 1841년에 창간되어 2002년까지 발행된 영국의 유머 및 풍자 주간지.

황이 그러면 그 가정은 자기 신분에 더 매달리는 수밖에 없다. 가진 게 그것뿐이기 때문이다. 그리고 그럴수록 잘난 체하기 때문에, 지배층임을 과시하는 듯한 악센트와 거동 때문에 미움을 산다. 내가 처음으로 계급 차별을 알게 된 것은 기껏해야 여섯 살밖에 안 되던 어릴 때였다. 그때까지 나의 영웅은 주로 노동계급 사람들이었다. 중요한 일은 모두 그들이 하고 있는 듯했기 때문인데, 어부나 대장장이나 벽돌공이 그런 사람이었다. 콘월의 어느 농장 인부들은 순무 씨를 뿌릴 때 나를 파종기播種機에 태워주곤 했고, 이따금 암양을 붙들어 젖을 짜서 내게 주기도 했다. 옆집을 짓는 인부들은 시멘트반죽을 가지고 놀게 해주었으며, 내가 '징하게bloody'란 단어를 처음 배운 것도 그들에게서였다. 같은 골목에 살던 배관공 집 아이들과는 함께 새 둥지를 뒤지러 가곤 했다. 그러다 얼마 못 가 배관공의 아이들과 노는 게 금지됐다. 그들은 '평민'이니 가까이하면 안 된다는 것이었다. 물론 속물적인 처사라고 해도 좋겠지만 그것은 필요한 일이기도 했다. 중산층 사람들은 자기 아이들이 상스러운 악센트를 배우며 자라는 것을 용납할 형편이 못 되기 때문이다. 그래서 나에게 노동계급은 일찍감치 더는 친근하고 경이로운 부류가 되지 못하고 적이 되어버렸다. 우리는 그들이 우리를 미워한다는 것을 알 수 있었지만 왜 그러는지는 도무지 이해할 수 없었기에, 순전히 악의 때문에 그러겠거니 하고 생각하기 시작했다. 소년 시절의 나에게, 그리고 나 같은 집안에서 자란 거의 모든 아이들에게, '평민'은 거의 인간 이하의 존재였다. 그들은 얼굴은 투박하고 악센트는 역겹고 거동은 상스러우며, 자기들 같지 않으면 누구든 미워하며, 조금의 틈만 있어도 우리를 무지막지하게 욕보이는 존재였다. 우리는 그런 식으로 그들을 바라보았던 것이다. 물론 그릇된 시각이었지만 이해할 만한 것이기도 했다. 전쟁 이전에는 지금보다 영국의 계급 간 반목이 훨씬 더 '공공연'했기 때문이다. 그 시절에는 상류층의 일원처럼 보인다는 이유만으로도 모욕을 당하기 십상이었다. 그에 비해 지금은 아첨의 대상이 되기가 더 쉽다. 서른이 넘은 사람이면 잘 차려입은 사람이 슬럼가를 지나가면 야유를 안 받는 게 불가능하던 때를 기억할 것이다. 큰 도시는 어느 거주 지구든 '훌리건hooligan'[6]들(지금은 거의 사라진 부류지만) 때문에 위험한 것으로 간주됐다. 런던의 빈민가 청년은 어딜 가나 목소리가 크고 지식 나부랭이가 부족하다는 것만으로도, 그의 질문에 대꾸하는 것조차 불명예로 여기는 사람들을 괴롭힐 수 있었다. 소년 시절 방학 때만 되면 나를 공포에 떨게 한 건 다섯씩 열씩 떼를 지어 덤벼들던 '상것들' 패거리였다. 반면에 학기 중에는 수적으로 우세한 우리에게 '상것들'이 당했다. 1916년과 그 이듬해 추운 겨울에 잔인한 패싸움을 몇 번이나 했던 기억

---

6 1890년대 런던의 한 청년 폭력단의 이름에서 유래되어 나중엔 조직 없이 무리 지어 폭력을 휘두르거나 난동을 부리는 청년을 가리키는 말이 되었다. 1960년대 이후엔 주로 난동을 잘 부리는 영국의 광적인 축구팬을 일컫는다.

이 생생하다. 상류층과 하류층 사이의 이러한 공공연한 반목의 전통은 적어도 100년 전까지는 마찬가지였던 것 같다. 1880년대 〈펀치〉의 전형적인 우스개 만화는 왜소하고 겁 많아 보이는 상류층 신사가 마차를 타고 슬럼가를 지나갈 때 동네 꼬마들이 몰려들어 "나리 납시오! 말한테 겁 좀 먹이세!"라고 외치는 모습이다. 지금 상류층 인사의 말을 겁주려는 동네 아이들이 있다는 걸 상상할 수 있는가! 그보다는 혹시나 팁이라도 주기를 바라며 들러붙을 가능성이 훨씬 많다. 지난 10여 년 동안 영국의 노동계급은 소름 끼칠 정도로 급속히 비굴해졌다. 그럴 수밖에 없는 것이, 실업이라는 무시무시한 무기에 주눅이 들어버렸기 때문이다. 전쟁 이전엔 그들의 경제적 입지가 비교적 탄탄했다. 기댈 만한 실업수당이 있었던 건 아니어도 실업이 별로 없었고 지배층의 힘이 지금처럼 두드러지진 않았던 것이다. '나리'를 골려먹는다고 해서 당장 패가망신하는 것도 아닌 이상, 안전하다 싶으면 언제든 '나리'를 골려먹는 건 당연지사였다. G. J. 레니어는 오스카 와일드에 대한 책에서 와일드의 재판 이후에 대중이 보인 알 수 없는 극도의 분노 표출은 결국 사회적인 현상이라 지적한 바 있다.[7] 런던의 민중은 무방비 상태로 걸려든 상류층 인사를 작심하고 혼쭐내려 했던 것이다. 전부 자연스러운, 적절하다시피 한 일이었다. 지난 두 세기 동안

---

7 아일랜드 출신의 작가로 당대 최고의 명사였던 오스카 와일드는 동성애 혐의로 징역살이를 한 뒤 그날로 프랑스 디에프로 떠나 다시는 아일랜드나 영국으로 돌아오지 않았다.

영국의 노동계급이 받은 대우를 다른 부류에게 한다면, 그들 역시 당연히 그만한 적개심을 품게 될 것이다. 그런가 하면 구차한 체면을 유지해야 하는 가정의 아이들이 '상것들' 패거리에게 당해본 경험 때문에 노동계급을 혐오하며 자라나 전형적인 반응을 보인다 해서 비난할 수는 없는 일이다.

그런데 또 하나 그보다 더 심각한 어려움이 있다. 여기서 우리는 서구 계급 차별 문제의 진짜 비밀과 맞닥뜨린다. 그것이 부르주아로 자란 유럽인은 자칭 공산주의자일지라도 몹시 애쓰지 않는 한 노동자를 동등한 사람으로 여길 수 없는 진짜 이유이기도 하다. 그것은 요즘에는 차마 발설하진 못하지만 내가 어릴 때만 해도 꽤 자유롭게 쓰곤 하던 섬뜩한 말 한마디로 요약된다. "아랫것들은 냄새가 나."

그게 우리가 듣고 자란 말이다. "아랫것들은 냄새가 나." 그리고 여기서 우리는 넘을 수 없는 장벽과 마주친다. 어떤 호감도 혐오감도 '몸'으로 느끼는 것만큼 근본적일 수는 없다. 인종적 혐오, 종교적 적개심, 교육이나 기질이나 지성의 차이, 심지어 도덕률의 차이도 극복할 수 있다. 하지만 신체적인 반감은 극복 불능이다. 살인자나 남색자男色者에겐 호감을 느낄 수 있다. 하지만 입냄새가 지독한(상습적으로 그렇다는 뜻이다) 사람에겐 호감을 가질 수가 없다. 어떤 사람에게 아무리 호의를 품는다 해도, 아무리 그의 정신과 성품을 존경한다 해도, 입냄새가 고약하면 그는 끔찍한 대상이 되며 당신은 마음속 깊이 그를 혐오하게 된다. 평균적인 중산층 사람이 노동계급은 무식하고, 게으르고, 술꾼이고, 상스럽고, 거짓말쟁이라 믿도록 교육받고 자란다 해도 큰 문제가 아닐 수 있다. 그러나 그들이 더러운 존재라 믿도록 교육받는다면 대단히 해로운 일이다. 그리고 내 어린 시절, 바로 우리가 그런 교육을 받고 자랐던 것이다. 아주 어릴 때부터 노동계급 사람의 신체에는 묘하게 역겨운 데가 있다는 믿음을 습득하게 되는데, 그러고 나면 자기도 모르게 그런 사람 가까이 다가가기가 어려워진다. 길에서 덩치 큰 건설 인부가 곡괭이를 어깨에 걸치고 땀을 흘리며 걸어오는 모습을 봤다고 하자. 셔츠는 색이 바랬고, 코르덴바지는 10년 묵은 때로 뻣뻣하다. 기름때 전 상하 누더기 속에는 벌레가 우글거리고 속옷은 말도 못 할 것이며, 맨 마지막에는 씻지 않아 온통 누런 몸뚱이가 베이컨 비슷한 악취를 풍기는 것 같다. 부랑자가 시궁창에서 장화 벗는 꼴을 봤다고 하자. 우욱! 부랑자라고 해서 제 발이 시커먼 걸 딱히 즐기는 건 아닐지도 모른다는 생각은 좀처럼 들지 않는다. 심지어 제법 깨끗한 줄 알았던 '아랫것들'(이를테면 집안의 하인)도 어딘가 불쾌하게 느껴진다. 그들의 땀 냄새도, 피부의 질감 자체도 자기하고는 희한하게 다르게 느껴지는 것이다.

'h' 발음을 제대로 하면서 자란 사람이라면,[8] 욕실이 있고 하

---

8 교육을 못 받은 사람들은 'h'로 시작되는 단어를 발음할 때 'h' 음을 안 내는 경향이 있었다. 이를테면 말horse을 '오스'라 발음하는 식이다.

인이 하나라도 있는 집에서 자란 사람이라면, 누구나 그런 느낌을 받으며 자랐을 가능성이 많다. 그리고 그 때문에 서구의 계급 차별이 그리도 골이 깊고 벽이 높은 것이다. 그러면서도 그런 사실을 좀처럼 인정하지 않는 걸 보면 참으로 이상한 노릇이다. 당장 생각나는 것 중에 허풍 없이 그런 태도를 드러내는 책은 하나뿐인데, 그게 서머싯 몸 씨의 『중국 병풍에 대하여 On A Chinese Screen』[9]다. 몸 씨는 중국의 한 고위 관리가 길가의 여관에 도착하더니 사람들에게 자신이 대단한 고관이며 그들은 벌레나 마찬가지임을 각인해주기 위해 고래고래 소리를 지르고 아무에게나 욕을 퍼붓는 광경을 묘사한다. 5분 뒤, 자신의 위엄을 웬만큼 과시한 관리는 저녁을 먹기 시작하는데, 짐 나르는 머슴들과 더없이 사이좋게 함께 먹는 것이었다. 그는 관리로 자신의 존재감을 확실히 인식시켜줄 필요가 있다고는 느껴도, 머슴들이 자신과 신체적으로 다른 존재라고는 전혀 느끼지 않는다. 나는 비슷한 광경을 버마에서 수없이 목격했다. 몽골 인종들 사이에는(내가 알기론 모든 아시아인들 사이에는) 선천적인 평등의식 같은 게 있다. 사람끼리 쉽게 친밀해지는 경향 같은 게 있는데, 서구에서는 상상도 할 수 없는 일이다. 이어서 몸 씨는 이렇게 덧붙인다.

---

[9] 당대 최고의 인기를 누리던 작가 몸이 1920년에 중국을 여행한 뒤 아주 짧은 이야기 형식으로 스케치한 기행문 58편을 모은 책.

우리 서구인들은 후각 때문에 같은 인간들하고 나뉜다. 노동자는 우리의 주인처럼 우릴 엄히 다스리려고 한다. 그러나 노동자에겐 지독한 냄새가 난다는 건 부인할 수 없는 사실이다. 이상할 것도 없는 것이, 공장의 종소리가 울리기 전에 서둘러 출근을 해야 하는 새벽에 목욕을 한다는 건 결코 유쾌한 일이 아니며 중노동이 호락호락한 것도 아니기 때문이다. 입 매운 부인이 일주일 치 빨래를 몰아서 하는 판이니 옷을 마음대로 갈아입을 수도 없다. 나는 냄새가 난다고 해서 노동자를 탓하진 않으나, 냄새가 나는 건 사실이다. 때문에 코가 예민한 사람은 노동자를 가까이하기 어렵다. 이른 아침의 목욕이 출신이나 재산이나 교육보다 더 효과적으로 계급을 가르는 것이다.

그렇다면 '하층민'은 정말 고약한 냄새가 날까? 물론 대체로 그들이 상류층보다 깨끗하지 않은 건 사실이다. 그들의 생활 여건으로 볼 때 그것은 어쩔 수 없는 일이다. 지금처럼 개명한 시절에도 영국 주택 절반 이상에 욕실이 없으니 말이다. 게다가 유럽에서 매일같이 온몸을 씻는 풍습은 아주 최근에 생겨난 것이며, 노동계급은 대체로 부르주아보다 보수적이다. 하지만 영국인들은 눈에 띄게 점점 더 깨끗해지고 있으며, 앞으로 100년 뒤면 일본인만큼 깨끗해질지도 모르는 일이다. 노동계급을 너무 이상시하는 사람들이 노동계급의 특징을 무조건 찬미하여 불결함도 장점인 양하는 것은 딱한 일이다. 그래서 희한하게도 사회주의자와 체스터턴 같은 감상적인 가톨릭계 민주주의자가 손을 잡는 일이 벌어진다. 이를테면 둘 다 불결은 건강하고 '자연스러운' 것이며, 청결은 한때의 유행 아니면 사치일 뿐이라고 말할 것이다.[10] 그들은 자신들의 주장 덕분에 노동계급 사람들이 안 깨끗한 건 어쩔 수 없어서가 아니라 원해서라는 오해가 사실처럼 비칠 수 있다는 점을 모르는 것 같다. 실제로는 욕실을 쓸 수 있는 사람이라면 쓰려고 하는 게 보통이다. 하지만 문제의 본질은 중산층 사람들이 노동계급은 더럽다고 '믿는'(앞서 인용한 부분을 보면 몸 씨 자신이 그렇게 믿고 있다는 사실을 알 수 있다) 데 있다. 아울러 더 문제인 것은 아무튼 노동자는 '본래부터' 더러운 존재라고 믿는다는 점이다. 어린 시절 내 생각에 가장 두려운 일 중 하나는 건설 인부가 입을 댄 병의 물을 마시는 것이었다. 열세 살 때 나는 장이 서는 읍내에 다녀오느라 기차를 탄 적이 있는데, 3등칸은 가축을 팔고 오는 양치기와 돼지치기로 꽉 차 있었다. 그때 누군가 맥주병 하나를 돌리기 시작했고, 병은 사람들이 한 모금씩 들이켤 때마다 이 입 저 입으로 옮겨 다니기 시작했다. 나는 그 병이 나한테까지 올까 봐 얼마나 떨었는지 모른다. 그 많은 하층 계급 사내들

---

10 체스터턴의 말로는 불결은 일종의 '불편'에 불과하므로 스스로 하는 고행이나 마찬가지라고 한다. 그런데 안타깝게도 불결로 인한 불편을 주로 겪는 것은 그와는 처지가 다른 사람들이다. 불결하다고 정말 그리 불편한 것은 아니다. 말하자면 겨울날 아침에 찬물로 목욕해야 하는 것만큼 불편하지는 않을 것이다.(원주)

의 입을 다 거쳐온 것을 마신다면 분명히 토할 것 같았다. 그러면서도 그들이 병을 내게 내민다면 마음을 상하게 할까 두려워 감히 거절할 수도 없을 터였다(비위 약한 중산층의 소심함이 어떻게 양쪽으로 작용하는지 알 수 있는 게 이런 경우다). 내가 더 이상 그런 두려움을 느끼지 않는다는 건 하늘에 감사할 일이다. 이제 나에게 노동자의 신체는 그 자체로는 더 이상 백만장자의 신체보다 역겨운 것이 아니다. 아직도 나는 다른 사람이 입 댄 컵이나 병에 든 무얼 마시는 건 싫다(다른 사람이란 남자를 말하는 것이고, 여자가 입 댄 건 상관없다). 하지만 적어도 계급의식 때문에 그런 건 아니다. 내 경우에 그런 병을 고칠 수 있었던 건 부랑자들과 어울려 다니면서부터였다. 실제로 부랑자들은 영국인들이 흔히 생각하듯 그렇게 더러운 사람들이 아니다. 하지만 부랑자들이 더럽다는 인식은 어제오늘의 일이 아닌 만큼, 일단 그들과 한 침대를 쓰고 한 양은 도시락통에 든 차를 마시다 보면 최악을 겪어봤다는 느낌이 들어 더 이상 최악이 두렵지 않다.

내가 이런 문제들을 따져보는 것은 그만큼 이 문제가 중요하기 때문이다. 계급 차별을 없애기 위해서는 먼저 한 계급이 다른 계급의 눈에 어떻게 비치는지를 알아야 한다. 중산층은 '속물'이라는 말에서 그쳐버린다면 아무 도움도 안 된다. 속물 근성이란 것이 일종의 이상주의와 결부되어 있다는 사실을 이해하지 못한다면, 우리는 앞으로 더 나아갈 수 없다. 그런 근성은 중산층의 자제가 목 씻기와 나라 위해 목숨 바칠 각오를 배우는 것과 거의 동시에 '하층민'을 멸시하는 법을 배우는 초등교육에서 비롯되는 것이다.

여기서 나는 시대에 뒤떨어졌다는 비난을 받을지도 모른다. 나는 전쟁 전과 도중에 어린 시절을 보냈으며, 지금의 아이들은 전보다 깨어 있는 교육을 받고 자란다는 주장을 할 수도 있으니 말이다. 지금은 계급 감정이 전보다 아주 조금은 덜해졌는지도 모른다. 노동계급은 노골적인 적대감을 보이던 부분에서 유순해졌으며, 전후에 값싼 의류가 대량생산되고 사람들이 대체로 얌전해지면서 계급 간의 표면적인 차이는 완화되었다. 그러나 본질적인 감정은 아직도 분명히 남아 있다. 모든 중산층은 계급적 편견을 잠재적으로 지니고 있으며, 그것은 사소한 계기만으로도 언제든 되살아날 수 있다. 마흔이 넘은 중산층이라면 자기 계급이 아래 계급 때문에 희생당했다는 확고한 신념을 가지고 있을 것이다. 연소득 400~500파운드로 체면을 유지하며 살려고 아등바등하는 생각 없고 평범한 상류층 출신자에게, 남을 착취하는 기생 계급의 일원이 아니냐는 말을 해보라. 미친 소리라고 할 것이다. 그는 더없이 정색을 하고서 자신이 노동자보다 못한 생활을 하는 경우를 여남은 가지는 댈 것이다. 그의 눈에 노동자들은 밑바닥에서 노예처럼 살아가는 빈궁한 부류가 아니라 슬금슬금 차올라 그 자신과 그의 친구와 그의 가문을 다 삼켜버리고 모든 문화와 모든 품위를 다 쓸어

없애버릴 홍수다. 그래서 노동계급이 너무 잘 살도록 해줘서는 안 된다는 묘한 경계심이 있는 것이다. 석탄 값이 아직 비싸던 전쟁 직후 〈펀치〉 어느 호에는, 험상궂은 광부 네댓 명이 값싼 자동차를 타고 있는 그림이 있다. 지나가던 친구 하나가 그들에게 차를 어디서 빌렸느냐고 묻는다. 그들은 "이거 우리가 산 거야!"라고 대답한다. '〈펀치〉다운' 얘기다. 그들에겐 네댓 명이서 한 대일지라도 광부들이 자동차를 산다는 건 자연을 거스르는 범죄 행위라 할 만큼 끔찍한 일인 것이다. 그게 10여 년 전의 정서였는데, 나는 근본적인 변화가 있었다는 증거를 전혀 목격한 바 없다. 노동계급이 지금껏 실업수당이니 노령연금이니 무상교육이니 하는 것들 때문에 말도 안 되는 응석받이가 되었고 가망 없이 나태해졌다는 관념은 아직도 만연해 있다. 최근에 와서야 실업이란 게 있긴 있다고 인정하는 바람에 약간 흔들렸을 뿐이다. 많은 중산층 사람들에게, 아마도 쉰이 넘은 사람들 대부분에게, 전형적인 노동자는 아직도 오토바이를 타고 직업안정소에 다니고 집 욕조에 석탄을 재워두는 이다("허 참, 믿을지 모르겠지만 그 인간들이 실업수당으로 '결혼'까지 한다는 거야!").

계급 간 반목이 줄어드는 듯 보이는 이유는 요즘엔 그런 감정이 인쇄물로 잘 표출되지 않아서인데, 그것은 우리 시대가 표현에 인색한 습성을 갖게 됐기 때문이기도 하거니와 신문뿐 아니라 책까지도 노동계급인 대중의 눈치를 봐야 하는 탓이기도 하다. 대개 그런 경향은 사적인 대화에서 가장 쉽게 확인할 수 있다. 그래도 인쇄물로 표현된 사례를 보고 싶다면, 작고한 세인츠버리[11] 교수의 '지나가는 말'을 눈여겨볼 만하다. 세인츠버리는 학식이 뛰어난 사람이었고 경우에 따라 분별 있는 문학 평론가였다. 그러나 정치나 경제 문제를 논할 때는 자기 계급의 다른 모든 사람들과 다른 점이 딱 하나 있었으니, 그것은 너무 얼굴이 두껍고 너무 일찍 태어나는 바람에 최소한의 품위가 있는 척도 할 줄 몰랐다는 사실이다. 세인츠버리에 따르면, 실업보험은 "게으른 밥벌레들을 먹여 살리는 데 기여할" 뿐이다. 그리고 모든 노동조합운동은 일종의 조직적인 구걸 행위에 지나지 않는다.

이제는 '가난뱅이'라는 말을 쓰면 거의 소송감이 아닐까? 남들이 내는 돈에 전적으로 혹은 부분적으로 의지해 산다는 의미에서 가난뱅이가 '되는' 것이 우리 인구 상당수와 어느 정당 전체의 열렬한 염원인데도(그리고 상당 수준 성취되었는데도) 말이다.

『스크랩북』제2권

그런가 하면 세인츠버리가 실업이란 게 존재할 수밖에 없으

---

[11] George Saintsbury(1845~1933). 영국의 문학평론가. 에든버러 대학의 교수를 지냈다.

며, 실업자들이 고생을 많이 하게 되어 있는 한 실업이 존재해야 한다고 생각한다는 점도 주목할 필요가 있다.

전반적으로 안전하고 건전한 노동시스템의 비밀 그 자체이자 안전밸브는 '비정규' 노동이 아닐까?
…… 산업과 상업이 복잡하게 발달한 국가에서는 정기적으로 임금을 받는 상시고용을 보장하는 게 불가능하다. 그런데도 실업자들에게 임금 비슷한 실업수당을 받고 살게 해준다는 것은 우선은 사람을 나태하게 하는 일이며 얼마 못 가서는 아주 버리는 일이다.
『스크랩북』 마지막 권

그는 '비정규 노동'도 할 수가 없을 때 비정규 노동자는 과연 어떻게 될 것인가에 대해서는 분명히 밝히지 않고 있다(단, '좋은 빈민구제법'에 대해서는 찬성한다고 말한다). 아마도 구빈원으로 가거나 노숙을 해야 할 것이다. 모든 인간이 적어도 사람답게 살 수 있을 정도는 수입이 있어야 하는 게 당연하지 않느냐는 생각에 대해, 세인츠버리는 경멸을 표하며 간단히 무시해 버린다.

이른바 '생존권'이라는 것조차 …… 생명의 위협에 대한 방어권을 넘어서지는 못한다. 이러한 방어권에 덧붙여 생명

유지를 위해 필요 이상의 것까지 제공해주는 일이 있으니, 자선은 확실히 그렇고, 도덕은 그럴지도 모르며, 공익사업은 반드시 그래야 한다. 그러나 그게 정말 정의로운 일인지는 의문이다.

어느 나라에 태어났다고 해서 그 나라의 땅을 소유할 권리가 있다는 정신 나간 주장은 주목할 필요도 없을 것이다.

『스크랩북』 마지막 권

마지막 구절이 내포하고 있는 의미심장함에 대해서는 잠시 숙고해볼 가치가 있다. 이런 구절들이 흥미로운 것은(그것들은 또 세인츠버리의 모든 저작 곳곳에서 발견할 수 있다) 그것들을 굳이 출판했다는 점이다. 대부분의 사람들은 이런 유의 글을 인쇄물로 남기기를 대체로 꺼린다. 그런데 세인츠버리는 여기서 연소득 500파운드 이상을 어렵잖게 올릴 수 있다면 버러지라 해도 생각이란 걸 '할 줄' 알며, 그런 말을 하는 사람이 대단한 줄 알아야 한다는 식이다. 이 정도로 '공공연히' 역겨운 제 모습을 드러내려면 배짱이 이만저만이어서는 안 된다.

이것이 반동주의자임을 자인하는 한 사람의 입장이다. 그렇다면 반동이 아니라 '진보' 쪽인 중산층은 어떨까? 혁명의 가면을 벗는다면, 그는 세인츠버리 같은 사람과 과연 얼마나 다를까?

중산층인 사람이 사회주의를 받아들여 공산당에까지 가입

했다고 하자. 그래서 달라지는 게 과연 얼마나 될까? 자본주의 사회라는 틀 안에서 살아야 하는 만큼 그는 계속해서 돈벌이를 해야 할 수밖에 없으며, 그런 그가 부르주아로서의 경제적 지위에 매달리는 것을 탓할 수는 없는 노릇이다. 그렇다면 과연 그의 취향이나 습관, 거동, 상상력의 배경은, 공산주의 용어로 말해 그의 '이데올로기'는 변할까? 이제는 선거에서 노동당에, 아니면 가능한 경우 공산당에 표를 던진다는 것 말고 그에게 무슨 변화가 가능할까? 그가 여전히 습관적으로 자기 계급 사람들과 어울리는 것을 주목할 필요가 있다. 그는 그와 뜻이 같을 노동계급 사람보다는 그를 위험한 '과격분자'라 여기는 같은 계급 사람과 있는 게 훨씬 더 편하다. 음식, 와인, 의상, 독서, 그림, 음악, 발레에 대한 취향은 여전히 현저하게 부르주아적이다. 무엇보다 그는 반드시 같은 계급 사람과 결혼한다. 어느 부르주아 사회주의자를 봐도 그렇다. 이를테면 영국 공산당의 아무개 동지나 『유아를 위한 마르크시즘』의 저자를 보라. 공교롭게도 아무개 동지는 이튼 출신이다.[12] 그는 이론상으로는 바리케이드에서 죽을 각오가 되어 있지만, 아직도 양복 조끼 맨 아래 단추는 채우지 않는다. 그는 프롤레타리아를 이상시하지만, 그의 습성이 그들과는 너무 무관한 게 놀랍다. 어쩌다 한번 순전히 허세로 상표를 떼지 않고 시가를 피운 적은 있

---

12 오웰 역시 명문 사립학교인 이튼 출신이다.

어도, 치즈를 칼끝으로 찍어 입에 넣는다거나 모자를 쓰고 실내에 앉아 있다거나 접시에 고인 차를 마신다거나 하는 일은 그로서는 거의 불가능할 것이다. 아마도 식탁에서의 예절은 그의 진정성을 검증하는 기준으로 별 손색이 없을 것이다. 나는 그런 사람들이 한 시간이 넘도록 자기 계급을 비판하는 장광설을 들어본 적은 여러 번 있어도, 프롤레타리아의 식탁 예절을 익힌 경우는 단 한 번도 본 적이 없다. 도대체 왜 그럴까? 모든 미덕은 프롤레타리아에게 있다고 생각하는 사람이 왜 아직도 수프를 소리 내지 않고 마시려고 용을 쓰는 것일까? 이유는 속으로는 프롤레타리아의 몸가짐을 역겨워한다는 것밖에 없다. 노동계급을 혐오하고 두려워하고 무시하도록 배운 어린 시절의 교육에 아직도 반응하고 있는 것이다.

9. 제국 경찰에서 부랑자로

 열네댓 살 때의 나는 혐오스러운 어린 속물이었지만 같은 계급의 또래 소년들에 비하면 약과였다. 속물근성이 사라질 줄을 모르며 너무나 세련되고 미묘하게 길러지다시피 하는 곳 치고 영국의 사립학교만 한 곳이 없을 것이다. 적어도 사립학교에선 영국의 '교육'이 제 역할을 못 하고 있다는 말을 할 수 없다. 라틴어와 그리스어야 졸업한 지 몇 달도 못 돼 다 까먹는다 해도(내 경우엔 그리스어를 10년 가까이 배웠지만 서른세 살인 지금은 그리스어 알파벳도 다 기억하지 못한다) 속물근성은 계속해서 뿌리를 뽑아주지 않는 한 무덤에 갈 때까지 메꽃처럼 들러붙는다.
 학교에서 나는 마음이 영 편치 않았다. 다른 학생들은 대부분 나보다 집이 부유했다. 내가 비싼 사립학교에 간 것은 순전히 어쩌다 받게 된 장학금 덕분이었다. 하급 상류층이나 성직자, 인도 거주 영국인 관리 등의 자제들이면 대부분 나 같은 처지였으니, 그것이 나에게 끼친 영향은 일반적인 것이라 봐도 좋을 것이다. 그런 경험 때문에 나는 한편으로는 내 신분에 더 열심히 매달리려 했고, 다른 한편으로는 나보다 부유한 부모를 두고 그런 사실을 내게 명심시켜주던 아이들에 대한 반감을 갖게 되었다. 나는 '특권계급'으로 분류되지 않는 아이는 무조건 멸시했으며, 탐욕스러운 부자들, 특히 최근에 부자가 된 졸부들도 미워했다. 그래서 나는 특권계급 출신이되 돈은 없는 게 가장 낫다는 생각을 하게 되었는데, 이는 하급 상류층의 '신조'이기도 했다. 그렇게 생각하자니 큰 위안이 되었고, 제임스 2세[13]의 추종자가 된 듯한 낭만적인 기분도 들었다.

하지만 전쟁 당시와 그 직후 학교의 분위기는 참으로 묘했다. 영국은 그 이후나 그 전 한 세기 그 어느 때보다 혁명적인 분위기였던 것이다. 지금은 역전되어 잊혀버렸지만, 그때는 나라 전역에 혁명적인 분위기가 파도치고 있었고 그 뒤로 다양한 침전물을 남겼었다. 물론 당시에는 전체적으로 조망할 수 없었지만, 그것은 본질적으로 청년층의 노년층에 대한 반발이었으며 전쟁이 직접적인 원인이었다. 전쟁 당시 청년층은 희생

---

[13] 스튜어트 왕조의 마지막 왕(재위 1685~1688)으로, 명예혁명이 일어나자 프랑스로 망명했다.

을 했으나, 노년층은 지금 시점에 봐도 끔찍할 정도로 비겁했다. 말하자면 그들은 아들들이 독일군의 기관총 앞에 짚단 쓰러지듯 픽픽 넘어가는 동안에 안전한 곳에서 단호하게 애국을 요구했던 것이다. 더욱이 전쟁을 지휘하는 것은 주로 노년층이었고, 지휘는 지독히도 무능했다. 전쟁이 끝난 1918년, 마흔이 안 된 세대면 누구나 자기보다 나이 많은 이들에 대해 언짢은 감정이 있었고, 전쟁이 끝나면 자연스럽게 조성되는 반反군국주의 정서가 확산되어 정통성이나 권위에 대한 전반적인 반발에도 영향을 끼쳤다. 때문에 당시의 젊은이들 사이엔 '노인네들'에 대한 묘한 혐오의 풍조가 있었다. 인류에게 알려진 모든 악행이 '노인네들'의 지배 탓으로 여겨졌고, 스콧[14]의 소설에서부터 상원에 이르기까지 확립된 기존의 모든 권위는 '노인네들'이 좋아한다는 이유만으로 조롱의 대상이 되었다. 때문에 여러 해 동안 '과격분자'가 되는 게 대단한 유행이었고, 미숙한 반율법주의적 사상들이 활개를 쳤다. 평화주의, 국제주의, 온갖 유형의 인도주의, 여성주의, 자유연애, 이혼 제도 개혁, 무신론, 산아 제한 같은 것이 평상시보다 더 주목을 받았다. 물론 그런 혁명적 분위기는 아직 싸움에 나서기에는 너무 어린 사립학교 학생들에게도 전이되었다. 당시에 우리는 모두 스스로를 새로운 시대의 산물로, 혐오스러운 '노인네들'이 우리에게 강요하

---

[14] Walter Scott(1771~1832). 『아이반호』 등의 소설로 영국뿐 아니라 국제적으로도 명성을 누린 스코틀랜드계 소설가.

는 정통성의 굴레를 벗어던진 존재로 보았다. 우리는 기본적으로 우리 계급의 속물적 식견을 유지했고, 계속해서 자기 몫을 타먹거나 편안한 자리를 차지하는 것을 당연시했다. 그러면서도 '반정부적'인 것을 자연스레 여겼던 것이다. 우리는 학생군사교육단OTC[15]과 기독교를, 의무적으로 참가해야 하는 학교 라이벌전과 왕실을 조롱하면서도, 우리가 전쟁에 대한 세계적인 반감에 제스처로만 동참하고 있을 뿐이라는 사실을 깨닫지는 못했다. 당시의 묘한 혁명적 분위기를 대변해주는 일화 두 가지는 아직도 생생하다. 하루는 영문학 교사가 상식 시험 문제 비슷한 것을 냈는데, 그중 하나는 "살아 있는 위인 중에 가장 위대한 10인을 적으시오"였다. 우리 반에서는 열여섯 명 중에 (한 반은 보통 열일곱 명이었다) 열다섯 명이 레닌을 그중 하나로 꼽았다. 이게 러시아혁명의 공포가 모든 사람의 기억 속에 아직도 생생하던 1920년에, 속물적이고 비싼 사립학교에서 일어난 일이다. 1919년에는 평화를 축하하는 행사들이 있었다. 우리의 연장자들은 우리로 하여금 패한 적들에게 승리의 함성을 지르는 옛날 방식으로 평화를 축하해야 한다는 결정을 내렸다. 우리는 횃불을 들고 학교 운동장으로 행진을 하여 「브리타니아여 지배하라」 같은 유의 국수적 애국 가요를 부르게 되어 있었다. 그러자 소년들은 아마도 자신들의 명예를 생각해서인지

---

15 Officers' Training Corps. 지금의 대학 학군단 비슷한 학내 군사 교육 조직.

행사 자체를 웃음거리로 여기고는 주어진 곡에 불경스럽고 반항적인 가사를 붙여 불렀다. 지금은 그런 일이 벌어질 수 있을지 의심스럽다. 요즈음 내가 만나본 사립학교 학생들은 아무리 지적이라 해도 15년 전의 나나 내 동급생들에 비하면 훨씬 더 우경화되어 있다.

그러므로 열일고여덟 살 때의 나는 속물인 동시에 혁명주의자였던 셈이다. 나는 모든 권위에 반항적이었다. 나는 쇼[16]나 웰스[17]나 골즈워디[18](당시만 해도 위험한 '진보' 작가로 여겨졌다)의 글이라면 출판된 것은 다 읽었고, 내 자신을 막연히 사회주의자로 정의했다. 하지만 사회주의가 정말 어떤 것인지는 알지 못했고, 노동계급이 인간이라는 개념도 없었다. 거리를 두고서, 책 같은 매개를 통해서나(잭 런던의 『밑바닥 사람들 The People of the Abyss』[19]이 한 예다) 그들의 고통을 안타까워할 뿐이었지, 실제로 그들 가까이 갈 때는 여전히 그들을 혐오하고 경멸했다. 나는 여전히 그들의 악센트에 반감을 느꼈고, 그들의 몸에 밴 거친 매너 때문에 몹시 화가 나곤 했다. 전쟁 직후인 당시는 영국의 노동계급이 상당히 전투적인 자세를 하고 있었다는 사실을

---

[16] George Bernard Shaw(1856~1950). 아일랜드의 극작가. 노벨문학상을 거부하다 수상했으며 상금은 거절한 바 있다. 사회주의자였다.
[17] H. G. Wells(1866~1946). SF 문학의 아버지로 불리는 영국 작가. 사회주의자이자 평화주의자였다.
[18] John Galsworthy(1867~1933). 노벨문학상을 수상한 영국의 소설가, 극작가.
[19] 대중적으로 큰 성공을 거둔 미국 소설가 잭 런던이 영국 런던의 빈민가 이스트엔드에서의 체험을 기록한 수기로, 오웰에게 큰 영향을 끼쳤다.

기억할 필요가 있다. 굵직한 탄광 파업들이 일어나고, 광부라고 하면 악마의 화신이나 마찬가지여서 노부인들은 밤이면 로버트 스밀리[20]가 숨어 있는 건 아닌가 하며 침대 밑을 들여다보곤 하던 시절이었다. 전쟁 기간 내내, 그리고 전쟁 직후 한동안은 임금도 좋았고 일자리도 많았다. 그러다 다시 여건이 나빠지기 시작하자 노동계급은 당연히 저항했던 것이다. 싸우던 사람들은 겉만 번드르르한 약속에 속아 군대에 많이들 자원을 했고, 이제는 일자리도 심지어 집도 없는 곳으로 돌아오고 있었던 것이다. 더구나 그들은 전쟁터에 있었기에 군인정신으로 무장한 채 집으로 돌아오고 있었던바, 군인정신이란 기율이 있다 해도 기본적으로 무법적인 자세였다. 때문에 시대 분위기 자체가 어수선했다. 이런 시절에 유행한 노래 중에 다음과 같은 기억할 만한 후렴이 붙은 게 있다.

확실한 건 딱 하나뿐
부자는 더 부자가 되고 가난뱅이 자식만 늘지
그러는 사이
이럭저럭하는 동안
우리도 재미를 본 건가?

---

20 Robert Smillie(1857~1940). 아일랜드에서 태어나 영국에서 활동한 탄광 노동조합 운동가이자 노동당 정치인.

사람들은 평생 실업자 신세로 지내며 계속해서 차나 마시는 걸 위안 삼는 데 아직 적응되어 있지 않았다. 그들은 막연히 쟁취할 가치가 있는 유토피아를 기대했으며, 그에 앞서 'h' 발음을 하는 계급에 대해 공공연한 적개심을 보였다. 때문에 나처럼 부르주아의 완충재 같은 계급에게 '평민들'은 여전히 야만적이고 혐오스러운 존재였다. 돌이켜보건대 그 시절 나는 시간의 절반은 자본주의 체제를 비난하는 데 쓰고, 그 나머지는 버스 차장의 무례함에 분을 터뜨리느라 허비한 것 같다.

나는 나이 스물이 안 되어 버마에 갔고, 거기서 '인도 제국 경찰'의 일원으로 일했다.[21] 버마와 같은 '제국의 기지'에 가보니 계급 문제는 얼핏 보아서는 대단한 문제가 아니었다. 거기선 계급 사이의 갈등이 분명해 보이지 않았는데, 그도 그럴 것이 제일 중요한 것은 좋은 학교를 나왔느냐 아니냐가 아니라 피부색이 희냐 아니냐에 달려 있었던 것이다. 사실 버마에 있는 백인들 대부분은 영국에서 '젠틀맨'(특권계급)이라 불릴 만한(즉 하인들이 있으며 집에서 하는 저녁 식사를 '디너'라 부르는) 타입이 아니었으며 표면적으로 모두가 같은 계급으로 간주되었다. 그들은 '원주민'이라는 열등 계급과 대비되는 '백인'이었던 것이다. 단, '원주민'에 대한 느낌은 본국의 '하층민'에 대한 느낌과는 아주 달랐다. 요는 버마 사람일지라도 '원주민'에

---

21 버마는 1886년 영국의 식민지가 될 때 영국의 직할령이 아니라 영국령이던 인도의 한 주로 편입되었다.

게선 신체적인 역겨움이 느껴지지 않았던 것이다. 그들은 버마인을 '원주민'으로 내려다보긴 했어도 신체적으로는 꽤나 친밀한 접촉을 마다하지 않았다. 내가 보기엔 피부색에 대한 편견이 아무리 지독한 사람이라도 그 점에 있어서는 같았다. 하인이 많으면 사람이 금세 게을러지기 마련인데, 내 경우엔 이를테면 옷 입고 벗는 일을 버마인 소년에게 맡기는 게 습관이 되었다. 그것은 그가 버마인이고 역겹지 않기 때문에 가능한 일이었다. 영국인 하인이었다면 그렇게 친밀한 일을 맡긴다는 게 불가능했을 것이다. 버마인 하인을 대하는 나의 느낌은 여성을 대하는 느낌 비슷했다. 버마인 역시 어느 민족이나 마찬가지로 독특한 냄새가 나지만(딱히 뭐라 말하긴 어려우나 맡으면 이가 얼얼해지는 냄새라고 해두자) 나에게는 결코 역겨운 냄새가 아니었다(말이 나온 김에 덧붙이자면, 동양인들은 우리한테도 냄새가 난다고 말한다. 내가 알기로 중국인은 백인한테서는 시체 냄새가 난다고 한다. 감히 내게 직접 그렇게는 말하지 못해도 버마인 역시 그런 말들을 한다). 나의 태도에 대해 할 말이 있는 것은, 대부분의 몽골 인종이 대부분의 백인보다 훨씬 나은 신체를 갖고 있다는 건 인정하지 않을 수 없는 사실이기 때문이다. 버마인의 매끈한 피부를 생각해보라. 마흔이 넘도록 주름도 지지 않고 늙어도 마른 가죽처럼 시들해질 뿐이다. 그에 비해 백인의 피부는 거칠고 잘도 축 처진다. 백인은 다리 밑부분과 팔 뒷부분과 가슴에는 길고 가늘고 못난 털이 잔뜩 난다. 그에 비해 버마인은 적당한 곳에 빳빳하고 검은 털이 짧게 뭉쳐 있을 뿐이며, 그 나머지는 털이 아예 없는 것이나 마찬가지고 수염도 대개 없는 편이다. 백인은 거의 대부분이 대머리가 되는 데 비해 버마인은 그런 경우가 거의 없다. 버마인의 치아는 비틀[22]즙 때문에 변색이 돼서 그렇지 완벽한 데 비해, 백인의 치아는 거의 대부분 썩는다. 백인은 대개 몸매가 엉망이며, 아무 데나 살이 쪄 불룩해진다. 그에 비해 몽골 인종은 골격이 미끈하며, 나이가 들어도 몸매가 젊을 때와 별로 달라지지 않는다. 백인은 극소수만 그것도 몇 년 동안만 아주 아름다울 뿐, 대부분은 아무리 뭐라 해도 동양인에 비해 미모가 크게 떨어진다. 하지만 이런 사실들 때문에 나에게 영국인 '하층민'이 버마인 '원주민'보다 훨씬 더 역겹게 느껴졌던 건 아니다. 나는 여전히 어린 시절에 습득한 계급적 편견이라는 틀에 따라 생각하고 있었던 것이다. 스무 살이 좀 넘어 나는 한동안 영국군 연대에 배속되었다. 물론 나는 병사들을 흠모했으며, 그것은 여느 스무 살 청년이 자기보다 다섯 살 위이며 가슴에 세계대전에 참전해 받은 훈장을 단 우람하고 박력 있는 젊은이들을 동경하는 것과 다를 바가 없었다. 그러나 결국엔 그들 역시 나에게 조금은 역겨운 존재였으니, 그들이 '평민'이라 너무 가까이 다가가기 싫었던 것이다. 더운 날 아침에 중대가 거리를 행진할 때, 나는 다른 소

---

22 동남아 사람들이 즐겨 먹는 약효 있는 덩굴식물. 말린 잎과 견과를 씹어 먹는다.

위 하나와 뒤꽁무니에 섰는데, 앞에서 100명의 신체가 내뿜는 훈기에 속이 메스꺼워졌다. 물론 그것은 순전히 편견 때문이었다. 군인이라고 해서 다른 백인 남성보다 신체적으로 더 역겨울 건 없다. 더구나 대체로 젊은 데다 공기 좋은 데서 운동을 많이 하기 때문에 대부분 건강하며, 군기가 엄하기 때문에 청결하지 않을 수가 없다. 하지만 나는 그런 식으로 볼 수가 없었다. 내가 아는 것이라곤 그게 '하층민'의 땀 냄새라는 것뿐이었고, 그 생각을 하자니 역겨웠던 것이다.

나중에 내가 나의 계급적 편견을 일부 또는 전부 제거하는 데까지는 몇 년의 세월과 우여곡절이 필요했다. 계급 문제에 대한 나의 태도를 바꾼 것은 그것과 간접적으로만 관련이 있거나 거의 무관한 무엇이었다.

나는 5년 동안 인도 제국 경찰 소속이었는데, 그만둘 무렵엔 내가 섬기던 제국주의에 딱히 뭐라 설명하기 힘든 염증을 느꼈다. 그것은 영국의 자유로운 분위기에서는 이해하기 힘든 감정이다. 제국주의를 혐오하기 위해서는 그 일원이 되어봐야 한다. 밖에서 보면 영국의 인도 지배는 호의적이며 필요하기까지 한 것으로 보이며, 실제로도 그런 부분이 있다. 그것은 프랑스의 모로코 지배와 독일의 보르네오 지배의 경우에도 마찬가지다. 타국민을 통치할 때는 자국민을 통치할 때보다 관대한 경향이 있기 때문이다. 그러나 그런 지배 체제의 일원이 되면 그것을 정당화할 수 없는 압제로 인식하지 않는 게 불가능하다.

누구보다 낯 두꺼운 인도 거주 영국인이라도 그런 사실을 알고 있다. 길에서 '원주민'의 낯을 대할 때마다 자신이 극악무도한 침략자라는 사실을 실감하게 되는 것이다. 인도에 사는 영국인 대다수는 적어도 이따금은 본국 사람들이 생각하는 것처럼 자기 처지를 만족스러워하지 않는다. 나는 뜻밖의 인물들이, 이를테면 술에 절어 사는 늙은 최고위 공직자 같은 악당들이 이런 말을 하는 것을 보았다. "물론 우리는 이 빌어먹을 나라에 아무 권리도 없어. 이왕 와 있으니까 계속 있자는 거지." 근대인 중에서 마음속 깊이 남의 나라를 침략해서 그곳 사람들을 힘으로 억누를 권리가 있다고 생각하는 이는 아무도 없는 게 사실이다. 타국민에 대한 압제는 경제적 압제보다 훨씬 더 분명하고 이해하기 좋은 악덕이다. 그래서 영국 내에서는 50만이나 되는 한량들의 호사스러운 생활을 유지시켜주기 위해 갈취를 당해도 순순히 받아들이면서도, 중국인에게 지배를 당하느니 마지막 하나가 남을 때까지 싸우려고 한다. 마찬가지로 양심의 가책이라곤 모르며 불로소득으로 사는 사람들일지라도 누가 바라지도 않는데 남의 나라에 가서 주인 노릇을 하는 건 잘못이라는 사실을 분명히 안다. 때문에 인도에 사는 영국인이라면 누구나 애써 감추긴 해도 죄책감에 시달린다. 언론의 자유가 없는 곳이기에 선동적인 발언을 하다 남의 귀에 들어가면 신세를 망칠 수 있는 것이다. 인도 어디를 가나 자신이 몸담고 있는 체제를 남몰래 혐오하는 영국인들이 있는데, 그들은 아주 가끔 안심할 만한 동지를 만났다 싶을 때 숨겨둔 불만을 터뜨린다. 나는 한번은 이름도 모르는 초면의 교육 공무원과 기차에서 하룻밤을 같이 지내게 되었다. 더워서 잠을 잘 수가 없었기에 우리는 밤새 이야기를 나누었다. 서로 반 시간 정도 조심스럽게 이것저것 물어보고서 상대가 '안전'하다는 판단이 섰다. 그러자 우리는 칠흑 같은 밤을 느릿느릿 달리는 기차의 침대에 걸터앉아 병맥주를 홀짝이며 몇 시간 동안 대영 제국을 저주했다(그것도 체제 돌아가는 사정을 잘 아는 내부자 입장에서). 둘 다 후련했다. 그렇지만 금기를 발설했기에, 새벽 어스름에 기차가 만달레이에 느릿느릿 도착하자 우리는 불륜을 저지른 남녀처럼 떳떳지 못하게 헤어져야 했다.

내가 보기엔 인도에 사는 영국인 공직자라면 거의 대부분이 양심 때문에 괴로운 순간들이 있다. 예외가 있다면 영국인이 인도에 있든 말든 꼭 해야만 할 정도로 확실히 유용한 일을 하는 사람들뿐이다. 이를테면 산림 관리자라든지 의사나 엔지니어 같은 이들이다. 하지만 나는 경찰이었으니, 압제의 실행 기구의 일부였다. 더욱이 경찰에 몸담고 있다 보면 제국의 악행을 지근거리에서 관찰할 수 있는데, 악행을 저지르는 것과 악행으로 득을 보는 것엔 현격한 차이가 있다. 대부분의 사람들은 사형을 찬성하면서도 교수형 집행인 노릇은 하지 않으려 한다. 버마에서는 다른 나라 백인들도 모진 일을 한다는 이유로 경찰을 경멸하는 경향이 있었다. 한번은 어느 경찰서에 시찰을 나갔더니 내가 꽤 잘 아는 미국인 선교사가 무슨 일을 보러 오는 것이었다. 비국교도 선교사들이 거의 그렇듯 그는 완전히 바보이긴 해도 꽤나 괜찮은 사람이었다. 그때 나보다 계급이 낮은 원주민 수사관 하나가 용의자 한 사람에게 겁을 주고 있었다(『버마 시절Burmese Days』에서도 묘사한 바 있는 장면이다). 미국인은 그 광경을 지켜보더니 날 바라보며 의미심장하게 말했다. "나라면 그런 일 하는 게 싫겠소." 얼마나 부끄러웠는지 모른다. 나는 '그런' 일을 직업이라고 하고 있었던 것이다! 미국인 선교사 같은 얼간이에게, 그것도 중서부 출신의 천치에게 업신여김을 당하고 딱하다는 소리를 듣다니! 하지만 그런 사실을 실감하게 해주는 사람이 없었다 해도 나는 마찬가지로 수치를 느꼈을 것이다. 나는 사법司法이라는 것 자체에 대해 말할 수 없는 혐오감을 느끼기 시작했다. 누가 뭐라고 하든 우리의 형법은(인도에서는 영국에 비해 훨씬 더 인간적이라 해도 그렇다) 끔찍한 것이다. 그런 법을 집행하기 위해서는 아주 둔감한 사람들이 필요하다. 악취 나는 유치장 안에 쪼그려 앉은 비참한 죄수들, 장기수들의 시무룩하고 겁먹은 표정, 대나무 곤장을 얻어맞은 사람들의 부어터진 엉덩이, 가장이 끌려갈 때 울부짖는 여자와 아이들—이런 것들은 어떤 식으로든 직접적인 책임이 있는 입장이 되면 견디기 힘든 모습이다. 나는 교수형을 집행하는 모습도 본 적이 있는데, 천 명을 학살하는 것보다 더 끔찍해 보이는 광경이었다. 나는 감옥에 갈 때마다 내가 있어야 할 자리는 철창 건너편이라는 느낌을 떨칠 수 없었다(대부분의 방문객들도 그렇게 느낀다고 한다). 그때 나는 아무리 큰 잘못을 저지른 범인도 교수형을 언도하는 판사보다는 도덕적으로 우월하다는 생각을 했다. 물론 그런 생각은 나 혼자만의 비밀로 담아두어야 했다. 동양에 와 있는 영국인이라면 누구나 그런 침묵을 강요받았던 것이다. 그리하여 마침내 나는 모든 정부는 악이며, 처벌은 언제나 범죄 자체보다 해로우며, 사람들은 믿고 가만히 내버려둬야만 점잖게 행동한다는 무정부주의 이론을 세우게 되었다. 물론 감상적인 허튼소리에 불과한 생각이었다. 그때는 몰랐지만 지금은 평화로운 사람들을 폭력에서 보호해주는 일은 언제나 꼭 필요한 일이라고 생각하고 있다. 범죄로 누군가 이득을 볼 수 있는 사회에는 가혹한 형법이 있고 그것을 무자비하게 집행하게 마련이다. 아니면 알 카포네[23]가 지배하는 사회가 될 것이다. 그러나 처벌이 부도덕하다는 느낌은 그것을 집행해야 하는 사람이라면 누구나 품는 감정이다. 영국에서도 많은 경찰, 판사, 교도관 같은 사람들이 자기가 하는 일이 끔찍스러워 남몰래 시달릴 것이다. 그런데 버마에서 우리는 이중의 억압을 범하고 있었다. 우리는 사람들을 목매달고 감방에 처넣는 등의 일을 할 뿐만 아니라, 원치 않는 외국 침략자 역할도 했던 것이다. 버마인들도 우리의 사법권 행사를 인정하

---

23 Al Capone(1899~1947). 시카고에서 주로 활동한 전설적인 범죄조직 두목. 별명이 '상처 난 얼굴scarface'이었다.

지 않았다. 우리가 감방에 가둔 도둑은 정당한 처벌을 받은 게 아니라 외국 정복자에게 희생됐다고 생각했다. 그가 받는 벌은 방자하고 무의미한 잔학 행위일 뿐이었다. 유치장의 묵직한 카운터 뒤나 감방의 철창 뒤에서 그의 얼굴이 분명히 그렇게 말하고 있었다. 그리고 유감스럽게도 나는 인간의 얼굴 표정에 무심해지도록 스스로를 단련하지 못했다.

  1927년에 휴가를 받아 본국으로 돌아온 나는 직장을 때려치울 결심이 이미 반쯤 서 있었고, 영국의 공기를 한 숨 들이쉬자마자 결정을 내려버렸다. 그런 사악한 압제의 일원이 되러 다시 돌아가지는 않기로 결심한 것이었다. 단, 내 바람은 단순히 하던 일을 떠나버리는 것보다 훨씬 큰 것이었다. 나는 5년 동안 압제의 일원으로 복무했고, 그만큼 양심의 가책이 컸다. 잊히지 않는 숱한 얼굴들 때문에 얼마나 시달렸는지 모른다. 법정에 선 피고들, 사형수 감방에서 최후를 기다리는 죄수들, 나에게 윽박질당하던 부하와 냉대당하던 늙은 농부들, 화가 난 나에게 주먹으로 얻어맞은(동양에서는 거의 누구나 가끔 이런 행동을 하는데 동양인들은 화를 잘 돋우는 경향이 있다) 하인과 쿨리들의 얼굴을 나는 지워버릴 수 없었다. 내가 느낀 죄책감은 너무 엄청나서 속죄를 하지 않고는 벗어날 수 없을 것 같았다. 과장처럼 들릴지도 모른다. 하지만 스스로 도저히 인정할 수 없는 일을 5년 동안이나 해본 사람이라면 누구나 비슷하게 느낄 것이다. 번민 끝에 결국 얻은 결론은 모든 피압제자는 언제나 옳으며 모든 압제자는 언제나 그르다는 단순한 이론이었다. 잘못된 이론일지 모르나 압제자가 되어본 사람으로서 얻을 수밖에 없는 자연스러운 결론이었다. 나는 내 자신이 단순히 제국주의에서 벗어나는 것뿐만 아니라 인간에 대한 인간의 모든 형태의 지배에서 벗어나야 한다고 느꼈다. 나는 스스로 완전히 밑바닥까지 내려가 억압받는 사람들 사이에 있고 싶어졌다. 그들 중 하나가 되어 그들 편에서 압제에 맞서고 싶어졌다. 모든 걸 혼자서만 생각해야 했기 때문에, 나는 압제에 대한 증오심을 유난히 길게 끌고 갈 수 있었다. 당시에는 실패만이 유일한 미덕처럼 보였다. 조금이라도 자기 발전을 생각한다면, 심지어 한 해 몇백 파운드를 버는 정도의 '성공'이라도 바란다면 비열한 짓 같았다.

내 마음이 영국의 노동계급에게로 향한 것은 이런 맥락에서였다. 내가 노동계급을 제대로 인식하게 된 것은 그때가 처음이었고, 무엇보다 그들에게서 유사성을 발견하기 쉬웠기 때문이다. 그들은 불의에 당하는 상징적 희생자였으며, 버마에서 버마인들이 하는 역할을 영국에서 하고 있었던 것이다. 버마에서는 문제가 비교적 단순했다. 백인이 위에 있고 유색인은 밑에 있기 때문에, 당연히 유색인에게 동정심을 느낄 수 있었다. 그러다 영국에 와보니 압제와 착취를 찾아보기 위해 버마까지 갈 필요가 없다는 것을 깨달았다. 바로 영국에, 바로 자기 발밑에, 다르긴 해도 어느 동양인 못지않게 비참한 생활을 하는 밑바닥 노동계급이 있었던 것이다. 또 당시에는 '실업'이란 단어가 누구의 입에나 오르내리고 있었다. 나는 줄곧 버마에 있었기에 좀 생소하긴 했지만, 중산층이 아직도 해대는 허튼소리는 ("이놈의 실업자들은 전부 실업을 당해도 싸" 등등) 나를 속이지 못했다. 그따위 말이 그 말을 하는 바보라도 속일 수 있을까 싶은 의문이 지금까지 들 정도다. 그런가 하면 당시에 나는 사회주의에도 그 밖의 어느 경제 이론에도 흥미를 느끼지 못했다. 당시에 경제적 불평등은 우리가 끝내기를 원하는 순간 끝날 것 같았고(때로는 지금도 그렇게 느껴진다) 그것이 끝나기를 진정으로 바란다면 방법은 별로 문제 될 게 없을 것 같았다.

그렇지만 나는 노동계급의 처지에 대해 아는 게 전혀 없었다. 실업에 관한 통계를 본 적은 있었으나 그게 무엇을 뜻하는지는 알지 못했다. 무엇보다 '부끄러울 것 없는' 빈곤도 늘 최악의 수모를 당한다는 너무나 중요한 사실을 알지 못했다. 평생토록 꾸준히 일해오다가 어느 날 갑자기 길바닥으로 내쫓기는 착실한 노동자의 끔찍한 운명, 이해할 수 없는 경제 법칙 때문에 그가 겪는 모진 고통, 가족의 해체, 그의 마음을 갉아먹는 수치심—이런 것은 내 경험의 범위 밖에 있는 일이었다. 나는 빈곤이라고 하면 끔찍한 기아의 차원으로만 생각했다. 때문에 당장 나의 마음은 극단적인 경우, 부랑자나 걸인이나 범죄자나 창녀처럼 사회적으로 버림받은 이들 쪽으로 쏠렸다. 그들은 '하류 중에서도 최하류'였으며, 그런 그들이야말로 내가 접촉하고 싶었던 부류였다. 그때 내가 진심으로 원한 것은 번듯한 세계로부터 완전히 벗어날 길을 찾는 것이었다. 나는 그 방법에 대해 오랫동안 숙고했고, 세부적인 부분을 계획하기도 했다. 말하자면 어떻게 모든 걸 팔아버리며, 가진 걸 다 버려버리며, 이름을 바꾸며, 입고 있는 옷 말고는 아무것도 돈 한 푼도 없이 새출발을 할 것인지를 꼼꼼히 헤아렸던 것이다. 그런 일을 실제로 벌이는 사람은 없을 것이다. 친지의 눈치를 살피는 것은 별도로 치더라도, 배운 사람이 다른 길이 있는데 그렇게 할 수 있을지 의심스럽다. 하지만 적어도 내 경우엔 그런 사람들 사이에 껴서 그들의 생활이 어떤지 알아볼 수 있었고, 내가 잠시나마 그들 세계의 일원이 됐다는 느낌을 가져볼 수 있었다. 일단 그들 사이에 섞여서 그들에게 받아들여진다면 나는 밑바닥까지 내려간 것일 테고, 그러면 죄책감을 얼마간 떨쳐버릴 수 있으리라. 나는 그렇게 생각했고, 그것이 불합리한 생각인 줄은 당시에도 알았다.

    나는 생각을 거듭한 끝에 나아갈 길을 결정했다. 먼저 나는 적당히 변장을 하고서 런던의 라임하우스나 화이트채플 같은 곳으로 가서 간이 숙박소에 묵으며 부두 노동자나 행상인, 노숙자, 걸인, 그리고 가능하면 범죄자 같은 이들과 어울려보기로 했다. 그다음엔 부랑자들을 찾아내어 친해지는 법을 알아낸 다음 부랑자 임시수용소에 들어가는 방법도 알아볼 요량이었다. 그러고 나서 요령을 충분히 터득했다 싶으면 혼자 방랑길을 떠나볼 작정이었다.

처음엔 쉽지 않았다. 가장을 해야 했는데 나는 연기엔 재주가 없었던 것이다. 예를 들어 나는 내 악센트를 속일 수가 없고, 한다 해도 몇 분을 넘길 수가 없다. 때문에 나는 입을 열자마자 '젠틀맨' 신분이 탄로 날 것이라는 상상을 하게 되었다(영국인의 계급의식이란 게 얼마나 집요한가). 그래서 나는 탐문을 대비하여 불운한 신세타령을 준비해야 했다. 옷은 마땅한 걸 구해다 적당한 부분들을 더럽게 만들었다. 나는 키가 비정상적으로 커서 위장하기엔 좋지 않은 사람이지만 적어도 부랑자가 어떤 행색으로 다니는지는 알았다(그런데 그걸 아는 사람이 얼마나 적은지! 〈펀치〉에 실린 부랑자 만화를 보라. 하나같이 20년은 시대에 뒤떨어진 모습이다). 어느 날 저녁 나는 친구 집에서 준비를 마친 다음 동쪽으로 정처 없이 걷기 시작했고, 마침내 라임하우스 지역의 한길에 있는 어느 간이 숙박소에 도착했다. 창문에 "독신자용 침대 좋음"이라는 선전판이 붙어 있어 간이 숙박소인 줄 알 수 있었다. 그런데 도대체 어떻게 용기를 짜내야 안으로 들어갈 수 있단 말인가! 지금 생각해보면 참 우스운 일이다. 하지만 그때까지도 나는 노동계급을 꽤나 두려워했다. 간이 숙박소의 컴컴한 현관으로 들어선다는 건 어느 무시무시한 지하 공간으로(이를테면 쥐가 득시글거리는 하수구로) 내려가는 것이나 마찬가지 같았다. 나는 누가 분명히 싸움을 걸어올 것이라 예상하며 안으로 들어섰다. 사람들은 내가 그들과 동류가 아님을 적발하고는 당장 내가 그들을 염탐하러 왔다고 생각할 것이다. 그리고 달려들어 날 밖으로 내동댕이칠 것이다. 나는 그런 예상을 하고 있었다. 어차피 거쳐야 하겠지만 유쾌할 리는 없는 일이었다.

안에 들어가니 셔츠 차림의 남자가 어디서 불쑥 다가왔다. '대리인'이라는 그에게 나는 하룻밤 묵을 침대가 필요하다고 했다. 다행히 그는 내 악센트를 듣고도 날 노려보지 않았다. 9페니를 내면 된다고 하더니 곰팡내 나는 지하로 안내를 했다. 불을 펴둔 부엌에는 부두 노동자들과 건설 인부들과 선원들이 여기저기 앉아 장기를 두거나 차를 마시고 있었다. 그들은 내가 들어가도 거의 본척만척했다. 그런데 때는 토요일 밤이었고, 육중한 젊은 부두 노동자 한 사람이 술에 취해 비틀거리고 있었다. 그가 날 보더니 비틀비틀 다가와 넓적하고 벌건 얼굴을 들이밀었다. 흐릿한 눈빛이 위험해 보이는 얼굴이었다. 나는 몸이 굳었다. 오자마자 싸움을 걸다니! 그 순간 부두 노동자는 내 가슴팍으로 와락 달려들더니 내 목을 얼싸안는 것이었다. "차 한잔하쇼, 친구!" 그는 눈물 머금은 소리로 외쳤다. "차 한잔하쇼!"

나는 차 한잔을 마셨다. 그것은 일종의 세례식이었다. 그 뒤부터 두려움은 사라졌다. 아무도 내게 질문을 던지지 않았고, 아무도 공격적인 호기심을 보이지 않았다. 모두가 공손하고 친절했으며, 나를 당연한 존재로 받아들였다. 나는 그 임시 숙박소에서 이삼 일을 묵었고, 몇 주 뒤에는 극빈자들의 습성에 대해 어느 정도 정보를 습득한 뒤 처음으로 방랑 생활을 시작했다.

나는 그 경험을 전부 『파리와 런던의 밑바닥 생활Down and Out in Paris and London』에서 묘사했으니(거기 적은 일들은 재구성되긴 했어도 전부 실제로 있었던 일이다) 여기서 되풀이하고 싶지 않다. 그 뒤로 나는 훨씬 오랫동안 방랑 생활을 했으며, 때로는 자진해서 때로는 필요해서 그래야 했다. 그렇게 해서 임시 숙박소에서 묵어본 기간이 도합 몇 달은 된다. 하지만 내 마음에 가장 생생히 남아 있는 것은 그 첫 번째 여행이었으니, 그만큼 신기했기 때문이다. 마침내 '하류 가운데 최하류' 사이에 낀다는 게, 노동계급 사람들과 완전히 평등한 조건으로 지낸다는 게 너무나 신기한 일이었던 것이다. 부랑자를 전형적인 노동계급이라 할 수 없는 건 사실이다. 그래도 부랑자들 사이에 섞이면 노동계급의 한 부분에(그 하위 계급 중 하나에) 섞이는 셈이며, 그런 경험은 내가 알기론 다른 식으로는 할 수 없다. 며칠 동안 나는 아일랜드인 방랑자 하나와 런던 북부 외곽 일대를 떠돌았다. 나는 잠시 그의 길동무가 된 것이었다. 우리는 밤이면 한방을 썼고, 그는 나에게 자기 살아온 얘기를 해줬으며, 나는 그에게 꾸며낸 인생사를 들려줬다. 우리는 번갈아가며 번듯한 집에 찾아가 구걸을 했고, 얻어낸 것을 나눠 가졌다. 나는 아주 행복했다. 드디어 나는 '하류 가운데 최하류' 사이에, 서구 세계의 밑바닥에 있게 된 것이다! 계급을 가르는 벽이 무너져 내리는 것 같았다. 그리고 그 누추한 밑바닥에서, 사실 부랑자들의 끔찍이도 따분한 하류 세계에서, 나는 해방감과 모험심을 맛보았다. 돌이켜보면 터무니없다 싶기도 하지만 당시에는 솔직하고 생생한 감정이었다.

10. 건너기 힘든 계급의 강

하지만 안타깝게도 부랑자들과 어울린다고 해서 계급 문제를 해결할 수 있는 것은 아니다. 기껏해야 자신의 계급적 편견을 어느 정도 없앨 수 있을 뿐이다.

부랑자, 걸인, 범죄자, 사회적으로 버림받은 사람 등은 대단히 예외적인 존재다. 그들이 노동계급의 전형이 아닌 것은 이를테면 문단의 인텔리가 부르주아 계급의 전형이 아닌 것과 같다. 외국인 '지식인'과 친한 사이가 되는 건 꽤 쉽지만, 어엿한 일반 중산층 외국인과 친한 사이가 되는 건 결코 쉬운 일이 아니다. 영국인 중에 이를테면 프랑스의 평범한 부르주아 가정이 어떻게 사는지 들여다본 사람이 얼마나 될까? 그런 집안과 결혼한다는 건 말할 것도 없고, 그런 집에 들어가보는 것조차 몹시 어려울 것이다. 영국의 노동계급에 대해서도 마찬가지다. 소매치기와 단짝이 되는 것은(그들이 어디 있는지 알 수 있다면!) 쉽겠지만, 벽돌공과 단짝이 되기는 대단히 어렵다.

그렇다면 사회적으로 버림받은 사람들과 동등한 사이가 되는 것은 왜 그리 쉬울까? 사람들은 흔히 내게 이런 말을 하곤 했다. "당신이 부랑자들하고 어울렸다지만 그들이 당신을 정말 자기들과 다를 바 없는 사람으로 받아들인 건 아니잖소? 당신이 다르다는 걸, 악센트부터 다르다는 걸 그들이 알지 않소?" 하는 말들 말이다. 사실을 말하자면, 부랑자들 중 상당수가, 아마도 4분의 1 이상이 그런 것 따위는 전혀 알아차리지 못한다고 할 수 있다. 우선, 악센트가 어떻게 다른지 구분하지 못해서 옷으로만 신분을 판단하는 사람이 많다. 나는 남의 집 뒷문에서 구걸을 하다가 그런 사실을 발견하고서 깜짝 놀라곤 했다. 내가 '배운' 사람 악센트를 쓰는 것을 보고 확실히 놀라는 사람들도 있었지만, 아예 알아차리지 못하는 사람도 많았다. 지저분한 얼굴에 남루한 차림인 것만 본 것이었다. 게다가 부랑자들은 영국 각지 출신이어서 억양의 차이가 엄청나게 많았다. 부랑자가 되면 동료들 사이에서 온갖 악센트를 다 들어보게 되며, 그중에는 너무 생소해서 거의 알아듣지 못하는 악센트도 있다. 그러니 예컨대 카디프나 더럼이나 더블린 출신인 부랑자가 영국 남부의 어느 악센트가 '배운' 사람 악센트인지를 꼭 알 수는 없는 것이다. 그렇다고 부랑자들이 '배운' 사람 악센트를 다 모르는 것은 아니다(물론 드물긴 하다). 하지만 누구의 출신이 특별하다는 사실을 알게 되었다 해도 태도를 바꿀 필요는 느끼지 못한다. 그들 입장에서 중요한 것은 누가 지금 그들과 마찬가지로 떠돌이 생활을 하고 있느냐이다. 그리고 그런 세계에서는 질문을 너무 많이 하는 건 예의가 아니다. 원하면 자기 살아온 이야기를 해줄 수 있는 일이고, 대부분의 부랑자는 걸핏하면 그러지만, 반드시 그래야 한다는 법은 없으며 무슨 얘기를 하든 상대방은 묻지 않고 받아들인다. 신분이 주교라 해도 옷차림만 비슷하면 부랑자들 사이에서 편하게 지낼 수 있는 것이다. 그리고 누가 주교였다는 사실을 그들이 알았다 해도 그가 정말 궁핍한 처지가 된 줄 알거나 그렇게 믿는 한, 아무 상관이 없을 수도 있다. 일단 그 세계에 들어가거나 그 일부가 된 듯하면, 과거에 어떤 존재였는지는 거의 문제가 되지 않는다. 그들의 세계는 모두가 평등한 작은 세계인 셈이며, 작고 누추하긴 해도 아마 영국에서 가장 민주적인 세계일 것이다.

그런가 하면 평범한 노동계급의 경우에는 입장이 완전히 달라진다. 먼저, 노동계급의 경우엔 남이 단번에 섞여 들어갈 수 있는 지름길이 없다. 마땅한 옷을 입고 제일 가까운 부랑자 임시수용소로 가기만 하면 간단히 부랑자가 될 수 있지만, 건설 인부나 광부는 당장 될 수 있는 게 아니다. 그들이 하는 일을 잘할 수 있다 해도 건설 인부 자리나 광부 자리는 바로 얻을 수 있는 게 아니다. 사회주의 정치 운동 덕분에 노동계급이면서 인텔리인 사람을 만나볼 수는 있으나, 그들은 부랑자나 강도가 전형적이지 않듯 흔한 사람들이 아니다. 그렇다면 노동계급과 섞이는 유일한 방법은 그들의 집에 하숙인으로 묵는 것뿐인데, 그것을 호기심 삼아 빈민가에 찾아가보는 것과 같은 일로 보는 건 늘 위험하다. 내 경우엔 광부의 집 여러 곳에서 합해서 여러 달을 보내본 경험이 있다. 그러면서 그 집 식구들과 함께 식사도 하고, 부엌 싱크대에서 씻기도 하고, 광부와 한 침대를 쓰기도 하고, 그들과 함께 다트 놀이를 하기도 하고, 몇 시간씩 이야기를 나눠보기도 했다. 하지만 그들 속에 있었다 해도, 그들이 날 귀찮게 여기지 않았기를 내가 바라고 그렇게 믿는다 해도, 나는 그들 중 하나가 되지 못했으며 그런 사실은 나보다 그들이 훨씬 잘 알았다. 그들을 아무리 좋아한다 한들, 그들과의 대화에서 아무리 흥미로운 점을 많이 발견한다 한들, 그놈의 저주스러운 계급 차별 근성은 어디 가지 않는다. 그런 근성은 공주의 매트리스 밑에 둔 완두콩과도 같은 것이다.[24] 그것은 좋고 싫고의 문제가 아니라 '차이'의 문제이며, 정말 친해지는 것을 불가능하게 할 정도로 큰 문제다. 자칭 공산주의자라는 광부들까지도 나를 '나리'라 부르지 않기 위해 몹시 애쓰는 것을

---

24 안데르센의 동화 「공주와 완두콩」에서, 마땅한 신붓감을 찾지 못해 애를 먹는 왕자의 성에 어느 날 밤 한 아가씨가 비바람을 피하기 위해 찾아와 자신을 공주라 소개한다. 왕비는 공주가 맞는지 확인하기 위해 매트리스 스무 장을 깐 침대에 아가씨를 재우는데, 아가씨는 아침에 침대에 딱딱한 게 박혀 있어 밤새 한숨도 못 잤다고 말한다. 왕비는 진짜 공주라야만 그렇게 두툼한 바닥 밑에 깔린 완두콩을 느낄 만큼 예민하다며 뛸 듯이 기뻐하고, 둘은 결혼을 한다.

보았다. 그리고 그들 모두 아주 기분이 좋을 때만 빼고는 나를 위해 자신들의 북부 억양을 누그러뜨렸다. 나는 그들을 좋아했고 그들이 날 좋아하기를 바랐다. 그러나 그들 사이에서 나는 이방인이었고, 우리는 서로 그런 사실을 알았다. 어느 쪽으로 가려 해도 이런 계급 차이의 저주는 돌담처럼 우릴 막아선다. 아니면 돌담이라기보다는 수족관의 판유리 같다고 해야겠다. 없는 듯 대하기는 쉽지만 뚫고 지나갈 수는 없으니 말이다.

안타깝게도 요즘은 그런 유리벽을 그냥 통과할 수 있는 것인 양 대하는 게 유행이다. 물론 계급적 편견이 존재한다는 사실은 누구나 알지만, 동시에 누구나 '자신'은 무슨 신기한 수가 있는지 그런 편견에서 자유롭다고 주장한다. 속물근성이란 다른 모든 사람에게서는 확인할 수 있지만 자기 자신만큼은 예외인 악덕이다. '믿음과 실천'을 겸비한 사회주의자뿐만 아니라 모든 '지식인'들은 적어도 '자신'만큼은 계급적 불의를 당연히 벗어나 있는 줄 안다. 자기 이웃들과는 달리 부나 서열이나 작위 같은 부조리를 꿰뚫어 볼 수 있다는 것이다. 요즘은 '나는 속물이 아니다'라는 생각이 무슨 보편적인 '신조'처럼 되어버렸다. 상원을, 군벌을, 왕실을, 사립학교를, 사냥과 사격을 즐기는 사람들을, 첼트넘[25]의 하숙집 노부인들을, 상류층과 사회 위계 전반의 혐오스러움을 조롱하지 않은 사람이 있을까? 그렇

---

[25] 영국 남서부에 있는 온천 휴양지.

게 하는 것이 자동적인 제스처가 되어버렸다. 소설을 보면 그런 경향이 확연히 드러난다. 심각한 척하는 작가일수록 소설 속 상류층 인물에 대해 빈정대는 태도를 취하기 쉽다. 실제로 소설가들은 확실히 상류층인 사람을(공작이든 준남작이든 무엇이든) 이야기 속에 등장시킬 때면 거의 본능적으로 조롱할 만한 인물로 만들어버린다. 그렇게 하는 부수적이면서도 중요한 이유 중 하나는 근래에는 상류층 특유의 악센트가 빈곤해졌다는 데 있다. 이제는 '배운' 사람들의 언어가 워낙 힘도 없고 개성도 없어서 소설가가 그런 악센트로는 아무것도 할 수 없는 것이다. 그러니 재밌게 하자면 그런 악센트를 희화화하는 게 제일 쉬우며, 이는 모든 상류층이 쓸모없는 얼간이인 듯 묘사하게 된다는 뜻이다. 소설가들끼리 서로 영향을 끼치는 바람에 이런 수법이 이제는 거의 반사작용처럼 되어버렸다.

하지만 마음속 깊은 곳에서는 누구나 그게 엉터리라는 것을 안다. 우리 모두 계급 차별을 맹렬히 비난하지만 그것이 정말 없어지기를 진지하게 바라는 사람은 아주 드물다. 여기서 우리는 중요한 사실 하나와 맞닥뜨린다. 그것은 모든 혁명적 소신이 갖는 힘의 일부는 아무것도 변하지 않을 것이라는 은밀한 확신에서 비롯된다는 점이다.

좋은 예를 보려면 존 골즈워디의 소설과 희곡을 시대별로 비교해가며 살펴보면 된다. 골즈워디는 민감하고 눈물 많은 전쟁 전 인도주의자의 훌륭한 표본이다. 그는 결혼한 여자는 전부 사티로스[26]에게 사슬로 묶여 지내는 천사라고 생각될 정도로 병적인 연민 콤플렉스를 보이는 작품으로 활동을 시작했다. 그는 과로하는 사무원이, 저임금에 시달리는 농장 인부가, 타락한 여인이, 범죄자가, 창녀가, 동물이 겪는 고통에 대해 언제나 분노로 부르르 떤다. 그의 초기작(『재산가 The Man of Property』 『정의 Justice』 등)을 보면 세상은 압제자와 피압제자로 양분되며, 압제자는 이 세상에 있는 다이너마이트를 다 터뜨려도 타도하지 못할 무지막지한 석상石像처럼 꼭대기에 앉아 있다. 그렇다면 그는 과연 정말 타도를 원할까? 확고부동한 압제에 맞서 싸우는 그를 붙들어주는 것은 다름 아니라 그 자신이 그것을 확고부동한 것으로 여긴다는 사실이다. 그러다 뜻밖의 일들이 벌어지고 그가 알던 세계 질서가 무너지기 시작하자, 그의 생각은 좀 달라지기 시작한다. 그리하여 압제와 불의에 맞서 싸우는 패배자들의 옹호자로 출발한 그가 끝에 가서는 경제적 병폐를 치유하기 위해서는 영국의 노동계급이 가축 무리처럼 식민지에 끌려가도 좋다는 주장을 한다(『은스푼 The Silver Spoon』을 보라). 10년만 더 살았더라면, 그는 아마 좀 더 품위 있는 형태의 파시즘에 도달했을 것이다. 이것이 감상주의의 불가피한 운명인 것이다. 그의 모든 견해는 현실을 최초로 맞닥뜨리자마자 정반대의 것으로 변해버린다.

---

26 그리스 신화에서 주신酒神 바쿠스를 섬기는 반인반수의 숲의 신, 술과 여자를 몹시 좋아함.

이런 식의 눅눅하고 설익은 위선은 모든 '진보'적 견해에서 발견된다. 제국주의를 예로 들어보자. 좌파 '지식인'이라면 누구나 당연히 반제국주의자다. 그는 계급적 특권의 밖에 있다고 주장하는 만큼 자동적이고 독선적으로 제국의 특권 밖에 있다고 주장한다. 심지어 영국의 제국주의가 딱히 싫지 않은 우파 '지식인'도 적당히 거리를 둔 척한다. 대영 제국에 대해 재기 넘치는 태도를 취하기는 너무나 쉽다. 「백인의 부담 The White Man's Burden」[27] 같은 시, 「브리타니아여 지배하라」 같은 노래, 키플링의 소설, 따분한 인도 거주 영국인들—이런 것들을 조소 없이 언급할 수 있는 사람이 있을까? 그리고 교양 있는 사람치고, 영국이 인도를 떠난다면 페샤와르[28]와 델리 사이에 돈 한 푼도 처녀 하나도 남아나지 않을 것이라고 말하는 늙은 인도인 하사관에 대한 농담 한번 안 해본 사람이 있을까? 그게 일반적인 좌파 사람들이 제국주의에 대해 취하는 태도이며, 아무 도움도 안 되는 매가리 없는 태도다. 결국 가장 중요한 질문은 대영 제국이 건재하기를 바라느냐, 아니면 해체되기를 바라느냐이다. 그러나 영국인치고 대영 제국이 해체되기를 진심으로 바라는 이는 아무도 없다. 특히 인도에 거주하는 영국인 연대장에 대해 재기 넘치는 조롱을 보이는 유의 사람은 더더욱 그렇다. 다른 것은 별도로 치더라도, 영국에서 우리가 누리는 높은

27 키플링의 시로 제국주의 지배를 찬양하는 인종주의적 내용이다.
28 파키스탄의 대도시. 한때 영국령이었다.

생활수준은 우리가 제국을, 그중에서도 인도나 아프리카 같은 열대 지역에 대한 지배를 유지하느냐에 달려 있다. 자본주의 체제하에서 영국인이 상대적으로 안락을 누리며 살기 위해서는, 인도인 500만 명이 기아선상에서 허덕여야만 한다. 그것은 참으로 못된 일이지만, 우리가 택시에 발을 들여놓거나 딸기 곁들인 크림 한 접시를 먹을 때마다 인정하지 않을 수 없는 현실이다. 대안은 제국을 뒤집어엎고 영국을 축소시켜, 우리 모두 아주 열심히 일해야 하고 청어와 감자를 주로 먹어야 하는 춥고 시시하고 작은 섬나라로 만드는 것이다. 하지만 이는 어느 좌파 사람도 원치 않는 바다. 그러면서 그는 제국주의에 대해서는 아무 도덕적 책임도 느낄 필요가 없다는 입장을 고수한다. 그는 제국의 단물은 다 빨아들일 태세이면서, 제국을 지키는 사람들을 조롱함으로써 자기 영혼을 구제한다.

계급 문제에 대해 대다수 사람들이 취하는 태도의 비현실성을 파악할 수 있는 것은 이 지점에서부터다. 그것이 단순히 노동자의 형편을 낫게 하는 문제라면, 멀쩡한 사람치고 동의하지 않을 사람은 없다. 광부를 예로 들어보자. 바보가 아니고 악당이 아닌 이상, 누구나 광부의 살림이 나아지기를 '기꺼이' 바랄 것이다. 예컨대 광부가 막장까지 손발로 기는 대신 광차를 타고 편안히 갈 수 있다면, 일곱 시간 반이 아니라 세 시간 단위로 근무 교대를 할 수 있다면, 침실 다섯에 욕실이 있는 번듯한 집에 살며 주급 10파운드를 받을 수 있다면, 얼마나 멋진 일인가! 더구나 조금이라도 생각할 줄 아는 사람이라면 그런 게 충분히 가능한 일임을 너무나 잘 안다. 세상에는 적어도 잠재적으로는 어마어마한 부가 있는 것이다. 그것을 제대로 개발한다면 우리 모두 왕처럼 살 수 있다. 아주 피상적으로 얼핏 보기만 하면 이 문제의 사회적인 면도 마찬가지로 단순해 보인다. 어떤 면에서는 거의 모든 사람이 계급 차별이 타파되기를 바란다는 게 사실이다. 사람과 사람 사이가 언제나 거북스러웠고, 거기서 비롯되는 불편을 오늘의 영국에 사는 우리가 겪고 있다는 것은 분명히 저주스럽고 성가신 일이다. 그러니 보이 스카우트 대장의 호령 같은 선의의 몇 마디를 외치면 계급 차별이 사라져버린다고 믿고 싶은 유혹을 느낄 만도 하다. 날 '나리'라고 부르지 말게, 친구! 우리 모두 같은 사람 아닌가? 우리 한데 뭉쳐 온 힘을 다하고, 우리 모두 평등하다는 걸 명심하세. 그리고 내가 어떤 타이를 매야 하는지 알고 그대는 모른다고 해서, 나는 수프를 비교적 조용히 마시고 그대는 배수관 물 빠지듯 소리를 내며 마신다고 해서, 문제 될 게 대체 뭐란 말인가! 이런 등등의 말은 대부분 대단히 해로운 쓰레기지만 그럴싸하게 표현을 하면 꽤나 마음을 끌 수 있다.

    유감스럽게도 계급 차별이 없어지기를 바라는 것만으로는 아무 진전도 있을 수 없다. 더 정확히 말하자면, 그것이 없어지기를 바랄 '필요'는 있되, 그만한 대가가 있다는 사실을 이해하지 못하는 한 그 바람은 무의미하다는 것이다. 직시해야 할 사실은, 계급 차별을 철폐한다는 것은 자신의 일부를 포기하는 것을 뜻한다는 점이다. 여기 중산층의 전형적인 일원인 내가 있다. 내가 계급 차별을 없애기 바란다고 말하는 것은 쉬운 일이다. 하지만 내가 생각하고 행하는 거의 모든 것은 계급 차별의 산물이다. 나의 모든 관념은(선악에 대한, 유쾌와 불쾌에 대한, 경박과 경건에 대한, 미추에 대한) 어쩔 수 없이 '중산층'의 관념이다. 책과 옷과 음식에 대한 나의 취향, 명예에 대한 나의 감각, 나의 염치, 나의 식사 예절, 나의 어투, 나의 억양, 심지어 나의 독특한 몸동작도 전부 특정한 훈육의 산물이며, 사회 위계의 윗부분에 있는 특정한 지위의 산물이다. 그런 사실을 이해할 때, 나는 프롤레타리아의 등을 두드려주며 그가 나와 다를 바 없는 사람이라고 말해봐야 아무 소용이 없다는 걸 이해하게 된다. 그와 정말 밀접한 관계를 맺고 싶다면 단단한 각오가 필요한 노력을 기울여야 한다. 계급적 특권의 울타리 밖으로 나가기 위해, 은밀한 속물근성뿐만 아니라 대부분의 취향과 편견도 억눌러야 한다. 나를 철저히 변화시켜야 하며, 결국엔 같은 사람인 줄 모를 정도로 달라져야 한다. 그러기 위해 필요한 것은 노동계급의 현실을 개선하는 것으로도, 더 어리석은 형태의 속물근성을 억제하는 것으로도 부족하다. 삶에 대한 상류층적, 중산층적 태도를 완전히 버리기까지 해야 한다. 그리고 내가 그럴 수 있느냐 없느냐는 아마도 그러기 위해 나에게 요구되는 것을 얼마나 이해하느냐에 달려 있을 것이다.

그러나 많은 사람들은 번거롭게 자신의 습성과 '이데올로기'를 바꾸지 않고도 계급 차별을 철폐할 수 있다고 생각한다. 때문에 사방에서 계급 타파를 위한 활동이 왕성하게 전개되고 있다. 어딜 가나 자신이 계급 차별을 타파하는 데 기여하고 있다고 정말로 믿는 선의의 사람들을 만나볼 수 있다. 중산층 사회주의자는 프롤레타리아에게 열광하여 프롤레타리아와 회개하는 부르주아가 서로 얼싸안고 언제나 형제처럼 지내보자는 '여름학교'를 운영한다. 그러면 부르주아 방문객들은 너무나 훌륭한 체험이었다는 말을 하며 졸업을 하는데, 프롤레타리아 참석자들이 하는 말은 다르다. 교외의 한적한 곳에 사는, 윌리엄 모리스[29] 시대의 잔재 같은 위선자도 있다. 하지만 아직도 놀랍도록 흔한 그들은 "왜 수준을 '낮춰야' 하는가? '높이면' 안 될 게 있나?"라는 말을 하고 다니며 노동계급의 수준을 (자기 수준으로) '향상'시키자고 한다. 위생이나 과일주스, 산아 제한, 시詩 같은 것들로 그렇게 해보겠다는 것이다. 심지어 요크 공[30](지금은 조지 6세가 되었지만)도 사립학교 소년들과 슬럼가 소년들이 동등한 조건에서 섞이는 게 원칙인 캠프를 매년 열고 있다. 양쪽 소년들은 한동안 '정말' 섞이기도 하는데, 흥행사가 지켜보는 동안은 무장 휴전을 유지하는 '해피 패밀리' 우리의 개와 고양이와 앵무새 한 쌍과

---

29 William Morris(1834~1896). 영국의 건축가이자 디자이너, 화가, 작가이며, 사회주의자였다. 현대 디자인의 선구자라는 평을 받으며, '레드 하우스'를 지어 살며 생활예술의 중요성을 강조하는 '미술공예운동'을 펼친 것으로도 유명하다.
30 영국 귀족 계급의 작위. 15세기 이래로 대개 영국 왕실의 둘째 아들에게 수여되었다.

토끼와 카나리아 세 마리처럼 그렇게 한다.

　나는 계급 타파를 위한 그런 모든 의도적이고 의식적인 노력이 아주 심각한 잘못이라고 확신한다. 그런 것들은 때로는 부질없는 짓에 그치고 마는 수도 있지만, 분명한 성과가 나타날 때는 대개 계급적 편견을 '강화'하는 노릇을 한다. 그것은 조금만 생각해보면 충분히 예상할 수 있는 일이다. 무리하게 속도를 높이고 계급 간에 불편하고 부자연스러운 평등을 강권했으니, 거기서 비롯되는 마찰 때문에 그냥 뒀으면 영영 묻혀버렸을 수도 있는 온갖 감정이 표출되고 마는 것이다. 골즈워디에 대해 언급한 바와 같이, 감상주의자의 견해란 현실과 맞닥뜨리자마자 정반대의 것으로 돌변해버린다. 평범한 평화주의자를 한번 건드려보라. 대외 강경론자의 모습을 발견하게 될 것이다. 중산층 독립노동당 ILP[31] 당원과 수염 기른 과일주스 애호가는 망원경을 거꾸로 대고 프롤레타리아를 보는 한, 모두 계급 없는 사회를 지지한다. 그런 그들에게 프롤레타리아와 '진정'으로 접촉할 기회를 줘보라(이를테면 토요일 밤에 술 취한 생선 운반인과 싸우도록 내버려둬보라). 그러면 그들은 가장 평범한 중산층 속물근성을 대번에 드러낼 수 있다. 하지만 대부분의 중산층 사회주의자들은 취한 생선 운반인과 싸울 일이 거의 없다. 그들이 노동계급과 진짜 접촉을 한다면, 그것은 대개 노

---

[31] Independent Labour Party. 1893년 영국에서 결성된 사회주의 정당으로, 일부가 노동당 창당에 참여하고 나머지 다수는 독자 노선을 걷다가 1975년에 해체했다.

동계급 인텔리와의 접촉이다. 그런데 노동계급 인텔리는 두 가지 유형으로 확연히 나뉜다. 하나는 노동계급으로 남는 유형이다. 그들은 계속해서 기계공이나 부두 노동자 등으로 남아 일하며 노동계급의 악센트와 습성을 굳이 바꾸려 하지 않으면서도, 여가 시간에 '지성을 향상'시키며 독립노동당이나 공산당을 위해 활동한다. 그런가 하면 자신의 생활방식 자체를 적어도 외부적으로나마 바꾸며, 국가 장학금을 통해 중산층으로 올라가는 데 성공하는 유형이 있다. 전자는 우리가 만날 수 있는 가장 훌륭한 부류의 사람들이다. 나는 그런 사람을 몇 명 만나 보았는데, 아무리 속 좁은 보수당원이라 해도 좋아하고 흠모하지 않을 수 없는 이들이다. 후자는 약간의 예외가 있긴 하지만 (D. H. 로런스가 그런 경우다) 전자만큼 훌륭하지는 않다.

먼저, 장학금 제도의 자연스러운 결과이긴 하겠지만, 프롤레타리아가 문단의 인텔리가 되어 중산층으로 스며드는 경향이 있는데, 이는 딱한 일이다. 그가 만일 품위 있는 인간이라면, 문단의 인텔리가 되는 길이 험난하기 때문이다. 오늘의 영국 문단은, 적어도 그중에 지식층은 잡초만 무성하게 자랄 수 있는 유해한 정글이나 마찬가지다. 문단의 신사가 되어 품위를 유지하려면 확실히 '인기' 있는 작가(이를테면 탐정소설 작가)가 되는 수밖에 없다. 하지만 잘난 척하는 잡지에 발을 들여놓고서 지식층에 속하기 위해서는 온몸을 다 바쳐 막후 조종과 은밀한 아부 작전에 뛰어들어야 한다. 문단 지식층의 세계에서 '성공'

이란 게 가능해서 '성공'이란 걸 한다면, 문학적인 재능보다는 칵테일파티의 주역이 되는 것과 벌레 끓는 새끼 사자들의 엉덩이를 핥아주는 것이 더 큰 역할을 한다. 또한 이 세계는 자기 계급에서 기어 올라오는 프롤레타리아에게 아주 기꺼이 문을 열어주는 세계다. 노동계급 집안의 '영리한' 소년은, 말하자면 장학금을 타내는, 육체노동으로 살기에는 도무지 적합하지 않은 유형의 소년은, 다른 방법들을 통해 자기 위 계급으로 올라가는 수도 있으나(예를 들어 노동당 정치 활동을 통해 올라가는 유형이 있다) 문단 쪽이 단연 가장 일반적이다. 지금 런던의 문단에는 프롤레타리아 출신이면서 장학금으로 교육받은 젊은이들이 넘쳐난다. 그들 가운데 많은 사람이 자기 계급을 대변하기에는 전혀 부적합하며 상당히 역겨운 사람들인데, 부르주아 출신이 프롤레타리아를 동등한 조건에서 대면하는 데 성공한다 해도 주로 그런 유형을 만나게 된다는 것은 매우 유감스러운 일이다. 그 바람에 아무것도 모르면서 프롤레타리아를 이상화해온 부르주아가 광적인 속물근성을 금세 되찾기 십상이다. 이 과정은 바깥에서 바라보면 때로는 대단히 코믹하다. 프롤레타리아 형제를 얼싸안아주려는 가련한 선의의 부르주아가 팔을 활짝 펼치고 달려 나간다. 그리고 잠시 뒤, 빌려서 낸 회비 5파운드를 포기하고서 서글픈 탄식을 하며 물러나버린다. "이런, 빌어먹을! 저 인간 아주 막돼먹었구먼!"

이런 유의 접촉에서 부르주아를 쩔쩔매게 하는 것은 자기 신분에 대한 입장을 시험받을 때다. 나는 앞서 평균적인 '지식인'에 대한 좌파의 견해가 대개 진실하지 않다고 지적한 바 있다. 그는 순전히 모방 심리 때문에 실은 자신이 믿고 있는 것들을 조롱한다. 많은 것들 중에 사립학교의 신사도를 예로 들어보자. '단체정신'이니 '넘어진 사람은 때리지 않는다'느니 하는 공허한 소리들을 해댄다. 그런 것을 누군들 비웃지 않았겠는가? 자칭 '지식인'이라는 사람치고 그것을 감히 비웃지 '않은' 사람이 있겠는가? 그런데 '밖에서' 그걸 비웃는 누군가를 만날 때는 문제가 좀 달라진다. 고약한 영국 안에서 살다가 외국인이 자기처럼 똑같이 영국 욕을 하면 몹시 화가 나는 것과 매한가지다. 사립학교에 대한 우스개는 〈익스프레스〉[32]의 '해변의 한량'만큼 잘하는 이가 없다. 그는 카드놀이를 할 때 속임수를 쓰는 것을 가장 큰 죄악으로 여기는 우스꽝스러운 신사도에 대해 그럴듯한 조롱을 퍼붓는다. 그러나 '해변의 한량'은 자기 친구가 카드놀이에서 속이다 걸려도 그렇게 좋아라 할까? 나는 아니라고 본다. 자신이 믿고 있는 바가 정말 무엇인지 깨닫기 위해서는 다른 문화의 사람을 만나봐야 한다. 당신이 부르주아 '지식인'이라면, 당신은 애국심이니 국교회니 학연이니 '블림프 대령'[33]이니 하는 것들을 쉽게 비웃는다 해서 자신이 부르

---

[32] 영국의 보수적인 타블로이드 신문 〈데일리 익스프레스Daily Express〉를 말한다.
[33] 1930년대 인기를 끈 신문 연재만화의 주인공. 나이 많고 거만하고 반동적이며 초강경 국수주의자인 인물.

주아가 아닌 듯 생각하기 십상이다. 그러나 적어도 출신만큼은 부르주아 문화권 바깥인 프롤레타리아 '지식인' 입장에서 보자면, 당신이 '블림프 대령'하고 다른 점보다는 비슷한 점이 더 중요할 수 있다. 그는 당신을 '블림프 대령'과 사실상 같은 사람으로 볼 가능성이 다분하다. 그런데 그의 생각은 '블림프 대령'도 당신도 인정하지 않겠지만 어떤 면에서 맞다. 그러니 프롤레타리아와 부르주아의 만남은(정말 만나는 데 성공한다고 할 때) 반드시 오랫동안 소식을 모르던 형제의 포옹인 것은 아니다. 그보다는 전쟁에서나 볼 수 있는 이질적인 문화의 충돌인 경우가 훨씬 많다.

　나는 지금까지 이런 것들을 자신의 은밀한 믿음이 시험당해 보수주의로 회귀하는 부르주아의 관점에서 살펴봤다. 그런가 하면 프롤레타리아 '지식인'이 품게 되는 반감도 고려해봐야 한다. 그는 노력을 통해, 때로는 끔찍한 고뇌를 통해, 자기 계급에서 겨우 헤어나 다른 계급으로 진입하면서 훨씬 자유롭고 지적으로 세련된 사람들을 만날 기대를 한다. 하지만 결국 그가 발견하게 되는 것은 공허하고 죽어 있는, 따뜻한 인정이라곤 없는 무엇이기 십상이다. 그의 눈에 비치는 부르주아는 이따금 피 대신 물이 흐르며 돈만 있는 마네킹처럼 보인다. 이는 그런 사람들이 '실제로' 하는 말이며, 프롤레타리아 출신 젊은 지식층이라면 거의 다 그런 식의 말을 늘어놓는다. 그런 '프롤레타리아 상투어' 때문에 우리는 애를 먹고 있다. 이제는 그런 말이 어떤 식으로 흘러갈지 누구나 알고 있다. 말하자면 부르주아는 '죽었고'(요즘 너무 인기가 좋아 남용되며 무의미하기 때문에 대단히 효과적인 말이다), 부르주아 문화는 파탄 났고, 부르주아의 '가치'는 경멸할 만하다는 식이다. 사례가 필요하다면 〈레프트 리뷰Left Review〉 아무 호나 펼쳐 앨릭 브라운이나 필립 헨더슨 같은 젊은 공산주의 작가의 글을 읽어보라. 그런 글은 진정성이 의심스러운 경우가 많다. 그런데 진정성을 인정할 만한 D. H. 로런스가 비슷한 생각을 거듭 표현하는 것을 보면 놀랍기 그지없다. 로런스가 영국의 부르주아는 전부 '죽은' 것 아니면 적어도 고자가 됐다는 말을 자꾸 한다는 건 알 수 없는 노릇이다. 『채털리 부인의 연인Lady Chatterley's Lover』에서 사냥터지기인 멜러스는 자기 계급에서 벗어날 기회가 있지만 딱히 이전 계급으로 돌아가고 싶어 하지는 않는다. 그것은 영국 노동계급이 온갖 '불쾌한 습성'을 지니고 있기 때문이다. 그런가 하면 그가 어느 정도 섞여든 부르주아는 반쯤 죽은 고자 같은 존재들이었다. 채털리 부인의 남편은 상징적으로도 그렇거니와 실제로도 신체적 성생활이 불가능하다. 그래서 "나무 꼭대기까지 올라갔다" 내려오며 다음과 같이 말하는 청년(역시 로런스 자신이다)에 대한 시가 있는 것이다.

아, 나무 위에 올라가면
원숭이처럼 돼야 해!

굳은 땅도 필요 없고
이전 같은 녀석일 필요도 없어.
나뭇가지에 앉아 우쭐우쭐
떠들어대면 그만이지.

다들 왁자지껄 지껄여대는데
진심에서 우러나오는 소리는
하나도 없다네, 이 친구야.
모두 반쯤 꾸며낸 얘기일 뿐……

굳이 밝히자면 저 위에 있는 것들한테
저 어린 암탉들한테 무슨 일이 있었어.
수놈은 하나도 없거든.

이보다 더 간명한 말로 표현하기는 힘들 것이다. 로런스가 말하는 '나무 꼭대기'에 있는 사람들이란 연 수입 2천 파운드 이상인 진짜 부르주아만을 가리키는 것일 수도 있으나, 내가 보기엔 아니지 싶다. 그보다는 이럭저럭 부르주아 문화권 안에 드는 모든 사람일 가능성이 더 높다. 말하자면 점잔 빼는 악센트를 구사하도록 교육받고 하인이 한둘은 있는 집에서 자란 모든 사람이지 싶다. 바로 여기서 우리는 '프롤레타리아 상투어'가 위험하다는 사실을 깨달을 수 있다. 달리 말해 지독한 반감을 불러일으킬 수 있다는 점을 깨달을 수 있는 것이다. 그런 식의 비난에 맞닥뜨린다는 건 막다른 벽에 부딪힌 것이나 마찬가지다. 로런스는 내가 사립학교를 다녔기 때문에 고자라고 말한다. 나더러 어쩌란 말인가? 내가 반대임을 입증하는 진단서를 제출할 수도 있겠지만, 그래봐야 무슨 소용이겠는가? 로런스의 규탄은 그대로 남는다. 나더러 악당이라고 하면 행동거지를 고치면 되겠지만, 나더러 고자라고 하면 그럴듯한 틈이 보이는 아무 쪽으로나 반격을 하라고 부추기는 일이다. 누굴 적으로 만들고 싶다면, 그 사람의 병이 치유 불능이라는 말을 하면 된다.

그리고 이것이 프롤레타리아와 부르주아가 만날 때 결국 벌어지는 일인 것이다. 이 만남은 가려진 반목을 드러내며, 그 반목은 그 자체가 계급 간의 억지 접촉의 산물인 '프롤레타리아 상투어' 때문에 더 심해진다. 현명한 수순은 속도를 늦추며 다 그치지 않는 것뿐이다. 스스로를 특권계급이며 그 자체로 청과상의 심부름꾼보다 우월하다고 생각한다면, 거짓말을 하는 것보다는 그렇다고 솔직히 말하는 게 훨씬 낫다. 궁극적으로는 속물근성을 떨쳐버려야겠지만, 제대로 준비가 되지도 않았는데 떨쳐버린 척하는 것은 치명적인 실수다.

그렇기 때문에 어딜 가나 스물다섯 살 때는 열렬한 사회주의자이던 중산층 사람이 서른다섯 살 때는 거만한 보수주의자가 되는 한심한 현상을 목격할 수 있는 것이다. 어떤 면에서 그의 보수 회귀는 충분히 자연스러운, 아무튼 생각이 어떤 식으로 흘러가는지를 알 수 있는 변화다. 계급 없는 사회에는 아마도 계급 간 반목과 속물근성은 없겠지만 우리 모두 똑같이 행동하고 사는 게 지극히 행복한 세상은 아닐 것이다. 그보다는 아마 우리의 모든 이상과 도덕과 취향이, 곧 우리의 '이데올로기'가 사실상 아무 의미가 없어지는 삭막한 세상일 것이다. 그러니 이 계급 타파 문제는 보기처럼 그리 쉬운 일이 아닌 것이다! 오히려 그것은 암흑 속으로의 돌진 같은 것이며, 끝에 가서는 미소 짓고 있는 호랑이와 마주치게 될지도 모른다. 우리는 좀 생색내는 듯하긴 해도 애정 어린 미소를 띠며 프롤레타리아 형제들을 맞이하러 나갔건만! 우리의 프롤레타리아 형제들은 우리에게 환대를 바라는 게 아니라 우리의 자살을 요구하는 것이다. '그런' 식으로 본 부르주아는 당장 내빼기 마련이며, 빨리 내뺄수록 파시즘에 다가가기 쉽다.

11. 왜 사회주의가 지지받지 못하는가

그렇다면 사회주의에 대해선 어떤가?

지금이 몹시 어려운 때라는 사실은 굳이 말할 필요도 없다. 너무 심각해서 아무리 둔감한 사람이라 해도 난국인 줄 모르기가 어렵다. 우리는 그 누구도 자유롭지 못하고, 누구도 안전하기 어려우며, 정직하게 살아가기가 거의 불가능한 세상에 살고 있다. 노동계급이 몰려 사는 숱한 골목의 생활 여건은 이 책 앞부분에서 설명한 것과 같은 수준이며, 그런 여건이 근본적으로 나아질 가망성은 없어 보인다. 영국 노동계급이 바랄 수 있는 최상의 것은, 이를테면 재무장 같은 인위적인 경기 부양책으로 이런저런 산업이 살아나 때때로 실업이 일시적으로 완화되는 것뿐이다. 이제는 심지어 중산층조차 역사상 처음으로 생활고로 허덕이고 있다. 그들은 여태껏 궁핍이란 걸 모르고 살았지만, 지금은 갈수록 많은 중산층이 스스로를 행복하거나 의욕적이거나 유능한 존재라고 여기는 게 점점 더 어려워지는 심각한 좌절의 그물 속에서 버둥거리고 있다. 심지어 맨 꼭대기에 있는 진짜 부르주아도 자기보다 못한 사람들이 겪는 비참 때문에 이따금 시달리며, 위협적인 미래에 대한 두려움으로 더욱 시달린다. 하지만 이는 시작 단계에 지나지 않으며, 그것은 이 나라가 100년 동안 쌓아둔 전리품 때문에 아직은 부유하기 때문에 가능한 일이다. 머지않아 하느님이 아니면 모를 공포가 닥칠지도 모르는데, 그것은 비교적 안전한 섬나라에서 살아온 우리에게는 역사상 유례없는 일일 터이다.

그러는 사이 이제는 생각할 줄 아는 사람이라면 누구나 사회주의가 하나의 세계 체제로 제대로 적용되기만 한다면 출구가 될 수 있다는 것을 안다. 사회주의는 우리가 다른 건 모두 박탈당한다 하더라도 적어도 먹을거리를 충분히 얻는 것만큼은 보장해줄 것이다. 사실 어찌 보면 사회주의는 너무나 초보적인 상식이기 때문에, 나는 이따금 사회주의가 아직도 자리를 못 잡은 게 이상해서 놀라곤 한다. 세계는 잠재적으로는 모두를 위한 양식이 풍부한 공간을 향해 항해하는 뗏목 같은 것이다. 그리고 우리 모두 누구나 공평한 몫의 일을 하고 공평한 몫의 양식을 얻을 수 있도록 서로 돕고 힘써야 한다는 아이디어는 너무나 당연한 것이어서, 지금 체제에 들러붙으려는 부패한 동기를 갖지 않는 한 누구나 받아들이지 않을 수 없을 듯싶다. 그러나 우리가 인정해야만 하는 사실은 사회주의가 아직 자리를 잡지 '못했다'는 것이다. 사회주의라는 대의는 전진하는 대신 후퇴하고 있는 것처럼 보인다. 지금 현재 사회주의자들은 거의 어느 곳에서나 파시즘의 맹공에 후퇴하고 있으며, 사태는 무섭도록 빠르게 전개되고 있다. 내가 지금 이 글을 쓰고 있는 순간에도 스페인의 파시스트 세력은 마드리드를 폭격하고 있으며, 이 글이 책으로 출간되기 전에 우리는 또 하나의 파시스트 국가가 생겨나는 꼴을 지켜보게 될 것 같다. 영국의 외교 정책을 사실상 무솔리니가 좌지우지할 정도로 지중해를 파시스트 세력이 지배하게 될 것임은 말할 것도 없다. 하지만 나는 여기서 더 광범위한 정치 문제를 논할 생각은 없다. 내가 하고 싶은 말은 사회주의가 정작 입지를 다져야 할 곳에서 기반을 잃어가고 있다는 점이다. 호감을 지닌 사람들은 많으나(배고픈 사람은 누구나 사회주의에 찬성한다) 사회주의라는 '아이디어'는 10년 전에 비해 폭넓은 지지를 못 받고 있다. 지금은 생각 있는 보통 사람이라면 사회주의자가 아닐 뿐 아니라, 사회주의에 대해 적극적으로 적의를 내보이고 있다. 그것은 주로 선전 방법이 잘못된 탓인 게 분명하다. 즉, 지금 방식으로 우리에게 전달되는 사회주의에는 근본적으로 반감을 불러일으키는 무언가가 있는데, 그것은 정작 적극적으로 지지를 해야 할 사람들을 쫓아버리는 무엇이다.

이런 현상은 몇 년 전만 하더라도 그리 중요해 보이지 않았을 것이다. 사회주의자들이, 특히 정통 마르크스주의자들이 오만한 미소를 지으며 사회주의는 '역사적 필연'이라는 신비로운 과정을 거쳐 절로 실현될 것이라고 한 게 불과 어제 일 같다. 그런 믿음이 아직 사라지지 않았을 수도 있지만, 적어도 크게 흔들린 것은 사실이다. 그래서 여러 나라의 공산주의자들이 지난 세월 동안 타도의 대상으로 삼아온 민주주의 세력과 자진해서 제휴를 시도하고 나서는 일이 벌어지는 것이다. 지금과 같은 때에는 '대체' 왜 사회주의가 인기를 못 얻는지를 알아내는 게 절실하다. 그리고 사회주의에 대한 지금의 염증을 어리석음이나 부패한 동기 탓으로만 보아 넘겨버린다면 아무 도움도 되지 않는다. 그런 염증을 해소하고 싶다면 그것이 어떤 것인지를 이해해야 하며, 그것은 곧 사회주의에 반대하는 보통 사람들의 입장이 되어보거나 적어도 그들과 같은 관점에서 헤아려 볼 줄 알아야 한다는 뜻이다. 무슨 일이든 제대로 해결하려면 제대로 들어봐야 한다. 따라서 좀 역설적이긴 하지만, 사회주의를 방어하기 위해서는 먼저 사회주의를 공격해보는 게 필요하다.

바로 앞의 세 장에서 나는 우리의 시대착오적인 계급 차별에서 비롯된 어려움들에 대한 분석을 시도했다. 여기서 나는 이 주제를 다시 거론할 필요를 느낀다. 지금처럼 계급 문제를 너무나 어리석게 다룬다면 사회주의자가 될 수 있는 많은 사람들을 쫓아버려 파시스트로 만들어버릴 수 있기 때문이다. 다음 장에서는 민감한 사람들을 사회주의로부터 멀어지게 하는 기본적인 가정들에 대해 얘기할까 하는데, 이 장에서는 우선 뚜렷이 드러나는 반감 표출에 대해서만 이야기하고자 한다. 그것은 이 문제가 나오면 사회주의자가 아닌 사람이("그런다고 돈이 나오나 뭐가 나오나"라고 묻는 유형을 말하는 것은 아니다) 제일 먼저 드러내는 것이다. 그런 반감 표출 중에는 하찮아 보이거나 모순돼 보이는 것도 있지만, 그건 중요한 게 아니다. 내가 얘기하고 싶은 것은 문제를 드러내는 징후이다. 왜 사회주의가 인기를 못 얻는지를 분명히 밝혀주는 데 도움이 되는 것은 무엇이든 고려할 만한 가치가 있다. 그리고 내가 사회주의를 '반대'하는 게 아니라 '찬성'하는 입장이라는 사실을 부디 주목하기 바란다. 단, 당장은 '악마의 대변인'[34] 노릇을 해야만 하겠다. 사회주의의 근본 취지에는 공감하고 사회주의가 '통할' 것이라 볼 만큼 생각도 있지만, 사회주의라는 말만 나오면 내빼기부터 하는 사람들을 옹호하려는 것이다.

이런 유의 사람들에게 사회주의 얘기를 꺼내보면 "사회주의는 반대하지 않지만 사회주의자는 반대한다"는 말이 안 되는 듯한 대답을 하곤 한다. 이 말은 논리적으로는 부실한 주장 같지만 상당한 무게를 지닌 말이다. 기독교의 경우와 마찬가지

---

34 '선의의 비판자'란 뜻이 있다.

로, 사회주의 홍보에 가장 해를 끼치는 것은 바로 그 신봉자들인 것이다.

외부의 관찰자가 보기에 가장 인상적인 것은 발전된 형태의 사회주의가 중산층에게만 국한된 이론이라는 점이다. 전형적인 사회주의자는 두려움으로 덜덜 떠는 노부인들의 상상과는 달리 기름투성이 작업복에 목소리가 걸걸하며 인상 험악한 노동자가 아니다. 그보다는 5년 뒤면 부잣집 딸과 결혼하고 가톨릭교도로 개종할 가능성이 다분한 젊고 속물적인 과격파다. 아니면 그보다 전형적인 경우로, 비국교도 출신에 절대 잃을 생각이 없는 사회적 지위를 지녔으며, 은근히 금주주의자인 데다 종종 채식주의자인 경향이 있으며, 사무직 종사자인 작고 깐깐한 사람이다. 특히 후자는 어느 사회주의 정당에서나 놀랍도록 흔한 유형이다. 그들은 옛 자유당을 '무더기'로 탈퇴한 사람들인지도 모른다. 게다가 사회주의자들이 모이는 곳이면 어디나 괴짜들이 불길할 정도로 많다. 사람들은 흔히 '사회주의'나 '공산주의'라는 말 자체가 영국의 온갖 과일주스 애호가나 나체주의자, 샌들 애용자, 섹스광, 퀘이커교도, '자연 치유' 사기꾼, 평화주의자, 여성주의자를 다 끌어들이는 자력을 지녔다는 인상을 받는다. 올여름 어느 날 나는 레치워스 시내에서 버스를 타고 가다 차림새가 형편없는 노인 둘이 타는 것을 보았다. 둘 중 하나는 지독한 대머리였고, 다른 하나는 회백색 머리를 로이드 조지[35] 스타일의 단발로 길게 기른 이였다. 둘은 베이지색 셔츠에 카키색 반바지 차림이었는데, 큰 엉덩이에 바지가 어찌나 꽉 끼던지 옴폭한 곳은 다 드러나 보였다. 그들의 행색은 버스 안에 잔잔한 공포의 물결을 불러일으킬 정도였다. 내 곁에 있던 출장 외판원인 듯한 사람은 날 보다 그들을 흘끗 보고는 다시 날 보며 중얼거렸다. "사회주의자구먼." 그 말은 "인디언이구먼"이라고 내뱉는 소리처럼 들렸다. 그의 말은 옳았는지도 모른다. 독립노동당이 레치워스에서 여름학교를 열고 있긴 했으니 말이다. 문제는 보통 사람들에게는 별난 사람이 바로 사회주의자고 사회주의자는 별난 사람이라는 점이었다. 아마 그는 사회주의자는 '어딘가' 별난 데가 있는 사람이라고 보면 된다고 생각하고 있었을 것이다. 그리고 그런 생각은 사회주의자들 사이에도 존재하는 것 같다. 일례로 나는 지금 한 주가 한 학기인 어느 여름학교의 입학요강을 들고 있는데, 이 요강은 내게 "채식주의자인지 아닌지"를 묻고 있다. 즉, 그들은 그런 질문을 할 필요가 있다는 걸 당연시하는 것이다. 그런데 이런 식의 질문 자체가 멀쩡한 사람들을 상당수 멀어지게 하기에 충분하다. 그리고 그들의 본능이 확실히 옳은 것은, 음식에 대해 별난 사람은 송장 같은 삶을 5년 더 연장하고자 하는 바람에서 스스로를 인간 사회와 단절시키려 하는 사람이기 때문이다. 달리 말해 보통의 인간과는 접촉하지 않겠다는 사람인 것이다.

---

35 David Lloyd George(1863~1945). 영국의 정치가. 1차 세계대전 이후 장기간 총리를 지내며 근대 복지국가의 토대를 닦는 개혁안들을 추진한 바 있다.

나아가 대부분의 중산층 사회주의자들이 이론적으로는 계급 없는 사회를 위해 애쓰면서도 실제로는 자신의 구질구질한 사회적 위신에 악착같이 매달린다는 추악한 현실도 고려해야 한다. 나는 런던에서 열린 독립노동당의 한 지회에 처음 참석했다가 맛본 소름 끼치는 충격을 생생히 기억하고 있다(부르주아가 그만큼 많지 않은 북부였더라면 좀 달랐을지 모르겠다). 그때 나는 '이따위' 쩨쩨한 것들이 노동계급을 위해 싸우는 투사란 말인가, 하는 생각을 했다. 거기 모인 사람들이 남녀를 불문하고 우월감 가득한 거만한 중산층 중에서도 가장 질 나쁜 성흔聖痕[36]을 지닌 이들이었던 탓이다. 진짜 노동자가, 이를테면 탄광에서 막 퇴근한 시커먼 광부가 그들 가운데로 갑자기 걸어 들어왔다면, 그들은 몹시 난처해하거나 화를 내거나 역겨워했을 것이다. 그런 경향은 사회주의 문학에서도 나타나는바, 공공연히 '내려다보는' 태도로 쓴 작품이 아닌 경우일지라도 쓰는 말이나 사고방식이 노동계급과는 언제나 완전히 동떨어져 있다. 그런 의미에서 콜이니, 웨브니, 스트레이치니 하는 이들은 '딱히' 프롤레타리아 작가라고 할 수 없다. 프롤레타리아 문학이라 할 수 있는 게 과연 있기나 한지 의심스럽다. 심지어 공산당 기관지인 〈데일리 워커〉도 표준어인 남부 영어를 쓰니 말이다. 그러니 뮤직홀의 실력 있는 코미디언들이 내가 떠올릴

---

36 십자가에 못 박힌 그리스도의 몸에 난 상처.

수 있는 어느 사회주의 작가보다 프롤레타리아 문학에 가까운 것을 만들어낸다고 하겠다. 공산주의자들이 구사하는 기술적인 전문어에 대해 말하자면, 수학 교과서에 나오는 언어만큼이나 일상어와 동떨어진 것이다. 나는 직업적인 연사인 한 공산주의자가 노동계급인 청중 앞에서 한 연설을 기억한다. 그의 언어는 흔히 볼 수 있는 딱딱한 문어文語로, 긴 문장과 삽입구와 '그럼에도 불구하고'나 '설령 그럴지언정' 같은 말이 가득할뿐더러, '이데올로기'니 '계급의식'이니 '프롤레타리아의 연대'니 하는 예의 전문어투성이였다. 연설이 끝나자 랭커셔의 한 노동자가 일어서더니 청중을 향해 그들만이 아는 걸쭉한 말로 설명을 했다. 둘 중에 누가 더 청중에 가까이 다가갔는지는 꽤 분명하긴 한데, 그렇다고 랭커셔의 노동자가 정통 공산주의자라는 생각은 전혀 들지 않는다.

노동자는 진정한 노동자로 남는 한, 엄밀한 의미의 사회주의자인 경우가 거의 혹은 결코 없다는 사실을 명심할 필요가 있기 때문이다. 그는 노동당에 투표할 가능성이 다분하며, 기회가 닿으면 공산당에도 표를 던질 수 있겠지만, 사회주의에 대한 그의 인식은 그보다 신분이 높고 책으로 훈련받은 사회주의자의 그것과는 사뭇 다르기 마련이다. 평범한 노동자에게, 이를테면 토요일 밤 아무 선술집에서나 마주칠 수 있는 유형에게, 사회주의는 더 많은 임금과 더 짧은 노동 시간과 이래라저래라 명령하는 사람이 없는 것 이상을 의미하지 않는다. 그보다 혁명적인 유형에겐, 즉 기아 및 실업에 항의하는 시위에 참석하고 고용주의 요주의 인물 명단에 오른 유형에겐, 사회주의란 압제에 저항하는 일종의 구호일 뿐이다. 내가 경험한 바로는 진정한 노동자라면 그 누구도 사회주의가 추구하는 보다 심각한 의미를 파악하고 있지 않다. 하지만 내가 보기엔 그런 그가 정통 마르크스주의자보다 더 진정한 사회주의자인 경우가 많다. 그것은 그가 정통 마르크스주의자와는 달리 사회주의란 곧 정의와 상식적인 양식良識이라는 사실을 잊지 않고 있기 때문이다. 단, 그가 모르는 것은 사회주의를 경제적 정의로만 축소할 수는 없으며, 사회주의를 실현하자면 우리의 문명과 우리 자신의 생활양식에 엄청난 변화를 초래하는 대대적인 개혁이 필요하다는 점이다. 사회주의에 대한 그의 미래관은 지금 사회에서 최악의 폐해만 제거된, 관심사(가정생활, 선술집, 축구, 지역 정치)는 지금과 다를 바 없는 사회를 그리고 있다. 마르크스주의의 철학적인 면에 대해, 저 신비로운 세 존재 정正·반反·합合이라는 트릭에 대해, 나는 그런 것에 조금이라도 관심이 있는 노동자는 한 사람도 만나본 적이 없다. 물론 노동계급 '출신'이면서 이론적이고 딱딱한 문어를 구사하는 유형도 많은 게 사실이다. 그러나 그들은 노동자로 '남은' 사람이 절대 아니다. 달리 말해 그들은 육체노동을 하지 않는 것이다. 그들은 내가 바로 앞 장에서 언급한 유형 중 하나에 속한다. 즉, 문단의 인텔리가 되어 중산층으로 비집고 들어가는 유형이거나, 노동당 하원의원 또는 고위 노조 간부가 되는 유형인 것이다. 이 마지막 유형은 세상에 비할 데가 없는 꼴불견이다. 그는 정작 자기 동료들을 위해 싸우라고 선출됐지만, 그 자리는 그에게 오로지 편안한 일자리와 신분 '향상'의 기회일 뿐이다. 그는 다름 아니라 부르주아와 싸움으로써 부르주아가 되는 것이다. 그리고 그러면서도 정통 마르크스주의자로 남는 것이 가능한 것이다. 하지만 나로서는 실제로 '노동'을 하고 있으면서 '이데올로기적으로' 건전한 광부나 제철 노동자, 직조공, 부두 노동자, 건설 인부를 만나본 적이 전혀 없다.

공산주의와 가톨릭주의가 비슷한 점 하나는 '배운' 사람들만이 완전한 정통파라는 사실이다. 영국 가톨릭교도의 경우(진짜 가톨릭 신자 말고 로널드 녹스[37]나 아널드 런[38] 등과 같이 개종한 부류를 말한다) 자의식이 대단히 강하다는 게 가장 두드러진 특징이다. 그들은 자신이 가톨릭 신자라는 사실 말고는 아무 생각도 안 하는 듯하며, 그것 말고는 아무 글도 안 쓴다. 이런 사실 하나와 거기서 비롯되는 자화자찬은 가톨릭 문인이 가진 유일한 밑천이다. 그런데 이런 사람들이 정말 흥미로운 점은, 정통이다 싶은 것을 실생활과는 전혀 무관해질 정도로 밀고 나간다는 것이다. 그들에 따르면 심지어 우리가 마시는 음료도 정

---

[37] Ronald Knox(1888~1957). 영국의 신학자이자 사제. 성공회 신부였다가 1918년에 가톨릭 신부가 되었다.

[38] Arnold Lunn(1888~1974). 영국의 유명한 스키어, 등반가, 작가. 감리교 신자였으나 로널드 녹스와의 논쟁 끝에 가톨릭으로 개종했다.

통적이거나 이단적일 수 있다. 때문에 체스터턴이나 '해변의 한량' 같은 이들이 차는 반대하지만 맥주는 옹호하는 운동을 벌이는 것이다. 체스터턴에 따르면 차를 마시는 것은 '이교도'나 하는 짓이지만 맥주를 마시는 것은 '기독교인'다운 행동이다. 또한 커피는 '청교도의 아편'이다. 그렇지만 많은 가톨릭교도 아일랜드인들이 '금주' 운동에 참여하고 세상에서 차를 제일 즐겨 마시는 사람들이라는 점은 체스터턴의 이론의 입장에서는 불편한 진실이다. 그건 그렇고, 여기서 내 흥미를 끄는 것은 음식마저 종교적 편협성을 드러내는 수단으로 만들 수 있는 정신 상태다. 노동계급인 가톨릭교도는 절대 그만큼 어리석을 정도로 엄격해지지 않을 것이다. 그는 자신이 가톨릭교도라는 사실에 대해 골몰하느라 시간을 낭비하지 않으며, 자신이 가톨릭을 안 믿는 이웃과 다르다는 것을 특별히 의식하지도 않는다. 리버풀의 슬럼에 사는 아일랜드인 부두 노동자에게 그가 들고 있는 차가 '이교도'의 것이라고 말해보라. 바보라는 소리를 들을 것이다. 아울러 그보다 심각한 문제에 대해서도 그는 자기 신앙이 뜻하는 바가 무언지 꼭 이해하는 것은 아니다. 랭커셔에 사는 가톨릭교도의 집에 가면 벽에는 십자가가 있고 탁자에는 〈데일리 워커〉가 있다. 고집불통이 되는 법은 '배운' 사람만이, 특히 문인만이 안다. 이는 공산주의의 경우에도 마찬가지다. 순결한 형태의 신조는 진짜 프롤레타리아에게선 발견할 수 없는 것이다.

단, 이론과 책으로 무장한 사회주의자는 노동자는 아닐지라도 적어도 노동계급에 대한 애정 때문에 행동한다는 말은 할 수 있다. 부르주아 신분을 내팽개치고 프롤레타리아 편이 되어 싸워보겠다는 것인데, 마땅히 그래야 할 것이다.

그런데 과연 그런가? 나는 사회주의자(자기 글을 소책자로 만들어내는 지식인이며 스웨터 차림의 더벅머리에 마르크스를 수시로 인용하는 타입을 말한다)를 보며 도대체 그의 '진짜' 동기가 무엇인가 하는 의문을 품곤 한다. 그것이 누군가에 대한, 특히 자신과는 가장 동떨어진 부류인 노동계급에 대한 사랑이라 믿기는 어려울 때가 많다. 내가 보기에 많은 사회주의자들의 숨은 동기는 병적으로 심한 질서의식일 뿐이다. 그들이 현 세태를 불쾌히 여기는 것은 그것이 비참한 현실을 초래하기 때문도, 자유를 불가능하게 하기 때문도 아니다. 그보다는 무질서하기 때문이다. 그들이 바라는 것은 기본적으로 이 세상을 장기판 비슷한 무엇으로 축소하는 것이다. 평생 사회주의자로 지낸 버나드 쇼의 희곡들을 생각해보자. 노동계급의 생활에 대한 이해나 자각이 얼마나 많이 드러나는가? 쇼 자신은 노동자를 무대에 올릴 수 있는 것은 "연민의 대상으로서"만 가능하다고 말한다. 그런데 실제로 그는 노동자를 그런 역할로도 무대에 올리지 않으며, W. W. 제이컵스[39]의 우스꽝스러운 인물 같은 모습으로

---

[39] W. W. Jacobs(1863~1943). 유머러스한 단편소설을 많이 쓴 영국 작가.

만(이를테면 『메이저 바버라 Major Barbara』[40]나 『브래스바운드 선장의 회심 Captain Brassbound's Conversion』[41] 같은 작품에 등장하는 상투적이고 코믹한 이스트엔드 거주자를 말한다) 무대에 올린다. 노동계급에 대한 그의 태도는 기껏해야 〈펀치〉처럼 키득거리는 태도이며, 그보다 심각한 경우에는(예컨대 『잘못된 결합 Misalliance』[42]에서 하층 계급을 상징하는 청년을 보라) 그들에게서 경멸스럽거나 역겨운 점만 발견한다. 그에게 빈곤이란, 더욱이 빈곤에서 비롯되는 정신의 빈곤이란 '위에서' 없애야 할 무엇이다. 그것도 필요하다면, 심지어 가급적이면 폭력으로 없애야 할 무엇이다. 그래서 그는 '위대한' 인간을 숭배하며, 독재자나 파시스트나 공산주의자에게 호감을 갖는 것이다. 또 그래서 스탈린과 무솔리니를 거의 동격으로 보는 듯하다('이탈리아-에티오피아 전쟁'[43]이나 스탈린과 웰스의 대화[44]에 대한 그의 발언을 보라). 같은 내용이지만 그보다 완곡한 형태로 표현된 예로는 시드니 웨브의 부인[45]이 쓴 자서전을 들 수 있다. 이 책은 슬럼을 방문한 고상한

---

40 구세군 사관 중 참령 major 계급인 바버라 언더샤프트가 군수사업자인 아버지의 돈을 구세군에서 받을 것을 알고 갈등한다.
41 모로코에 사는 해적 선장 출신의 브래스바운드가 부유한 영국인 관광객들을 오지로 안내하러 가서 옛 원한을 복수하려다 희극이 펼쳐진다.
42 빅토리아 시대 영국 시골의 저택을 배경으로, 어느 날 오후 결혼과 사회주의와 여성의 역할 등에 대해 논쟁이 벌어진다.
43 1차 전쟁(1895~1896)에선 에티오피아가 승리하여 아프리카에서 유일하게 유럽의 식민 세력을 막아냈으며, 2차 전쟁(1935~1936)에선 이탈리아가 이겨 에티오피아는 식민지가 되었다.
44 영국 작가 H. G. 웰스는 1934년에 스탈린을 찾아가 세 시간 가까이 인터뷰를 했고, 이 대화는 나중에 소책자로 출간되었다.

사회주의자의 면모를 무의식적으로 가장 잘 드러내고 있다. 스스로를 사회주의자라 부르는 많은 사람들에게 혁명이란 그들이 어울리고 싶어 하는 서민이 주체가 되는 운동을 뜻하지 않는다. 그보다는 똑똑한 '우리'가 하층 계급인 '그들'에게 부여할 일련의 개혁인 것이다. 그렇다고 해서 책으로 단련된 사회주의자를 감정이라곤 없는 냉혈한으로 본다면 잘못이다. 착취당하는 사람들에 대한 애정의 증거는 많이 못 내놓는다 해도, 착취하는 사람들에 대한 증오(좀 괴상하고 이론적이며 공허한 증오)는 아주 잘 드러내기 때문이다. 희한한 것은 거의 모든 사회주의 작가들이 타고났거나 선택해서 자기가 속한 계급에 대해 그토록 쉽게 분노를 터뜨릴 수 있다는 점이다. 때로는 부르주아의 습성과 '이데올로기'에 대한 증오가 너무 광범위해서 책에 등장하는 부르주아 인물들에게까지 미친다. 앙리 바르뷔스[46]에 따르면, 프루스트나 지드 같은 이들의 소설에 나오는 인물들은 "제발 바리케이드 저편에 있었으면 싶은 인물들"이었다. 여기서 '바리케이드'에 주목하자. 『포화 Le Feu』를 보고 판단했다면, 나는 바르뷔스가 지긋지긋하게 겪었기 때문에 바리케이드를 혐오한다고 생각했을 것이다. 그런데 상상 속에서 반격하지 않을 '부르주아'에게 총검을 휘두르는 것은 실제 상황과

---

45 버나드 쇼와 함께 점진적 사회주의 사상 단체를 이끈 시드니 웨브의 아내이자 동지인 비어트리스 웨브를 말한다.
46 Henri Barbusse(1873~1935). 프랑스 소설가. 프랑스 공산당원이었다. 반전소설 『포화』로 공쿠르상을 수상한 바 있다.

는 좀 다르다.

내가 본 부르주아를 골려먹는 문학 작품 가운데 가장 좋은 예는 미르스키[47]의 『영국의 인텔리겐치아Intelligentsia of Great Britain』다. 이 책은 아주 흥미롭고 잘 쓴 작품으로, 파시즘의 발흥을 이해하고 싶은 사람이라면 누구나 읽어봐야 할 책이다. 그는 영국으로 망명 온 백계 러시아인[48]으로, 수년 동안 런던 대학에서 가르쳤다. 나중에 그는 공산주의로 전향하여 러시아로 돌아갔고, 거기서 마르크스주의자 입장에서 영국의 인텔리에 대한 일종의 '폭로'로 이 책을 냈다. 전 부분을 통해 어김없이 '이제 나는 당신들 손을 벗어났으니 마음대로 말할 수 있다'는 태도가 드러나는 이 책은 대단히 악의적이며, 전반적인 왜곡 말고도 명백하며 아마도 의도적인 허위 진술도 제법 있다. 이를테면 콘래드를 "키플링 못지않은 제국주의자"라 선언한다든지, D. H. 로런스에 대해 "적나라한 포르노"를 쓰고 "자신이 프롤레타리아 출신이라는 단서를 전부 지워버리는 데 성공했다"고 (마치 로런스가 하원의원까지 올라간 푸줏간 출신이기라도 하듯 말이다!) 한 부분이 그렇다. 이런 일은 이 책이 정확한지 확인할 길이 없는 러시아 독자에게 읽힌다는 점을 고려할 때 대단히 염려스럽다. 단, 지금 내가 생각하는 것은 그런 책이 영국의 대중

---

[47] D. S. Mirsky(1890~1939). 러시아의 정치사가이자 문학사가. 러시아 문학을 영국에, 영국 문학을 소련에 번역하여 알렸다.
[48] 러시아혁명 때 혁명 세력의 적군赤軍에 맞서 백군白軍을 조직하여 싸운 반혁명 세력.

에게 끼칠 영향에 대해서다. 여기 평생 대등한 조건에 근접하는 수준에서는 노동자와 단 한 번도 말을 해본 적이 없는 상류계급 출신 문인이 있고, 그가 같은 '부르주아' 계급을 향해 독기 가득한 비방을 퍼붓고 있다. 왜 그럴까? 겉으로 봐선 순전히 악의 때문이다. 그는 영국의 인텔리에 '맞서' 투쟁하고 있지만, 그 투쟁은 대체 '무엇' 때문인가? 책 속에는 아무 암시가 없다. 그러니 그런 책들이 내는 순전한 효과는, 공산주의에는 '증오' 말고는 아무것도 없다는 인상을 외부인에게 주는 것이다. 그리고 여기서 우리는 다시 공산주의와 (개종한) 가톨릭주의가 희한하게 닮았다는 사실과 마주친다. 『영국의 인텔리겐치아』만큼이나 악의적인 책을 찾아보고 싶다면, 제일 찾기 좋은 곳은 유명한 가톨릭 옹호론자들 중에서다. 그들에게서 우리는 비슷한 독기와 부정직함을 발견하게 된다. 단, 가톨릭의 경우 대개 매너는 상대적으로 낫다고 볼 수 있다. 미르스키 동지의 정신적 형제가 아무개 신부라는 것은 얼마나 괴이한 일인가! 공산주의자와 가톨릭 신자가 똑같은 소리를 하는 것은 아니다. 어떤 면에서 둘은 반대되는 말을 하기도 하며, 여건이 허락되면 서로 상대를 기름에 튀겼으면 싶다고 할 정도다. 그러나 외부인의 눈으로 보면 둘은 상당히 비슷한 것이다.

   진실은 사회주의가 '지금 알려지고 있는 방식으로는' 주로 미흡하거나 심지어 비인간적일 정도라는 것이다. 한편으로는 정은 있지만 생각은 없는 사회주의자들, 즉 빈곤을 없애길 바랄 뿐 그게 어떤 의미를 갖는지는 다 이해하지 못하는 전형적인 노동계급 사회주의자들이 있다. 다른 한편으로는 지금의 문명을 싱크대 밑으로 가라앉혀버릴 필요가 있음을 이해하고 실제로 기꺼이 그렇게 하려고 하는, 책으로 훈련받은 지식인 사회주의자들이 있다. 그리고 이 유형은 무엇보다 전적으로 중산층 출신이며, 더구나 중산층 중에서도 도시에서 자란 뿌리 없는 부류 출신이다. 그보다 더 유감스러운 것은 이 유형에 앞서 언급했던 여러 부류의 사람들이 섞여 있다는 점이다(워낙 심해서 외부인이 보기엔 전부 그런 사람들로 보일 정도다). 즉, 입에 거품을 물고 부르주아를 규탄하는 이들, 맥주에 물을 타자는 개혁가들(버나드 쇼가 그 전형이다), 지금은 대유행이라 공산주의자지만 5년 뒤엔 파시스트가 되어 있을 운동권과 문단의 눈치 빠르고 젊은 신분 상승자들, 고상한 여성들과 샌들 애용자와 수염 기른 과일주스 애호가 등과 같이 죽은 고양이에게 파리 꼬이듯 '진보'의 냄새를 맡고 몰려드는 온갖 시시한 족속들이 그들이다. 사회주의의 '근본' 취지에 공감하는 평범하고 수수한 사람은 어느 심각한 사회주의 정당에도 자기 같은 부류를 위한 자리는 없다는 인상을 받는다. 더 나쁜 것은 그가 사회주의란 실현될지도 모르지만 가능한 한 저지해야 하는 운명 같은 것이라는 냉소적인 결론을 내리도록 내몰린다는 점이다. 물론 앞에서도 이야기한 것처럼 어떤 운동을 그 신봉자들로만 판단한다는 것은 공정하지 않다. 그러나 문제는 사람들이 다들 그렇게 판단하고 있다는 사실이며, 사회주의에 대한 통념이 사회주의자는 따분하거나 비위에 안 맞는 사람이란 관념의 영향을 크게 받는다는 점이다. '사회주의'는 지금 목소리 큰 사회주의자들에게는 아주 흡족해할 수준으로 비치는 형국이다. 그런데 보통 사람들은 프롤레타리아의 독재에는 움찔하지 않을지 몰라도, 잘난 체하는 인간들의 독재에는 기꺼이 맞서 싸울 것이다.

사회주의를 실현한 문명과 우리 문명의 관계는 싸구려 부르고뉴 와인 한 병과 최고급 보졸레 와인 몇 스푼의 관계와 같으리라는 정서가 만연해 있다. 우리는 난파한 문명의 잔해 속에 살고 있다고 볼 수 있으나, 그것은 한창 때는 대단한 문명이었으며 아직도 그 일부는 거의 영향을 받지 않고 번영을 누리고 있다. 말하자면 아직도 그 향취를 다 잃지 않은 셈이다. 그런가 하면 사람들이 상상하는 사회주의의 미래는 싸구려 부르고뉴 와인처럼 쇠 냄새하고 물 냄새밖에 안 나는 것이다. 때문에 피해 막심하게도 중요한 예술가 중에 사회주의 단체에 포섭되는 경우가 전혀 없는 것이다. 이는 그의 정치적 견해가 이를테면 화가의 경우보다 더 직접적이고 명백하게 자기 작품에 반영되는 작가에겐 더욱 그렇다. 사실과 직면하자면, 사회주의 문학이라 말할 만한 거의 모든 작품은 따분하고 시시하고 조야하다는 점을 인정해야 한다. 바로 지금 영국의 현실을 생각해봐도 그렇다. 한 세대 전체가 사회주의 사상에 친숙하다 할 분위기에서 자라났건만, 말하자면 사회주의 문학의 최고 수위선

水位線이 W. H. 오든[49]이다. 그는 패기 없는 키플링이라 하겠으며, 키플링보다 나약한 시인이다. 중요한 모든 작가와 읽을 만한 모든 책이 저쪽 편 것이다. 나는 모르긴 해도 러시아에서는 사정이 아주 다르리라 본다. 혁명 후 러시아에서는 격렬한 사태가 벌어지기만 하면 그에 관한 작품이 왕성하게 쏟아지곤 했다. 그에 비해 서유럽의 사회주의 운동에서는 가치 있는 문학 작품이 나오지 않은 게 분명하다. 문제가 덜 분명하던 얼마 전만 해도 자칭 사회주의자라는 작가들 중에 제법 활력 있는 이들이 있었으나, 그들은 사회주의자라는 말을 막연한 표지로 사용했을 뿐이다. 그래서 입센이나 졸라가 스스로를 사회주의자라 칭했다면, 그것은 자신이 '진보'라는 것 이상을 의미하지 않았으며, 아나톨 프랑스[50]의 경우엔 교회의 정치 개입에 반대한다는 뜻밖에 되지 않았다. 진짜 사회주의 작가들, 즉 선전원 노릇을 하는 작가들은 시시하고 공허한 수다쟁이들이다. 이를테면 쇼나 바르뷔스나 업턴 싱클레어,[51] 윌리엄 모리스, 월도 프랭크[52] 등이 그런 이들이다. 물론 나는 문단의 신사들이 좋아

---

[49] Wystan Hugh Auden(1907~1973). 영국 시인. 영국에서 태어나 활동하다 미국과 유럽을 오가며 살았다.
[50] Anatole France(1844~1924). 프랑스의 시인, 평론가, 소설가. 베스트셀러 소설을 여러 권 낸 성공한 소설가였으며, 만년에 노벨문학상도 수상했다.
[51] Upton Sinclair(1878~1968). 미국 소설가. 90여 권의 책을 쓴 다작가로, 미국 육가공 산업의 비리를 폭로한 소설 『정글』(1906)은 대대적인 반향을 불러일으켜 식약청이 신설되도록 했다.
[52] Waldo Frank(1889~1967). 미국의 소설가, 역사가, 평론가. 스페인 및 라틴아메리카 문학 연구로 유명하다.

하지 않는다고 해서 사회주의가 비난받아야 한다고 주장하는 게 아니다. 사회주의가 부를 만한 노래를 만들어내지 못한 것은 유감이지만, 그렇다고 반드시 독립적인 문학을 생산해내야 한다고 주장하는 것은 더욱 아니다. 나는 그저 정말 재능 있는 작가들이 대개 사회주의에 무관심하며, 때로는 적극적이고 유해하게 적의를 보인다는 사실을 지적하고 싶을 뿐이다. 그리고 이런 사실은 작가들 자신뿐만 아니라 그런 작가들이 대단히 필요한 사회주의라는 대의 차원에서도 대단히 불행한 일이다.

그런데 이는 보통 사람들이 사회주의 앞에서 뒷걸음질 치는 현상의 표면에 불과하다. 나는 그런 사람들의 주장을 양쪽으로 다 겪어봤기 때문에 너무도 잘 안다. 여기서 내가 하는 모든 말은 나를 개종시키려고 했던 열렬한 사회주의자들에게 내가 했던 말이며, 내가 개종시키려고 했던 사회주의자 아닌 사람들이 지겨워하며 나에게 했던 말이기도 하다. 모든 것은 개별 사회주의자들, 특히 마르크스를 인용하기 좋아하는 확신에 찬 유형에 대한 혐오에서 비롯되는 '불쾌감'으로 귀결된다. 그런 것 따위에 영향을 받는 게 유치한 일일까? 아니면 어리석은 일일까? 심지어 경멸할 만한 일일까? 전부 맞는 말일 수도 있다. 하지만 문제는 그런 일이 '실제' 벌어지고 있으니, 명심하는 게 좋다는 것이다.

12. 사회주의는 어떻게 파시즘을 키웠는가

앞 장에서 이야기한 지엽적이고 일시적인 반대보다 훨씬 더 심각한 어려움이 있다.

사회주의자는 지적인 사람들이 흔히 반대편에 선다는 사실과 직면하면 그것을 부패한 동기(의식적인 것이든 아니든) 탓으로 돌리기 쉽다. 아니면 사회주의는 '통하지' 않을 것이라고 하는 맹목적인 확신 탓으로, 또는 사회주의가 실현되려면 거쳐야 하는 혁명기에 대한 괜한 두려움 탓으로 돌리기도 쉽다. 이 모든 것은 확실히 중요하긴 하다. 하지만 그런 것들에 전혀 영향을 받지 않으면서도 사회주의에 적대적인 사람이 아주 많은 것도 사실이다. 그리고 그들이 사회주의로부터 물러서는 이유는 정신적인 것, 또는 '이데올로기'적인 것이다. 그들은 사회주의가 '통하지' 않을 듯해서가 아니라 오히려 '너무 잘' 통할 듯해서 반대하는 것이다. 그들이 두려워하는 것은 그들의 생애에 일어날 일이 아니라, 사회주의가 현실화되는 먼 미래에 일어날 일이다.

나는 확신에 찬 사회주의자 중에 생각 있는 사람들이 사회주의가 지향하는 것으로 보이는 '목표' 때문에 반감을 품고 물러선다는 사실을 이해할 수 있는 이를 만나기가 대단히 어려웠다. 특히 마르크스주의자들은 그런 유의 이야기를 부르주아의 감상주의라고 배격해버린다. 마르크스주의자들은 대체로 적의 마음을 읽는 데는 별로 유능하지 못하다. 만일 그들에게 그런 능력이 있다면 유럽의 현 상황은 지금보다 덜 절박할 것이다. 모든 것을 다 설명할 수 있는 수단을 가진 듯한 그들은, 다른 사람들의 생각이 어떤 식으로 돌아가는지에 대해서는 굳이 알려고 하지 않는 것 같다. 여기서 내가 말하고자 하는 바를 잘 보여주는 예를 하나 들어볼까 한다. 영국의 가장 유능한 마르크스주의자 작가 가운데 한 사람인 N. A. 홀더웨이[53] 씨는 널리 통용되고 있는 파시즘이 공산주의의 산물이라는 가설(어떤 면에서 분명한 사실이기도 하다)에 대해 논하며 이렇게 썼다.

> 공산주의가 파시즘을 낳는다는 유구한 전설이 있으니

---

[53] N. A. Holdaway. 영국의 마르크스 이론가이자 학교장. 여름학교를 열기도 한 '아델피 센터'라는 코뮌의 대표를 지낸 바 있다.

…… 거기에 담긴 본질은 이렇다. 즉, 공산주의자들의 활동이 두드러지는 것을 지배계급은 민주적인 노동당 계열의 세력이 더 이상 노동계급을 단속하지 못하며, 자본가 독재는 살아남기 위해 다른 형태를 띠어야 한다는 경고 신호로 받아들인다는 것이다.

우리는 여기서 방법상의 결함을 발견하게 된다. 그는 파시즘의 숨은 경제적 원인은 간파하지만, 암묵적으로 정신적인 면은 전혀 중요하지 않은 것으로 친다. 어느 정도 사실이긴 하지만, 파시즘을 '지배계급'의 술책인 것으로 치부해버린다. 하지만 이것만으로는 파시즘이 왜 자본가들에게 먹히느냐에 대한 설명밖에 되지 않는다. 그렇다면 자본가가 아닌 수많은 사람들은, 물질적인 의미에서 파시즘에서 아무것도 얻을 게 없으며 종종 그 사실을 잘 알면서도 파시스트인 사람들은 어떻단 말인가? 명백히 그들의 접근법은 순전히 이념적인 노선을 따라온 것이었다. 그들이 파시즘으로 내몰린 것은 공산주의가 경제적인 동기보다 더 깊은 곳에 있는 무언가를(애국심이나 종교 같은 것들을) 공격했거나 공격한 것처럼 보였다는 이유밖에 없다. 그리고 '그런' 의미에서 공산주의가 파시즘을 낳았다는 것은 확실한 사실이다. 마르크스주의자들이 거의 항상 경제적인 문제에만 집중함으로써 이데올로기의 약점을 본의 아니게 누설해버린 것은 딱한 일이다. 이는 그로 인한 불이익과 더불어 그들의 선전이 대부분 과녁을 빗나가는 것이라는 사실도 드러낸다. 내가 이번 장에서 이야기하고자 하는 것은 사회주의로부터의 심리적 뒷걸음질, 특히 그것이 민감한 사람들에게 나타나는 현상에 대해서다. 나는 좀 길게 분석하려고 하는데, 그러한 현상이 대단히 광범위하고 강력한데도 사회주의자들 사이에서는 거의 철저히 무시되고 있기 때문이다.

제일 먼저 주목한 점은 사회주의라는 사상이 다소 불가피하게 기계에 의한 대량생산 체제라는 관념과 결부되어 있다는 사실이다. 사회주의는 산업화와 대체로 동시에 성장했고, 언제나 그 뿌리를 도시 프롤레타리아와 도시 지식인에게 두어왔으니, 산업 사회가 아니라면 과연 사회주의가 생겨났을지 의심스럽다. 산업화를 인정한다면 사회주의라는 사상이 자연스럽게 나타날 수밖에 없는 것은, 사적 소유는 모든 개별 단위가(가족이든 다른 단위든) 최소한의 자급을 할 수 있어야만 허용될 수 있는데 산업화는 그 누구든 한순간이라도 자급하는 것을 불가능하게 만들기 때문이다. 산업화란 어지간한 수준을 넘어서면 '반드시' 모종의 집단생산주의(집산주의)로 이어진다. 물론 반드시 사회주의로 이어지는 것은 아니며, 파시즘은 일종의 예고에 지나지 않는 노예 국가로 이어질 수도 있는 일이다. 또한 그 반대도 성립된다. 기계에 의한 대량생산이 사회주의를 낳을 수 있듯이 사회주의가 세계 체제가 되면 기계에 의한 대량생산이 불가피해지는 것이다. 사회주의는 원시적인 생활방식으로는 감당할 수 없는 것들을 요구하기 때문이다. 온 세계가 사회주의화되려면 이를테면 세계의 모든 지역들 간에 지속적인 상호 연락과 물자 교환이 이루어져야 한다. 아울러 어느 정도 중앙 집권화된 지배가 필요하며, 모든 인류의 생활수준이 거의 비슷해져야 하며 교육도 어느 정도 획일화되어야 할 것이다. 그러므로 사회주의가 실현되는 사회는 어디나 적어도 지금의 미국만큼 고도로 기계화되어야 한다. 아마 그보다 훨씬 더 그래야 할 것이라고 생각해도 좋을 것이다. 사회주의자들이 그리는 세계는 언제나 완전히 기계화된 세상이며 엄청나게 조직화된 세상이다. 그것은 옛 문명들이 노예에 의존하듯 기계에 의존하는 세상이다.

거기까지만 해도 좋거나 거기까지만 나쁘다고 할 수도 있겠다. 생각 있는 사람들 중 다수가, 아마도 대다수가 기계문명에 푹 빠져 있지는 않겠지만, 그렇다고 지금에 와서 기계를 다 폐기하자고 한다면 말도 안 되는 소리라는 것은 바보가 아닌 이상 다 알 것이다. 그런데 정말 안타까운 것은 사회주의가 대체로 기계적 진보라는 관념과 결부된 것으로 알려지고 있다는 사실이다. 그것도 단순히 필요한 단계가 아니라 그 자체가 목적으로, 거의 일종의 종교로서 그렇다는 점이다. 이러한 관념은 선전원 노릇을 하는 이들이 이를테면 소련의 기계화가 급속도로 진행되고 있다는 얘기(드니프로 댐이 어떠니 트랙터가 어떠니 하는 얘기들)를 쓴 대부분의 글에 분명히 드러난다. 카렐 차페크는 『R.U.R.』의 무시무시한 결말에서 그런 점을 충실히 드러내는데, 로봇들이 마지막 남은 인류를 죽인 다음에 "집을 많이 짓겠다"는 의사를 밝히는 것이다(그냥 짓는 것 자체가 목적인 것이다).[54] 사회주의를 가장 기꺼이 받아들이는 유의 사람은 기계적 진보 '그 자체'를 열광하며 바라보는 부류이기도 하다. 그리고 이런 경우가 워낙 많아 사회주의자들은 흔히 반대 의견이 존재한다는 사실 자체를 파악하지 못하곤 한다. 대개 그들이 생각해낼 수 있는 가장 설득력 있다 싶은 주장은 지금의 세계적인 기계화는 사회주의가 실현될 때 볼 기계화에 비하면 아무것도 아니라는 것이다. 지금은 비행기가 한 대지만 그때는 50대나 될 것이다! 지금은 모든 일을 손으로 하지만 그때는 기계가 다 해줄 것이다. 지금은 모든 걸 가죽이나 나무나 돌로 만들지만 그때는 고무나 유리나 강철로 만들 것이다. 그때는 무질서도 없고, 해결 안 되는 문제도, 황야도, 야생동물도, 잡초도, 질병도, 가난도, 고통도 없을 것이다. 이런 등등의 주장인 것이다. 사회주의가 실현된 세계는 무엇보다 '질서'와 '효율'의 세계일 것이다. 그러나 민감한 사람들이 사회주의로부터 뒷걸음치는 것은 바로 번쩍번쩍하는 웰스의 세계 같은 미래상 때문이다. 부디 이렇게 배에 기름기 찬 '진보'관은 사회주의 사상의 본질이 아님을 아시기 바란다. 단, 모든 부류의 사람들이 타고

---

[54] 20세기의 가장 영향력 있는 체코 작가 가운데 한 명인 카렐 차페크는 SF 희곡인 이 작품에서 처음으로 '로봇'이라는 단어를 썼다.

나는 보수성 때문에 사회주의에 반발하기 쉬운 만큼, 그런 관을 본질이나 마찬가지인 것으로 볼 필요는 있다.

민감한 사람이라면 누구나 기계에 대해, 그리고 어느 정도 물리과학physical science[55]에 대해 불신을 품고 있다. 단, 과학이 문학의 인기를 채갔다고 미워하는 근대 문단 신사들의 질투심은 무시하고, 때에 따라 크게 다르게 나타난 과학과 기계에 대한 적대감의 다양한 동기를 구분하는 것은 중요하다. 내가 알기로 과학과 기계에 대한 최초의 전면적인 공격은 『걸리버 여행기Gulliver's Travels』 제3부에서 이루어졌다. 그러나 스위프트의 공격은 '묘기'로는 놀랍지만 실은 무관하고 어리석기까지 하다. 그것은 그가 상상력이 부족한 사람의 입장에서(『걸리버 여행기』를 쓴 작가에게 쓰기에는 뭐한 표현이지만) 썼기 때문이다. 스위프트에게 과학이란 일종의 괜한 비리 폭로요, 기계는 절대 제대로 작동하지 않을 터무니없는 장치였다. 그의 기준은 실질적인 유용성이었는데, 그는 당장은 입증하리만치 유용하지 않은 실험도 미래에는 성과를 낳을 수 있다고 보는 혜안은 부족했다. 책의 다른 부분에서 그는 "풀잎 하나가 나던 자리에 둘이 나도록 하는" 것이 가장 뛰어난 성과라고 말하는데, 그게 바로 기계가 할 수 있는 일이란 걸 모르고 하는 소리인 것 같다. 얼마 뒤에 그가 무시했던 기계가 작동하기 시작하고 과학은

---

[55] 물리학, 화학, 천문학, 지질학 등 무생물을 연구하는 과학.

그 영역을 넓히니, 마침내 우리 할아버지들을 심란하게 만든 저 유명한 종교와 과학의 충돌이 시작되었다. 이제 충돌은 끝이 나고, 양쪽 다 뒤로 물러나 서로 이겼다고 주장하지만, 과학에 대한 반감은 아직도 신앙인들 대부분의 마음에 남아 있다. 19세기 내내 과학과 기계에 반대하는 항의의 목소리가 높았으나(예를 들어 디킨스의 『어려운 시절』[56]을 보라), 대개 산업화 초기 시절이 비참하고 흉하다는 다소 피상적인 이유 때문이었다. 새뮤얼 버틀러가 『에레혼Erewhon』[57]의 잘 알려진 장에서 한 기계에 대한 공격은 다른 문제다. 하지만 버틀러 자신은 우리보다는 덜 절망적인 시대, 즉 일류 인사가 딜레탕트[58]로 사는 게 아직 가능하던 시대에 살았기 때문에, 그가 보기엔 모든 게 일종의 지적 유희 같았다. 그는 우리가 딱하게도 기계에 의존하게 된 현실을 분명히 이해했으나, 그것이 어떤 파장을 가져올지 논하기보다는 농담을 크게 넘어서지 않는 선에서 그런 현실을 과장하는 쪽을 택했다. 기계가 온전히 인간적인 삶을 불가능하게 하는 경향을 우리가 '실감'할 수 있게 된 것은 마침내 기계화가 승리를 거둔 우리 시대에 와서다. 이제 생각하고 느낄 줄 아는 사람이면 이따금 가스관으로 만든 의자를 보고는 기계가

---

56 『올리버 트위스트Oliver Twist』 등으로 당대 최고의 인기를 누린 찰스 디킨스의 대표작 가운데 하나.
57 유토피아 풍자소설로, 'Erewhon'이란 가상의 나라 이름은 'Nowhere'를 적당히 거꾸로 읽은 것이다('h'와 'w'의 자리를 바꾸긴 했다).
58 예술이나 학문에 흥미가 많은 듯하나 실제로 별로 아는 게 없거나, 예술이나 학문 활동을 심각하게 하는 듯하나 초보적인 수준에 머무르는 사람.

생명의 적이라는 생각을 하지 않을 수 없을 것이다. 그런데 이런 느낌은 대체로 이성적이기보다는 본능적인 것이다. 사람들은 '진보'가 사기라는 것을 어떤 식으로든 알지만, 말하자면 내면의 속기법을 통해 그런 결론에 도달한다. 여기서 내가 할 일은 흔히 생략되는 논리적 단계를 제공하는 것이다. 단, 그 전에 우리가 던져봐야 할 질문은 기계의 기능이 무엇인가라는 것이다. 확실히 기계의 으뜸가는 기능은 일을 줄이는 것인데, 기계 문명을 전적으로 받아들이는 유의 사람은 그 이상을 볼 이유가 있다는 생각을 좀처럼 하지 못한다. 이를테면 기계화된 근대 세계가 너무나 편하다고 주장하거나 부르짖는 사람이 여기 있다고 하자. 존 비버스 씨의 『믿음 없는 세상 World Without Faith』을 인용해보자. 그는 다음과 같이 말한다.

지금 평균 주급이 2파운드 10실링에서 4파운드 정도인 사람이 18세기의 농장 인부보다 못한 부류라고 한다면 순전히 얼빠진 소리다. 아니면 지금이나 과거의 완전한 농경 사회의 일꾼이나 농부보다 못하다고 하는 것도 마찬가지다. 말 자체가 안 되는 소리다. 큰 기관차 공장이나 자동차 공장에서 하는 일보다 들판이나 농장에서 하는 일이 인간적이라고 외치는 것도 너무나 바보스러운 소리다. 일은 성가신 것이다. 우리가 일을 하는 것은 해야 하기 때문이며, 모든 일은 우리에게 여가와 그 여가를 최대한 즐기는 데 드는 수단을 제공해주기 위해 하는 것이다.

그는 또 이렇게 말한다.

인간은 초자연적인 것에 대해 염려할 것 없이 지상에서 나름의 천국을 추구하기에 충분한 시간과 능력을 갖게 될 것이다. 이 세상은 성직자들이 할 얘기가 별로 없을 정도로 쾌적한 곳이 될 것이다. 얘기 밑천의 절반은 단번에 날아가 버리고 말 것이다.

책의 한 장 전체가 거의 이런 식인데(비버스 씨 책의 제4장이 그렇다) 더없이 조잡하고 무지하고 미숙한 형태의 기계 숭배 가운데 한 예로 상당히 흥미롭다. 그런데 이는 근대 세계의 상당수를 차지하는 부류가 실제로 내는 목소리다. 한적한 교외에 사는 아스피린 애용자라면 누구나 열띤 목소리로 그렇게 외칠 것이다. 누가 비버스 씨에게 그의 할아버지가 그보다 나은 사람이었다고 하자 그가 악을 쓰며 지르는 소리를 들어보라("말 '자체'가 안 되는 소리야!" 등). 우리가 보다 소박한 생활양식으로 돌아간다면 땀 흘려 일해야 해서 근육이 탄탄해질 것이라고 하면 그는 더 노발대발할 것이다. 일이란 "우리에게 여가를 제공해주기 위해" 하는 것이라지 않는가. 그런데 대체 무엇을 위한 여가란 말인가? 아마도 더욱 비버스 씨처럼 되기 위한 여가일 것이다. 물론 '지상 천국' 운운하는 부분을 보면 그가 문명이 어떤 것이 되길 바라는지 대충 짐작할 수 있겠지만 말이다. 그것은 언제까지나 남아 있으면서 갈수록 커져가고 시끄러워져가는 '리용 코너 하우스Lyons Corner House'[59] 같은 것일 터이다. 아울러 기계의 세계를 편안히 받아들이는 사람이 쓴 어느 책에서든(이를테면 H. G. 웰스가 쓴 어떤 책이든) 비슷한 유의 구절을 발견할 수 있을 것이다. 우리는 '우리의 새로운 노예인 기계가 인류를 자유롭게 해줄 것'이니 어쩌니 하는 끈적끈적하고 현혹적인 소리를 얼마나 많이 들어왔던가. 그들에게 기계의 유일한 위험은 파괴적인 목적에 쓰일 때뿐인 것 같다. 예컨대 비행기가 전쟁에 쓰일 때 같은 경우 말이다. 전쟁이나 뜻하지 않은 재앙만 빼놓으면, 미래에는 기계에 의한 진보의 행진이 갈수록 빨라질 것으로만 보인다는 식이다. 즉, 기계가 일을 덜어주고 생각을 덜어주고 고통을 덜어주며, 위생과 효율과 조직이 향상되며, 그럴수록 더 많은 기계가 필요해진다는 것이다. 그리하여 마침내 헉슬리가 『멋진 신세계Brave New World』에서 적절히 풍자한 세계에, 이제는 친숙한 웰스의 유토피아, 즉 작고 뚱뚱한 사람들의 세계에 도착한다는 것이다. 물론 미래에 대한 그들의 공상에 나오는 작고 뚱뚱한 사람들은 뚱뚱하지도 작지도 않다. 그보다는 '신 같은 인간'인 것이다. 그런데 왜 그래야

---

[59] 1909년에 런던에 문을 연 초대형 레스토랑으로, 체인을 점점 늘려나갔다.

하는가? 모든 기계적 진보는 점점 더 효율을 추구하며, 결국엔 '아무 흠도 없는' 세상을 지향한다. 그러나 아무 흠도 없는 세상에서는, 웰스 씨가 '신'적이라 여기는 많은 자질이 가축이 귀를 움직일 줄 아는 능력만큼이나 무가치할 것이다. 웰스의 유토피아 소설 『신 같은 인간 Men Like Gods』이나 『꿈 The Dream』에 나오는 인물들은 이를테면 용감하고, 관대하고, 튼튼한 것으로 그려진다. 그러나 물리적인 위험이 사라져버린 세상에서(기계에 의한 진보는 분명히 위험을 제거하는 경향이 있다) 육체적 용기가 남아 있기 쉬울까? 그것이 '가능하긴' 할까? 그리고 육체노동이 전혀 필요하지 않은 세상에서 육체적 힘이 왜 남아 있어야 하는가? 아무 흠도 없는 세상에서는 충실이니 아량이니 하는 것들도 아무 소용이 없을 뿐만 아니라 아마 상상하기도 힘들 것이다. 우리가 인간의 자질로 찬미하는 것 가운데 상당수는 사실 재앙이나 고통이나 어려움에 맞서는 과정에서만 발휘될 수 있다. 그런데 기계적 진보의 경향은 재앙이나 고통이나 어려움을 제거하는 것이다. 『꿈』이나 『신 같은 인간』 같은 책에서 힘이나 용기나 아량 등과 같은 자질이 살아 있는 것은 그것들이 매력적인 특성이며 온전한 인간에게 필요한 속성이기 때문이다. 아마도 유토피아의 주민들은 이를테면 용기를 기르기 위해 인위적인 위험을 만들어내고, 아무 쓸모도 없을 근육을 단련하기 위해 아령 운동을 해야 할 것이다. 그리고 여기서 우리는 진보라는 관념에 대체로 나타나는 대단한 모순을 목격하게 된다. 기계적 진보의 경향은 환경을 안전하고 편하게 하는 것인데, 정작 거기 사는 사람은 자신을 용감하고 강인하게 만들려고 애쓰는 것이다. 앞으로 맹렬하게 돌진하는 동시에 뒤로 절박하게 물러나려고 하는 꼴이다. 이는 런던의 증권 중개인이 중세의 사슬 갑옷을 입고 사무실에 출근하여 중세 라틴어로 대화를 하려는 것과 같은 일이다. 그러니 결국 진보의 옹호자가 시대착오의 옹호자가 되는 셈이다.

그건 그렇고, 나는 지금 기계적 진보의 경향이 삶을 안전하고 편하게 만들어준다는 가정을 하고 있다. 그런데 이는 논란의 여지가 있으니, 어느 기계의 발명이든 그 효과를 일정 기간 따져볼 때 그 반대가 성립될 수도 있기 때문이다. 예를 들어 말에서 자동차로의 전환을 생각해보자. 얼핏 봐도 자동차 사고로 죽는 경우가 엄청나게 많은 것을 생각해보면, 자동차가 딱히 삶을 더 안전하게 해주는 것 같지 않다. 더욱이 아마도 일류 오토바이 경주자가 되려면 야생마 조련사나 그랜드내셔널 경마 대회의 기수만큼 강인해야 할 것이다. 그렇긴 하되, 모든 기계의 '경향성'은 보다 안전하고 다루기 쉬워지는 쪽을 향하는 것이 사실이다. 앞으로 머지않아 그러겠지만 우리가 도로 계획 문제를 더 신중하게 처리한다면 사고의 위험은 사라질지 모른다. 그리고 그동안 자동차는 앞이 안 보이거나 마비 증세가 있는 사람이 아닌 한 누구나 약간만 배우면 운전할 수 있도록 발전해왔다. 지금만 해도 말을 웬만큼 잘 타는 것보다는 자동차를 웬만큼 잘 모는 게 담력이나 실력이 훨씬 덜 필요한 일이다. 그리고 앞으로 20년 뒤에는 담력이나 실력이란 게 아예 필요 없을지도 모른다. 그러므로 사회 전체적으로 볼 때, 말에서 자동차로의 전환은 결과적으로 인간의 삶을 더 유약柔弱하게 만들었다고 해도 좋을 것이다. 이윽고 누군가가 새로운 발명품을, 이를테면 비행기를 만들어내면, 처음에는 그게 삶을 더 안전하게 해줄 것처럼 보이지 않는다. 처음으로 비행기에 올랐던 사람들은 더없이 용감한 이들이었고, 지금도 조종사가 되려면 탁월한 담력이 있어야 한다. 그런데 여기서도 앞의 경우와 같은 경향성이 작용을 한다. 비행기도 자동차와 마찬가지로 결함 없이 만들어질 것이고, 무수한 엔지니어들이 거의 무의식적으로 실제로 그 방향으로 노력하고 있는 것이다. 그리하여 마침내는(절대 도달하지 못해도 목표는 그렇다는 것이다) 조종사에게 유모차에 탄 아기만큼의 실력도 용기도 요구하지 않는 비행기가 나올 수 있다. 그리고 모든 기술적 진보는 이런 방향으로 나아가며 또 그럴 수밖에 없는 것이다. 기계는 보다 효율적이 됨으로써, 즉 보다 결함 없는 것이 됨으로써 진화한다. 그러니 기계적 진보의 목표는 결함 없는 세상인 것이다(결함 있는 '사람'들이 사는 세상일 수도 있겠고 아닐 수도 있겠다). 웰스 씨는 이 세상은 절대 결함 없는 곳이 될 수 없다고 반박할 것이다. 왜냐하면 그가 보기에 효율이 아무리 높은 수준에 도달한다 하더라도 언제나 앞에 더 큰 어려움이 있기 때문이다. 예를 들어(웰스 씨는 이 아이디어를 아주 좋아해서 장황한 연설의 결말에 얼마나 많이 써먹었는지 모른다) 이 지구를 완전히 다 손질하고 나면, 다른 별에 가서 그것을 식민화하는 어마어마한 과업에 착수해야 한다는 것이다. 그런데 이는 목표를 미래로 더 밀고 나가는 것일 뿐, 목표 자체는 그대로 남는다. 다른 별을 식민화하면, 기계적 진보의 게임이 다시 시작되는 것이다. 결함 없는 지구 대신 결함 없는 태양계를, 나아가 결함 없는 우주를 추구해야 하니 말이다. 기계적 효율이라는 이상에 매달리다 보면 유약함이라는 이상에 매달려야 한다. 그러나 유약함은 역겨워 보이고, 그래서 모든 진보는 절대 도달하지 않길 간절히 바라는 목표를 향한 광적인 발버둥처럼 보이는 것이다. 흔히는 아니어도 이따금, 우리는 대개 진보라 불리는 것이 대개 퇴보라 불리는 것도 수반한다는 사실을 이해하며, 그러면서도 진보에 호의적인 사람을 만나게 된다. 그리고 그 때문에 쇼 씨의 유토피아에서는 비겁을 옹호하는 연설을 최초로 한 사람이라 하여 폴스타프[60]에게 동상을 세워주는 것이다.

그러나 문제는 이보다 훨씬 더 깊은 곳까지 퍼져 있다. 지금까지 나는 기계적 진보를 추구하는 동시에 기계적 진보 때문에 불필요해지는 자질을 보존하려고 하는 것이 부조리하다는 점만을 지적했다. 더 고려해볼 문제는 기계가 압도함에 따라 손

---

[60] 셰익스피어의 희곡 「헨리 4세」와 「윈저의 즐거운 아낙네들」에 등장하는 인물로 유명한, 아주 뚱뚱하고 음탕하고 재치 있는 늙은 기사. 비겁하고 사기 잘 치는 술꾼이지만 호탕하다.

상되지 않을 인간 활동이 '과연' 있겠느냐는 점이다.

  기계의 기능은 일을 덜어주는 것이다. 완전히 기계화된 세상에서는 모든 지겨운 고역은 기계가 해줌에 따라, 우리는 보다 흥미로운 것들을 추구하기 위한 자유를 얻을 수 있다. 그렇게 말해놓고 보니 참 근사한 일 같다. 마땅한 기계를 쓰면 단 몇 분 만에 해치울 수 있는데도, 배수관 묻을 도랑을 만드느라 대여섯 사람이 죽도록 땅을 파는 모습을 보면 울화가 치민다. 그런 일은 기계가 하고 사람들은 가서 다른 걸 하는 게 낫지 않은가. 그러나 금세 이런 질문이 나온다. 다른 무얼 한단 말인가? 그들은 '일' 아닌 무엇을 할 수 있도록 '일'에서 해방된 듯 보인다. 그러나 무엇이 일이고 무엇이 일이 아니란 말인가? 땅을 파고, 목공을 하고, 나무를 심고, 나무를 베고, 말을 타고, 낚시를 하고, 사냥을 하고, 닭 모이를 주고, 피아노를 치고, 사진을 찍고, 집을 짓고, 요리를 하고, 바느질을 하고, 모자를 손보고, 오토바이를 고치는 것은 전부 일이다. 그런데 이 모든 활동은 누구에겐 일이지만 또 누구에겐 전부 놀이가 될 수 있다. 사실 일 아니면 놀이로 엄격히 구분할 수 있는 것은 대단히 적다. 땅 파는 일에서 해방된 인부는 여가 시간을 피아노를 치며 보내고 싶을 수 있고, 직업 피아니스트는 밖에 나가 감자밭에서 땅 파는 일이 너무 반가울 수 있다. 그리고 인간은 먹거나 마시거나 자거나 사랑을 나누거나 말하거나 게임을 하거나 그냥 빈둥거리고 있지 않을 때(그리고 평생 그런 것들만 할 수는 없는 노릇이

다) 일을 필요로 하며 대개 일거리를 찾는다. 그것을 본인이 일이라 부르지 않더라도 말이다. 정신지체가 심하지 않은 이상, 인간은 대체로 수고를 하며 살아야 마땅하다. 지나친 쾌락주의자들은 달리 생각할지 몰라도 인간은 걸어다니는 위胃가 아니다. 인간에겐 손도 있고 눈도 있고 뇌도 있는 것이다. 손 쓰기를 그만둬보라. 당장 의식의 상당 부분이 정지될 것이다. 그러면 이제 배수관 놓을 고랑을 파던 대여섯 사람을 다시 생각해보자. 기계 덕분에 땅파기에서 해방된 그들은 다른 무엇을(이를테면 목공을) 즐기려고 한다. 그런데 그들이 무엇을 하려고 하건, 다른 기계 때문에 '그 일'로부터도 해방되는 현상이 벌어진다. 완전히 기계화된 세상에서는 땅 팔 일이 없듯, 목공도 요리도 오토바이 수리도 다른 무엇도 할 필요가 없어진다. 아울러 기계는 우리가 '예술'이라 분류하는 활동까지 잠식할 것이고, 카메라와 라디오를 통해 그런 현상이 이미 벌어지고 있다. 이 세상을 기계화할 수 있는 한껏 기계화해보라. 그러면 사방 어디에도 당신이 일할 기회, 곧 살 기회를 박탈할 모종의 기계가 있을 것이다.

  이는 처음에 얼핏 보면 별로 문제처럼 느껴지지 않을 수 있다. 왜 대신 일해줄 기계를 무시하고 '창조적인 일'에 매달려야 하는가? 하지만 그게 그리 간단한 문제가 아니다. 여기 있는 내가 보험회사에서 하루 여덟 시간 일한다고 하자. 나는 여가 시간에 '창조적인' 무언가를 하고 싶어서 목공을 좀 하기로 한다

(이를테면 테이블을 손수 만들어보기로 한다). 그런데 여기엔 바로 시작부터 인공적인 데가 있으니, 공장에서 내가 직접 할 수 있는 것보다 훨씬 나은 테이블을 만들어줄 수 있는 것이다. 그리고 내가 테이블을 만들기 시작한다 하더라도, 작업을 대하는 나의 느낌은 10년 전 장식장장이의 그것과 같을 수 없는 노릇이며, 로빈슨 크루소의 그것보다는 훨씬 못할 것이다. 내가 작업을 시작하기도 전에 이미 기계가 나 대신 많은 일을 해버리기 때문이다. 예컨대 나는 모서리를 다듬을 대패를 쓸 수 있겠는데, 100년 전의 장식장장이는 납작한 끌과 둥근 끌로 같은 작업을 했을 것이고, 그것이야말로 진짜 보는 눈과 손기술이 필요한 일인 것이다. 내가 구입한 판자들은 이미 대패질이 되어 있고, 다리들은 벌써 선반에서 다듬어진 뒤다. 심지어 나는 목재상에 가서 이미 만들어둔 테이블 부품들을 사다가 끼워 맞추기만 해도 된다. 그러면 내가 할 일은 나무못 몇 개를 박고 사포질을 하는 게 전부일 것이다. 지금이 이 정도니 기계화된 미래에는 훨씬 더 그럴 것이다. '그때'는 모든 연장과 재료를 다 구할 수 있을 테니, 실수를 할 수가 없을 테고 실력을 키울 수도 없을 것이다. 그래서 테이블 만드는 것이 사과 껍질 벗기는 것보다 쉬워질 것이다. 그런 여건에서 '창조적인 일' 운운한다는 건 난센스다. 아무튼 손기술은(도제식 훈련을 해서 전수받아야 하는 것이다) 사라진 지 오래일 것이다. 손기술 중에 일부는 기계와의 경쟁 속에 이미 사라져버렸다. 시골 공동묘지에 가서

1820년 이후의 묘비 중에 번듯하게 깎인 게 있는지 살펴보라. 석조 기술은, 아니 그보다 공예는 이미 완전히 사라져버려 되살리려면 몇백 년이 걸릴 것이다.

하지만 이런 질문도 가능하다. 기계를 보유하는 '동시에' '창조적인 일'도 계속 해나가서 안 될 게 무언가? 시대착오를 여가 시간의 취미거리로 삼을 수도 있잖은가? 많은 사람들이 그런 생각을 해보았는데, 그렇게 하면 기계가 초래하는 문제를 너무나 쉽게 해결할 수 있을 것만 같다. 우리는 유토피아의 시민들이 토마토 통조림 공장에서 하루 두 시간씩 손잡이 돌리는 일을 하다 집으로 돌아와서는 일부러 더 원시적인 생활방식으로 돌아가 자신의 창조적 충동을 달래기 위해 나무 세공이나 도자기 칠이나 베 짜기 같은 일을 소소하게나마 하려 한다는 이야기를 듣곤 한다. 하지만 이는 참으로 그럴듯하지 않은 광경이다. 그것은 항상 작용하지만 항상 알아차리기는 쉽지 않은 원리 때문이다. 즉, 기계가 '있는 한' 쓰지 않을 수 없다는 사실 때문이다. 수도꼭지를 돌리면 그만인데 굳이 우물물을 길어 쓸 사람은 없다. 여행을 생각해보면 좋은 예를 찾아볼 수 있다. 개발 안 된 나라에서 원시적인 방법으로 다녀본 사람이라면 그런 여행과 기차나 자동차를 이용하는 근대식 여행의 차이가 생사의 차이만큼 크다는 것을 안다. 낙타 등이나 달구지에 짐을 싣고 걷거나 짐승을 타고서 다니는 유목민은 온갖 불편을 겪기는 하지만 적어도 여행하는 동안 살아 있다. 그에 비해 급행열차나 호화유람선의 승객에게 그 여행은 일종의 공백기 또는 죽음이다. 그렇지만 철길이 존재하는 한 사람은 기차로 여행하게 되어 있으며, 자동차나 비행기도 마찬가지다. 여기 있는 나는 런던에서 65킬로미터 떨어진 곳에 있다. 런던에 가고 싶을 때 나는 왜 노새 등에 짐을 싣고 걸어서 이틀을 가지 않는가? 옆으로 '그린라인' 버스가 10분에 한 대씩 씽씽 지나가는 길을 그런 식으로 걷는다는 것은 견딜 수 없이 성가시고 지루한 일이기 때문이다. 어떤 인간도 필요 이상으로 귀찮은 일을 하고 싶어 하지 않는다. 그래서 유토피아 시민들이 자기 영혼을 구제하기 위해 나무 세공으로 소일을 한다는 그림이 그럴듯하지 않다는 것이다. 모든 걸 기계로 할 수 있는 세상에서는 모든 게 기계로 이루어진다. 일부러 원시적인 방법으로 되돌아가는 것, 구식 연장을 쓰는 것, 무슨 일을 할 때 괜히 조금 더 어렵게 하는 것은 전부 일종의 딜레탕트 취미이며 과도한 멋 부리기다. 그것은 엄숙한 표정을 짓고 앉아 돌로 만든 식기로 만찬을 드는 것과 같은 일이다. 기계의 시대에 수공의 세계로 되돌아간다는 것은 대충 흉내만 내어 그 옛날의 찻집이나 튜더 양식 주택을 짓는 것이나 마찬가지다.

그렇다면 기계적 진보의 경향은 노고와 창조를 필요로 하는 인간의 본성을 좌절시킨다고 하겠다. 그것은 눈과 손의 활동을 불필요하게 하거나 심지어 불가능하게 한다. '진보'의 사도들은 그런 건 문제가 아니라고 선언하곤 하는데, 우리는 그릴 수 있기까지의 과정이 얼마나 끔찍하게 긴지를 지적함으로써 그들을 구석으로 몰아붙일 수 있다. 대체 손은 왜 쓴단 말인가? 코를 풀거나 연필을 깎는 데도 손을 쓸 필요가 있나? 어깨에 쇠와 고무로 만든 무슨 장치를 달아 쓰면 될 테고, 그러면 팔은 뼈와 가죽만 남은 줄기처럼 시들어버릴 것 아닌가? 그것은 신체의 모든 기관과 모든 기능의 경우에도 마찬가지일 것이다. 인간이 먹고, 마시고, 잠자고, 숨 쉬고, 번식하는 것 이상의 활동을 할 이유가 아예 없어진다. 그 밖의 '모든' 것은 기계가 대신 해줄 테니 말이다. 그러니 기계적 진보의 논리적 귀결은 인간을 병 속에 든 뇌 비슷한 무엇으로 축소하는 것이다. 그리고 이는 물론 우리가 뜻하는 바가 아니라 하더라도 이미 우리가 향해 가고 있는 목표이다. 위스키를 매일 한 병씩 마시는 사람이 딱히 간경화에 걸릴 뜻이 있는 게 아니듯 말이다. '진보'가 암시하는 목표는 '딱히' 병 속에 든 뇌는 아닐지 모르나, 아무튼 편함과 무기력이 지배하는 인간 이하의 무시무시한 수렁일 것이다. 그리고 유감스러운 것은, 거의 모든 사람들에게 '진보'라는 말과 '사회주의'라는 말이 서로 떼놓을 수 없는 것이라는 점이다. 기계를 혐오하는 부류의 사람은 사회주의를 혐오하는 것도 당연시한다. 그리고 사회주의자는 언제나 기계화, 합리화, 근대화에 호의적이거나, 적어도 호감을 가져야 한다고 생각한다. 일례로 내가 얼마 전에 만난 어느 저명한 독립노동당원은 적잖이 유감스러워하며 (그게 무슨 부적절한 일이기라도 하다는 듯) "말馬을 좋아한다"는 고백을 했다. 말은 지나가버린 농경 세계에 속하는 것이니만큼, 과거에 대한 모든 감상은 막연히 이단의 냄새를 풍긴다는 것이다. 나는 그렇게 생각할 것까지야 있나 싶지만, 실제로 그렇게들 생각하는 것이다. 그리고 이것만 봐도 생각 있는 사람들이 사회주의에서 멀어지는 게 충분히 설명된다.

한 세대 전만 해도 지적인 사람이면 누구나 혁명론자라고 해도 좋았다. 그런데 지금은 지적인 사람은 모두 반동주의자라고 하는 게 진실에 더 가까울 것이다. 그런 맥락에서 H. G. 웰스의 『잠에서 깨어보니The Sleeper Awakes』[61]와 그보다 30년 뒤에 쓰여진 올더스 헉슬리의 『멋진 신세계』를 비교해봄 직하다. 둘 다 비관적인 유토피아를 그리고 있으며, 말하자면 '진보적인' 사람의 온갖 꿈이 다 실현된 독선가의 천국관을 드러내고 있다. 상상적 구성물이란 차원으로만 본다면, 나는 『잠에서 깨어보니』가 훨씬 낫다고 생각하지만, 이 작품은 '진보'의 대사제 격인 웰스가 '진보'에 대한 확신을 갖고 쓰지 못했다는 사실 때문에 상당한 반발을 샀다. 그는 번쩍번쩍하면서 희한하게 사악한 세계를 그리고 있는데, 여기서 특권계급은 천박하면서 무기력한 쾌락주의 생활을 하고, 노동자들은 완전히 노예가 되어

---

[61] 웰스가 1899년에 'When the Sleeper Wakes'란 제목으로 발표한 것을 1910년에 고쳐 쓰고 제목을 바꿔 새로 냈다. 디스토피아 소설로, 203년 동안 잠들었다 깨어난 주인공이 자신이 예언했던 사회주의가 실현되었지만 다가올 미래는 엄청난 공포로 느낀다는 이야기.

비인간적인 무시를 당하면서 땅굴 생활을 하는 원시인처럼 노역에 시달린다. 하지만 우리는 이런 아이디어를 접하자마자(그것은 뛰어난 단편집 『우주와 시간 이야기Tales of Space and Time』[62]에서 더 발전된 모습을 보인다) 모순점을 발견하게 된다. 웰스가 상상하는 엄청나게 기계화된 세상에서 왜 노동자들은 지금보다 더 혹독하게 일해야 하는가, 하는 의문이 드는 것이다. 기계화의 목적은 분명히 일을 늘리는 게 아니라 줄이는 것이다. 그렇다면 기계화된 세계에서 노동자들은 노예가 되어 학대를 받고 심지어 잘 먹지도 못할지언정, 끝도 없는 육체노동에 시달릴 수는 없는 것이다. 만일 그렇게 된다면 기계의 기능은 대체 뭐란 말인가? 일은 기계가 전부 하거나 인간이 전부 하거나 둘 중 하나이지, 둘 다일 수는 없다. 웰스가 작품에 푸른 제복을 입고 인간 같지도 않은 말을 쓰며 땅굴 속에서 중노동을 하는 숱한 노동자들을 등장시킨 것은 "오싹하게 만드는" 효과일 뿐이다. 그는 '진보'가 엉뚱한 방향으로 갈 수도 있다는 것을 시사하고 싶었던 것이다. 그러나 그가 상상하고 싶은 악은 불평등뿐이다. 즉, 한 계급이 모든 부와 권력을 독차지하고서 아마도 순전히 악의에서 다른 계급을 억누르는 것뿐이다. 그는 거기서 방향을 약간만 틀어 특권계급을 전복하면(그런데 이게 실은 세계 체제를 자본주의에서 사회주의로 전환하는 일이다) 만사가 잘될

---

[62] 웰스가 쓴 판타지 및 SF 단편 셋과 중편 둘을 모은 책.

것이라고 말하고 싶은 것 같다. 그리고 기계문명은 계속되겠지만, 그 결과물을 공평하게 나누면 된다고 생각하는 듯하다. 그런데 그가 감히 생각하고 싶어 하지 않는 것은 기계 자체가 적일 수도 있다는 점이다. 때문에 그가 그린 유토피아 가운데 보다 전형적인 것에서(즉 『꿈』이나 『신 같은 인간』 등에서) 그는 낙관론과 인간다움의 비전으로 되돌아오는 것이다. 여기서 인간다움을 누리는 인간이란 기계 덕분에 '해방'된, 자기네가 조상들보다는 낫다는 게 유일한 대화 주제인 계몽된 일광욕 애호가 족속이다. 『멋진 신세계』는 더 나중에 나온 작품으로, '진보'의 사기성을 목격한 세대에 속한다. 이 책도 나름의 모순점이 있긴 하나(가장 중요한 것은 존 스트레이치가 『다가오는 권력투쟁The Coming Struggle for Power』에서 지적한 바다) 적어도 배에 더 기름기 찬 형태의 완벽주의에 대한 공격으로 기억할 만하다. 이 책은 풍자가 과장되긴 해도, 기계문명에 대한 생각 있는 사람들 대다수의 정서를 표출하고 있다고 볼 수 있다.

  기계에 대한 민감한 사람들의 적대감은 어떤 면에서는 비현실적이다. 그만큼 기계가 확고하게 자리 잡았기 때문이다. 하지만 하나의 정서로는 이야기할 만한 가치가 충분하다. 기계는 받아들일 수밖에 없는 것이지만 약물을 받아들이듯 하는 게(달리 말해 미심쩍어도 마지못해 받아들이는 게) 나은지도 모른다. 약물과 마찬가지로 기계는 유용하긴 하지만 위험하며 습관성이다. 즉, 자주 의존할수록 더 단단히 붙들리게 되는 것이다. 지금 현재 기계가 얼마나 무서운 속도로 세력을 뻗쳐오고 있는지는 그냥 주변을 둘러보기만 해도 알 수 있다. 먼저, 한 세기 동안의 기계화 때문에 입맛을 다 버려버린 게 큰일이다. 이는 너무나 분명하고 널리 받아들여져서 굳이 지적할 필요도 없을 것이다. 단, 여기서 가장 좁은 의미에서의 입맛(번듯한 음식에 대한 입맛을 말한다) 하나만을 예로 들어보자. 고도로 기계화된 나라에서는, 통조림 음식이나 냉장 보관이나 인공조미료 같은 것들 때문에 사람들의 미각이 거의 마비되어버렸다. 아무 청과상에나 가봐도 알겠지만, 영국인 대다수에게 사과는 미국이나 호주에서 온 새빨간 탈지면 뭉치 같은 것이 되어버렸다. 그들은 그래도 좋은 듯 그런 걸 우적우적 씹어 먹으며, 영국산 사과는 나무 밑에서 썩어가도 아랑곳하지 않는다. 그들의 마음을 끄는 것은 미국 사과의 반짝반짝하고, 규격화되고, 기계로 제작한 듯한 모양인 것이다. 그러니 영국 사과의 맛이 더 뛰어나다는 것 따위는 알 바 아닌 것이다. 아니면 청과상에 가서 공장에서 만들어 호일에 싸여 나온 치즈와 '혼합' 버터를 보라. 어느 식품점에서도 점점 더 많은 공간을 차지하고서 무시무시하게 줄지어 있는 통조림들을 보라. 6페니짜리 스위스 롤빵을, 2페니짜리 아이스크림을 보라. 사람들이 맥주라는 이름으로 꿀떡꿀떡 삼키는 몹쓸 화학적 부산물을 보라. 어디를 둘러봐도 아직 톱밥 씹는 맛 안 나는 옛것에게 기계로 만든 번드르르한 것이 승리를 거두고 있는 꼴을 보게 될 것이다. 그리고 음식에 적용되는 것은 가구, 집, 옷, 책, 놀이에도, 아울러 우리의 주변을 이루는 다른 모든 것에도 적용된다. 소 우는 소리나 새소리보다 요란한 라디오 소리가 더 좋을 뿐만 아니라 더 '정상적인' 배경음으로 들리는 사람들은 이미 수없이 많으며 해마다 늘어나고 있다. 입맛이, 심지어 혀의 미뢰가 망가지지 않고 남아 있는 한, 세계의 기계화는 절대 크게 진전될 수 없을 것이다. 만일 그럴 경우 기계가 만들어내는 것들을 아무도 원치 않을 것이기 때문이다. 건강한 세계에서는 통조림 음식이나 아스피린, 축음기, 가스관 의자, 기관총, 일간신문, 전화기, 자동차 같은 것들에 대한 수요가 없을 것이다. 반면에 기계가 만들어낼 수 없는 것들에 대한 수요는 꾸준할 것이다. 하지만 그렇다 한들 여기 기계가 있으니 기계의 악영향은 거의 불가피하다. 기계를 욕하는 사람이 있는가 하면 기계를 즐겨 쓰는 사람이 있다. 벌거벗은 야만인이라 해도 기회만 주면 몇 달도 안 돼 문명의 해악을 다 배울 것이다. 기계화는 입맛을 망쳐버리고, 입맛을 망쳐버리면 기계로 만든 것에 대한 수요가 생겨나며 그래서 그만큼 더 기계화가 진전된다. 악순환이 이루어지는 것이다.

그런데 이와 더불어, 우리가 원하든 원치 않든 세상의 기계화가 거의 자동적으로 진행되는 경향이란 게 있다. 이는 근대의 서구인이 기계 발명 능력을 거의 본능 수준에 도달할 정도로 훈련받고 자극받기 때문이다. 사람들은 거의 무의식적으로 새로운 기계를 발명하고 기존의 것들을 개량하는데, 마치 몽유

병 환자가 자면서 걸어 다니듯 그렇게 한다. 이 지상에서의 삶이 힘난하고 고달픈 게 당연시되던 과거에는 선조들이 쓰던 조잡한 도구들을 계속해서 사용하는 게 당연한 운명 같았고, 몇 세기에 한 번 정도나 소수의 괴짜들이 혁신을 주장하곤 했다. 그래서 유구한 세월 동안 달구지니 쟁기니 낫이니 하는 것들이 본질적으로 바뀌지 않고 남아 있었던 것이다. 기록에 따르면 나사는 먼 고대부터 쓰였으나 누가 끄트머리를 뾰족하게 만들어야겠다는 생각을 한 게 19세기 중반에 와서였다고 한다. 수천 년 동안 나사 끝이 납작했고, 나사 밀어 넣을 구멍은 드릴로 따로 팠던 것이다. 지금 우리 시대에는 상상도 할 수 없는 일이다. 거의 모든 근대 서구인에게 어느 정도의 창조적인 능력이 발달되어 있기 때문이다. 서구인은 폴리네시아 섬사람들이 헤엄을 치듯 기계를 자연스럽게 발명한다. 서구인에게 일거리를 하나 줘보라. 그는 당장 자기 대신 일을 해줄 기계를 고안하기 시작할 것이다. 그리고 기계를 하나 주면 그것을 개량할 방법을 궁리할 것이다. 나는 그런 경향을 충분히 잘 안다. 왜냐하면 별로 효과는 없어도 내 자신이 그런 식으로 생각하기 때문이다. 나는 쓸 만한 기계를 고안해낼 인내심도 기계 조작 기술도 없지만, 나의 뇌나 근육을 써야 하는 수고를 덜어줄 만한 기계의 환영이 계속해서 보이는 것만 같다. 그러니 나보다 기계 다루는 재능이 확실히 더 있는 사람이라면 그런 것을 실제로 만들어서 써보려고 할 것이다. 그런데 지금의 경제 체제하에서 그가 그것을 만드느냐 마느냐는(아니면 다른 누군가가 그것을 누리느냐 마느냐) 그것이 상업적인 가치가 있느냐에 달려 있다. 그러니 사회주의자들이 기계적 진보의 속도는 사회주의가 실현되면 훨씬 더 빨라질 것이라고 주장하는 것은 일리가 있다. 기계문명에서는 발명과 발전의 과정이 언제나 계속되겠지만, 자본주의의 속성은 그 속도를 늦출 것이다. 자본주의하에서는 어떤 발명도 당장의 이윤을 약속해주지 않는 한 무시되어버린다. 아닌 게 아니라, 이윤을 감소시킬 우려가 있는 발명이 페트로니우스가 말하는 휘는 유리처럼[63] 무자비하게 탄압받는 일은 실제로 일어난다.[64] 그러니 사회주의를 확립하면(그래서 이윤의 원리에서 벗어나면) 발명가는 보다 자유로워질 것이다. 그러면 그렇잖아도 충분히 빠른 세상의 기계화는 엄청나게 더 빨라질 수 있을 것이다.

그런데 이런 전망은 불길한 것이다. 지금도 기계화의 과정이 우리의 통제에서 벗어나 있으니 말이다. 이렇게 된 것은 그것이 인간의 습성이 되어버렸기 때문이다. 화학자는 새로운 고무 합성법을 완성하려 하고, 기계공은 새로운 피스톤 핀을 고안하려 한다. 왜일까? 이유를 딱히 뭐라 밝힐 순 없겠지만, 발명하

---

[63] 로마 황제 네로의 신하이자 작가였던 페트로니우스 등의 말에 따르면, 던져도 깨지지 않는 신축성 있는 유리를 발명한 사람이 있었는데 그것 때문에 자신이 가진 금의 가치가 떨어질 것을 염려한 황제가 그 발명가를 죽이도록 했다고 한다.

[64] 예를 들자면 이런 식이다. 몇 해 전에 누가 수십 년을 가는 축음기 바늘을 발명했다. 그러자 큰 축음기 회사 한 곳에서 그 특허권을 사들였고, 그것이 그 바늘에 대한 마지막 소식이 되었다. (원주)

고 개량하려는 충동이 있기 때문이며 그것은 본능 같은 것이 되어버렸다. 평화주의자를 폭탄 제조공장에서 일하게 해보라. 두 달도 안 돼 새로운 유형의 폭탄을 만들어내기 시작할 것이다. 그래서 독가스 같은 극악무도한 것이 만들어지는 것이며, 그런 것은 인류를 위해 기여하겠다는 포부가 있는 발명가 자신도 예상치 못한 결과이다. 독가스 같은 것에 대한 우리의 태도는 화약에 대한 거인국 왕의 태도 같은 것이 '되어야' 하겠지만,[65] 우리는 기계와 과학의 시대에 살고 있기에 무슨 일이 있어도 '진보'는 지속되어야 하고 지식은 절대로 억제되어선 안 된다는 관념에 감염되어 있다. 우리는 말로는 기계가 사람을 위해 만들어졌지 사람이 기계를 위해 만들어진 건 아니라고 한다. 하지만 실제로는 기계의 발달을 제어하려는 시도는 지식에 대한 공격이며 곧 일종의 불경으로 간주되는 것 같다. 그리고 설사 온 인류가 갑자기 기계에 반발하여 보다 단순한 생활양식으로 돌아갈 작정을 한다 하더라도 실행하기는 너무나 힘들 것이다. 버틀러의 『에레혼』에서처럼 날짜를 정해놓고 모든 기계를 파괴한다 한들 별 소용이 없을 것이다. 있던 기계를 다 파괴하자마자 자기도 모르게 새로운 기계를 만들어내려고 하는 습성까지도 파괴해야 할 것이기 때문이다. 우리는 누구나 그런 습성을 아주 조금이나마 지니고 있다. 이 세상 어느 나라에서

---

[65] 걸리버가 거인국 왕에게 영국처럼 화약을 가지면 많은 노예를 거느릴 수 있을 것이라고 하자 왕은 또 화약 얘기를 꺼내면 처형해버리겠다고 한다.

든 수많은 과학자와 기술자들이 한 무리의 개미 떼처럼 맹목적으로 집착하며 '진보'의 행진을 벌이고 있으며, 그 나머지는 헐떡거리며 그들의 뒤꽁무니를 따라가고 있다. 비교적 적은 사람들이 그러기를 바라고 아주 많은 사람들이 그러지 '않기를' 적극적으로 바라지만, 그런 일은 벌어지고 있다. 기계화의 과정 자체가 기계가 되어버린 것이다. 번쩍번쩍하는 거대한 자동차 같은 그것은 우리를 태우고 어딘지도 모르는 곳으로, 아마도 웰스의 안락한 세계나 병 속에 든 뇌의 세계로 달려가고 있다.

여기서 나는 기계에 반대하는 입장을 거론하고 있다. 그것이 견고한 입장인지 아닌지는 중요한 게 아니다. 문제는 기계문명에 적대감을 보이는 사람이면 누구나 이런 유의 주장을 한다는 데 있다. 그런데 유감스럽게도 거의 모든 사람이 '사회주의-진보-기계-러시아-트랙터-위생-기계-진보'라는 연상을 하기 때문에, 사회주의에 적대감을 품는 사람과 기계문명에 적대감을 품는 사람이 대개 '같다'는 것이다. 중앙난방과 가스관 의자를 혐오하는 유의 사람은 사회주의라는 소리를 들으면 '벌집 국가'니 뭐니 하며 투덜거리고 아주 싫은 표정을 지으며 다른 데로 가버리는 유형이기도 하다. 하지만 내가 보기에 사회주의자치고 그런 현실을 이해하거나 아니면 그런 현실이 존재한다는 사실 '자체'를 아는 사람은 아주 적다. 말이 많은 유형의 사회주의자를 궁지에 몰아넣고 내가 이번 장에서 이야기한 바를 거듭 말해보고서 어떤 대답이 나오는지 살펴보라. 몇 가지 형태의 대답을 들을 수 있을 텐데, 나는 워낙 많이 들어봐서 거의 외울 지경이다.

먼저 그는 '되돌아간다는' 게 불가능하다고 할 것이다. 아니면 '진보의 시곗바늘을 되돌리는' 게 불가능하다고 할 것이다(마치 인간의 역사에서 진보의 시곗바늘이 여러 번 폭력적으로 되돌려진 사실이 없다는 듯 말이다). 그리고 당신을 중세주의자라 비난하며 중세, 문둥병, 종교재판 등의 끔찍함을 열거할 것이다. 말이 나왔으니 말이지, 주로 근대 옹호자들이 가하는 중세나 과거에 대한 공격은 대부분 초점을 벗어나 있다. 왜냐하면 그들이 주로 쓰는 수법은 근대인의 까다로움과 근대인의 높은 기준에 맞춘 편안함과는 무관한 시대에 근대인을 투영하는 것이기 때문이다. 설령 그렇지 않다 해도 그의 대답은 정답이 아니다. 기계화된 미래를 혐오한다고 해서 과거의 어느 시기를 흠모한다는 뜻은 전혀 아닌 까닭이다. 중세주의자보다는 현명한 D. H. 로런스는 다행히도 우리가 잘 모르는 에트루리아[66] 사람들을 이상화했다. 하지만 에트루리아 사람이라 해서(아니면 펠라스기,[67] 아즈텍, 수메르, 또는 그 밖의 사라져버려 낭만적인 나라의 사람이라 해서) 굳이 이상화할 필요는 없다. 바람직한 문명을 상상할 때는 그것을 하나의 대상으로만 그리면 된다. 그것이 시공간 속에 실제로 존재한 것인 양할 필요는 없는 것이다. 이런

---

66 이탈리아 중부에 있던 고대 국가로, 기원전 200년경 로마에 흡수되었다.
67 그리스인 도래 이전 에게해 일대에 살던 민족.

점을 명심하고서 당신은 그저 삶을 보다 편하고 복잡한 것으로 만들기보다는 힘들고 단순하게 만드는 것을 지향할 뿐이라고 말한다면, 사회주의자는 당신이 '자연 상태'로(즉 냄새나는 구석기 시대의 동굴 같은 것으로) 되돌아가기를 바라는 줄 알 것이다. 부싯돌 긋는 사람과 셰필드의 철강공장 사이에, 또는 짐승 가죽배와 '퀸메리'호 사이에 아무것도 없었다는 듯 말이다!

하지만 결국엔 보다 논지에 가까운 다음과 같은 식의 대답을 듣게 될 것이다. "그래요. 당신이 하는 말은 나름대로 일리가 있어요. 더 힘들게, 아스피린이나 중앙난방 없이 사는 건 분명히 더 고귀한 일일 거예요. 하지만 문제는 누구도 그런 걸 진정으로 원치 않는다는 거예요. 그건 농경 사회로 되돌아가자는 말이고, 지독히도 고된 일을 하면서 살자는 말이지요. 정원에서 노닥거리는 것하곤 차원이 다른 일이지요. 난 힘든 일을 원치 않고 당신도 힘든 일을 원치 않아요. 누구도 그게 어떤 건지 아는 이상 그런 걸 바라지 않아요. 당신은 온종일 힘들게 일해 본 적이 한 번도 없는 사람처럼 말하고 있어요."

어떤 면에서는 맞는 말이다. 마치 "그래, 우린 편하다. 부디 이대로 편히 살자!"라고 말하는 것 같은데, 적어도 현실성 있는 말이다. 앞서 지적한 바와 같이, 우리는 이미 기계에게 장악당했기 때문에 기계를 벗어나기는 너무나 어렵다. 하지만 그렇다 해도 이런 대답은 실은 회피일 뿐이다. 우리가 이런저런 것을 '원한다'고 말할 때 그게 무엇을 뜻하는지 분명히 밝히지 못하기 때문이다. 나는 아침 일찍 차 한 잔을 하지 못하고 금요일마다 〈뉴 스테이츠먼〉을 보지 못하느니 죽는 게 나은, 타락한 근대의 반쪽 지식인이다. 어떤 면에서 나는 분명히 보다 단순하고 힘들고 아마도 농경적일 생활양식으로 돌아가기를 '원치는' 않는다. 같은 의미에서 나는 차 마시기를 줄이거나 빚 갚기를, 충분한 운동을 하기를, 아내에게 충실하기를 '원치는' 않는다. 하지만 그와 달리 보다 영속적인 면에서 나는 그런 것들을 원하며, 아마도 같은 의미에서 '진보'를 작고 뚱뚱한 사람들에게 편한 세상이라 정의할 수 없는 문명을 원한다. 여기서 내가 약술한 것들은 내가 사회주의자들(책으로 훈련받은 생각할 줄 아는 사회주의자를 말한다)에게 그들이 '어떻게' 한편이 될 만한 사람들을 쫓아버리는지를 설명하려고 할 때 그들로부터 들은 거의 유일한 주장이라고 할 수 있다. 물론 사람들이 좋아하든 말든 수고를 덜어주는 저 유명한 '역사적 필연'이라는 것 때문에 사회주의가 도래할 수밖에 없다고 하는 해묵은 주장도 있다. 그러나 '역사적 필연'은, 또는 그것보다는 그것에 대한 믿음은 히틀러를 만나 살아남지 못하게 되었다.

그런가 하면 생각 있는 사람, 특히 지적으로는 대개 좌파이지만 기질적으로는 흔히 우파인 사람은 사회주의 단체의 문 앞을 서성이고 있다. 그는 자신이 사회주의자가 '되어야' 한다는 것을 확실히 알고 있다. 그러나 그는 먼저 사회주의자 개개인의 우매함과 맥없어 보이는 사회주의 이상을 목격하고는 다른 데로 가버린다. 얼마 전까지만 해도 무관심주의로 흘러도 그만이었다. 10년 전만 해도, 아니 5년 전만 해도 전형적인 문단의 신사들은 바로크 건축에 관한 책을 썼으며, 정치보다 고결한 데 마음을 쏟았다. 하지만 지금은 그런 태도를 견지한다는 게 점점 어려워지고 있으며, 심지어 유행에 뒤처진 것이 되어가고 있다. 때는 갈수록 험해져가고, 논점은 더욱 분명해져가며, 아무것도 절대 변치 않으리라는(즉 자기 몫은 언제나 안전하리라는) 믿음은 힘을 잃어가고 있다. 문단의 신사가 앉아 있던 울타리는, 이를테면 전에는 성당의 보드라운 쿠션처럼 편안하던 자리는 지금 밑에서부터 마구 흔들리고 있으며, 때문에 그는 어느 한쪽으로 뛰어내렸으면 하는 뜻을 내비치고 있다. 10여 년 전만 해도 전력을 다해 예술을 위한 예술을 지지했으며 총선거 투표에 참여한다는 걸 말할 수 없이 저속한 일로 보았던 우리의 영향력 있는 작가들 가운데 지금 확고한 정치적 입장을 보이는 사람이 아주 많다는 것은 흥미로운 일이다. 그런가 하면 젊은 작가들, 그중에서도 백수건달이 아닌 이들 대부분은 출발부터 '정치적'이다. 끔찍하게도 나는 위기가 닥치면 인텔리의 주류가 파시즘 쪽으로 이동할 위험이 크다고 믿고 있다. 그런 위기가 딱히 언제 닥칠지는 말하기 어렵다. 그것은 유럽에서 사태가 어떤 식으로 흘러가느냐에 달려 있을 테지만, 아마 한두 해 안에 우리는 결정적인 순간에 도달하게 될 것이다. 그것은 생각할 줄 알거나 인간다움을 아는 사람이라면 누구나 사회주의 편에 서야 한다는 것을 절감하게 될 때이기도 할 것이다. 하지만 그런 그가 꼭 자발적으로 그런 결론에 도달할 필요는 없을 것이다. 그러기까지 그를 가로막는 오랜 편견도 워낙 많기 때문이다. 따라서 그를 설득할 필요가 있을 것이며, 그 방법은 그의 관점을 이해하는 것이어야 할 것이다. 사회주의자들은 이미 전향한 사람들에게 설교를 하느라 시간을 낭비할 여유가 없다. 지금 그들이 할 일은 가능한 한 빨리 많은 사회주의자를 만들어내는 것이다. 하지만 그러기보다는 파시스트를 만들어내고 있는 경우가 너무 많은 게 지금의 현실이다.

내가 영국의 파시즘에 대해 말한다고 해서 반드시 모즐리[68]와 그의 여드름투성이 추종자들을 생각하는 것은 아니다. 영국의 파시즘은 처음 모습을 드러내면서 비교적 진지하고 섬세한 경향을 띠었다(적어도 처음엔 파시즘이라 부르기 힘들 정도였다). 때문에 모즐리의 인장을 찍고 다니는 '길버트와 설리번'[69] 스타일의 중무장 기병대가 영국인 대부분에게 익살 이상으로 심각하게 받아들여질지는 의문이다. 때문에 모즐리도 참고 지켜보겠지만, 역사적으로 보아도(히틀러와 나폴레옹 3세의 이력을 보라) 정치적 야심가로선 때로는 초년 시절에 너무 심각하게 받

---

68 Sir Oswald Ernald Mosley(1896~1980). 귀족의 아들로 일찍이 정계에 진출한 정치인. 보수정당과 진보정당의 국회의원으로 지내다 나중엔 '신당'을 결성한 뒤 히틀러에 열광하여 당을 '영국 파시스트 연합'으로 재조직했다. 제복으로 검은 윗옷을 입은 그의 추종자들은 흔히 블랙셔츠Blackshirts라 불렸다.
69 19세기 말 큰 인기를 누린 많은 코믹 오페라를 만든 오페라 작가와 작곡가 콤비.

아들여지지 않는 게 유리한 것이 사실이다. 하지만 내가 여기서 염두에 두고 있는 것은 파시스트의 태도이며, 그들의 태도가 보다 현명해야 할 사람들 사이에서 기반을 얻어가고 있다는 확고한 사실이다. 지식인에게 파시즘은 거울에 비친 상과도 같은 것이다. 달리 말해 사회주의가 아니라 사회주의의 그럴듯한 변장처럼 보인다는 것이다. 파시즘은 결국 알 수 없는 사회주의자가 무엇을 하든 그 '정반대'로 하겠다는 결단인 셈이다. 따라서 사회주의를 잘못 비치게 하면(이를테면 꽉 막힌 마르크스주의자들의 명령에 따라 유럽 문명을 하수구에 흘려보내는 것밖에 안 되는 무엇으로 보이게 하면) 지식인을 파시즘 쪽으로 쫓아버리는 위험을 저지르는 것이다. 사람을 질려버리게 만들어 사회주의자의 입장이라면 무조건 화를 내며 거부해버리는 방어적인 태도를 취하게 하는 일 말이다. 그런 태도는 이미 파운드, 윈덤 루이스, 로이 캠벨 등과 같은 작가들, 가톨릭 계열 작가들 대부분, 더글러스의 사회신용운동 그룹 중 다수, 일부 유명 소설가들, 심지어 초특급 보수주의자인 엘리엇 같은 교양인과 그의 무수한 추종자들에게서 분명히 나타나고 있다. 영국에서 파시스트 정서가 확산되고 있다는 확실한 사례를 확인하고 싶다면, 이탈리아-에티오피아 전쟁 때 이탈리아의 행위를 인정하며 언론에 기고한 무수한 글들을 조금이라도 보면 된다. 아니면 스페인에서 파시스트가 준동할 때 가톨릭과 성공회의 성직자들이 올린 환호성을 봐도 좋다(1936년 8월 17일 자 〈데일리 메일〉을 보라).

파시즘과 싸우기 위해서는 파시즘을 이해할 필요가 있으며, 그러자면 파시즘이 상당한 해악뿐만 아니라 약간의 장점도 갖고 있다는 점을 인정해야 한다. 물론 실제로 파시즘은 악랄한 절대 권력이며, 권력을 잡고 유지하느라 쓰는 수법도 워낙 악랄해서 가장 열렬한 지지자들마저 그 이야기는 피하려고 한다. 그러나 파시즘의 근간이 되는 정서, 즉 사람들을 처음 파시즘 진영으로 끌어들이는 정서는 그리 한심한 게 아니다. 파시즘은 〈새터데이 리뷰 Saturday Review〉가 심어주려는 인상, 말하자면 볼셰비키 요괴가 악을 쓰는 끔찍한 꼴을 보이기만 하는 게 아니다. 파시즘 운동을 어느 정도 지켜본 사람이라면 말단의 파시스트 당원이 반듯한(이를테면 실업자의 운명을 개선하고자 하는 열의가 진지한) 사람이라는 걸 안다. 그런데 그보다 더 중요한 것은 파시즘이 보수주의의 나쁜 변종뿐 아니라 좋은 변종에서도 힘을 얻는다는 사실이다. 전통과 질서에 대한 애정이 있는 사람이라면 파시즘을 일단 호의적으로 받아들이기 쉽다. 요령 없는 사회주의자들의 선전만 잔뜩 듣다 보면 파시즘을 유럽 문명의 장점을 지킬 마지막 방어선으로 보게 되기가 아주 쉽다. 심지어 한 손엔 몽둥이를 들고 다른 한 손엔 약을 든, 상징적으로 최악인 파시스트 깡패도 자신을 깡패라 생각지 않는다. 그보다는 기독교계를 지키기 위해 롱스보 고개에서 야만족과 맞서 싸운 롤랑이 된 기분일 것이다.[70] 우리는 파시즘이 어디서나 약진

한다면 그것은 우선 사회주의자들 자신의 잘못이란 점을 인정해야 한다. 부분적으로는 공산주의 진영이 민주주의 진영의 활동을 가로막는, 즉 자기가 앉은 나뭇가지를 베어내는 잘못된 전술을 구사하는 탓도 있다. 하지만 그보다는 사회주의자들이 말하자면 자기네 입장 중에서도 엉뚱한 쪽을 먼저 들이대는 탓이 더 크다. 그들은 경제적인 면에만 눈이 멀어 있어서, 인간에겐 영혼이란 게 없다는 가정에 따라 활동해왔으며, 노골적으로건 암시적으로건 물질적 유토피아라는 목표를 설정하고 말았다. 때문에 파시즘은 쾌락주의와 '진보'라는 값싼 관념에 반발하는 모든 충동을 이용할 수 있었다. 달리 말해 파시즘은 유럽 전통의 옹호자 시늉을 할 수 있었으며, 기독교 신앙과 애국주의와 군사적 가치에 호소할 수 있었던 것이다. 그러니 파시즘을 '집단 사디즘'이니 뭐니 하며 간단히 무시해버린다면, 그냥 무익하기만 한 게 아니라 몹시 해로울 수 있다. 파시즘을 머지않아 절로 사라질 예외적인 현상인 듯 여긴다면, 누구에게 몽둥이로 얻어맞고서 깨어날 꿈을 꾸고 있는 것이다. 바람직한 건 파시스트의 입장을 연구하고, 나름의 일리가 있는지 알아본 뒤에 파시즘에도 바람직한 부분이 조금이라도 있다면 그런 부분은 사회주의에도 있다는 사실을 세상에 확실히 알리는 것이다.

하지만 작금의 상황은 절박하다. 비록 더 나쁜 상황은 닥치

---

70 샤를마뉴 대제의 충신인 롤랑은 프랑스와 스페인 접경의 피레네산맥에서 이슬람 세력과 싸우다 패배했다.

지 않는다 하더라도, 이 책의 1부에서 기술했던 여건들은 지금의 경제 체제하에서는 개선될 여지가 없다. 그보다 더 급한 문제는 파시스트 세력이 유럽을 장악할 위험이 있다는 것이다. 그러니 사회주의를 효과적인 형태로 널리 그리고 빨리 확산시키지 못한다면, 파시즘을 타도할 가망은 없어진다. 사회주의야말로 파시즘이 상대해야 할 유일한 적수이기 때문이다. 자본가와 제국주의자가 지배하는 정부는 강탈당할 염려가 있다 해도 스스로는 파시즘에 작정하고 대적하지 않을 것이다. 문제를 잘 알고 있는 우리의 지배자들은 사회주의가 승리하는 꼴을 보느니 대영 제국의 마지막 땅 한 뼘까지 이탈리아나 독일이나 일본에 넘겨주는 쪽을 택할 것이다. 파시즘이 히스테리성 민족주의를 기반으로 한다 싶을 때는 쉽사리 웃어넘길 수 있었다. 스스로를 세상에 반하는 선택된 민족으로 여기는 파시스트 국가들이 서로 치고받다 망할 것처럼 보였던 까닭이다. 하지만 그런 일은 전혀 벌어지지 않고 있다. 오히려 이제 파시즘은 국제적인 운동이 되었으며, 그것은 파시스트 국가들이 약탈을 목적으로 단결할 수 있을 뿐만 아니라 아직은 확실히 의식하지 못할지는 몰라도 세계 체제를 모색할 수 있다는 뜻이다. 전체주의 국가라는 비전 대신에 전체주의 세계라는 비전이 자리를 잡아가고 있는 것이다. 앞에서 지적한 바와 같이, 기계와 기술의 발전은 결국 모종의 집단생산주의로 이어질 수밖에 없으며, 그것은 꼭 평등주의적인 체제가 아닐 수 있다. 달리 말해 사회주의 아닌 어떤 체제일지도 모른다는 것이다. 경제학자들에겐 실례가 되겠지만, 경제적으로 집단생산 체제인(즉 이윤의 원리를 제거한) 세계 사회를 상상하기는 아주 쉬우나 그것은 정치, 군사, 교육에 관한 모든 권력이 소수의 지배계급과 그 하수인들의 손에 넘어간 사회일 가능성이 다분하다는 것이다. 그리고 그 비슷한 사회야말로 파시즘이 목표로 삼는 사회인 것이다. 물론 그런 사회는 노예 국가 또는 노예 세계라고 하겠다. 그것은 아마도 외양간 같은 사회일 터이며, 과학적으로 개발한다면 어마어마할 세계의 부를 고려할 때 노예들이 잘 먹고 만족하며 지내는 사회일 것이다. 벌에게는 큰 결례가 되겠지만, 파시스트들의 목표가 '벌집 국가'라는 말을 흔히들 한다. 그보다는 족제비의 지배를 받는 토끼들의 세상이라고 하는 게 더 적확할 것이다. 우리는 그런 끔찍한 가능성에 맞서 단결해야 한다.

우리가 함께 목표로 삼고 단결할 수 있는 이상은 사회주의의 바탕이 되는 이상밖에 없다. 그것은 바로 정의와 자유다. 그러나 이런 이상은 거의 완전히 잊혀버려 '바탕'이란 말을 쓸 수도 없는 지경이다. 이 이상은 이론 일변도의 독선과 파벌 다툼과 설익은 '진보주의'에 층층이 묻혀버렸다. 똥 더미 속에 감춰진 다이아몬드가 되어버린 셈이다. 사회주의자가 할 일은 그것을 찾아내는 것이다. 정의와 자유 말이다! 이 두 마디야말로 온 세계에 울려 퍼져야 하는 나팔 소리이다. 오랫동안, 적어도 지난 10년 동안은 확실히, 제일 멋진 소리는 악마들이 다 냈다.

우리는 '사회주의'라는 말 자체가 한편으로는 비행기와 트랙터와 거대하고 번쩍번쩍하는 공장을 떠올리게 하며 다른 한편으로는 수염 늘어뜨린 채식주의자들과 볼셰비키 인민위원들(반은 폭력단원이고 반은 축음기인), 샌들 신은 열정적인 부인네들, 긴 단어를 즐겨 쓰는 더벅머리 마르크스주의자들, 이탈한 퀘이커교도들, 산아 제한 광신도들, 노동당 모사꾼들을 떠올리게 하는 단계에 이르렀다. 사회주의는 적어도 이 섬나라에서는 더 이상 혁명의 냄새를, 압제자 타도의 냄새를 풍기지 않는다. 그보다는 괴팍스러움과 기계 숭배, 미련한 러시아 숭배의 냄새를 풍긴다. 그런 냄새를 한시라도 빨리 지우지 못한다면 파시즘이 승리할지도 모른다.

13. 우리가 해야 할 일

그렇다면 마지막으로, 우리가 할 수 있는 것은 무얼까?

이 책의 1부에서 나는 우리가 어떤 난국에 처해 있는지를 몇 차례 간단히 설명한 바 있다. 그리고 2부에서는 내가 보기에 왜 정상적이고 지각 있는 많은 사람들이 유일한 치유책인 사회주의에 치를 떠는지 설명해보려고 했다. 확실히 향후 몇 년 동안 우리에게 가장 긴급한 일은 파시즘이 트럼프 놀이를 시작하기 전에 그런 지각 있는 사람들을 붙드는 것이다. 여기서 나는 정당이나 정책의 문제를 제기할 생각은 없다. 당이 내거는 그 어떤 기치보다 중요한 것은 (파시즘의 위협만으로도 머지않아 모종의 '인민전선 popular front'[71]이 생겨날 게 분명하지만) 사회주의를 효과적인 방식으로 퍼뜨리는 일이다. 사람들이 언제든 사회주의자로 활동할 태세를 갖추도록 해주어야 한다. 내가 알기론 사회주의의 본질을 알지 못하면서도 그것에 공감하는 사람들이 무수히 많다. 그러므로 그들을 움직일 말을 잘 찾아낸다면 크게 애쓸 것도 없이 그들을 끌어들일 수 있다. 빈곤이 무언지를 아는 사람이라면, 압제와 전쟁을 진정으로 혐오하는 사람이라면 누구나 잠재적으로 사회주의 편이다. 그러니 여기서 내가 할 일은 사회주의와 사회주의의 보다 지적인 적들을 어떻게 하면 효과적으로 화해시킬 것이냐를 (아주 쉬운 말로) 제안하는 것이다.

먼저, 사회주의의 적들에 대해 이야기해보자. 여기서 내가 말하는 적이란 자본주의가 사악하다는 것을 알지만 사회주의라는 말만 들어도 속이 메스꺼워지며 부르르 떠는 사람들을 말한다. 앞에서도 지적한 바와 같이 이렇게 되는 이유는 크게 두 가지가 있다. 하나는 개별 사회주의자들 가운데 모자라는 사람이 너무 많다는 사실이다. 또 하나는 사회주의라고 하면 배에 기름기 차고 불경스러운 '진보'라는 관념을 떠올리기 너무 쉬우며, 전통이나 기본적인 미감美感을 중시하는 정서를 지닌 사람이면 누구나 그런 관념에 반감을 느낀다는 점이다. 그러면 우선 두 번째 이유부터 살펴보기로 하자.

민감한 사람들이 흔히 '진보'와 기계문명에 대해 느끼는 혐

---

71 파시즘에 맞선 좌파 정당들의 연합.

오감은 정서의 차원으로서만 변호할 수 있다. 그것이 사회주의를 반대하는 이유로 타당하지 않은 것은, 대안이 존재하지 않는다는 것을 전제로 삼기 때문이다. '나는 기계화와 표준화에 반대한다, 고로 나는 사회주의에 반대한다'고 말한다면 사실상 '나는 내가 원하면 얼마든지 기계 없이 살 수 있다'고 말하는 셈인데, 말이 안 되는 소리다. 우리는 모두 기계에 의존해 살아가고 있기에, 기계가 작동을 중지한다면 대부분 다 죽게 될 것이다. 기계문명을 혐오할 수 있고 혐오하는 게 옳을 수도 있지만, 지금으로선 그것을 받아들이느냐 거부하느냐가 문제일 수 없다. 기계문명은 이미 '여기' 존재하며 우리는 그 안에서만 비판할 수가 있다. 우리 모두 그 안에 있기 때문이다. 자기는 벗어났다고 자부하는 것은 낭만적인 바보들이나 하는 짓이다. 온수 나오는 욕실 딸린 튜더 양식 오두막에 사는 문단의 신사나 소총과 수레 네 대 분량의 통조림을 챙겨 정글로 들어가 '원시적인' 생활을 하는 사나이가 그런 사람들이다. 기계문명이 계속해서 승리를 거두는 것은 거의 확실한 일이다. 기계문명이 절로 망하거나 기능을 멈춘다고 생각할 근거는 없다. 얼마 전만 해도 머지않아 전쟁이 '문명을 파멸시키고' 말 것이라 말하는 게 유행이었다. 그러나 세계대전이 또 일어나면 이전의 대규모 전쟁은 전부 농담처럼 보일 만큼 끔찍한 것일 게 분명하긴 해도, 그 때문에 기계적 진보가 멈출 일은 도무지 없을 것 같다. 폭탄 몇천 발만 알맞은 곳에 떨어뜨려도 영국처럼 취약한 나라는, 또는 서유럽 전체는 혼돈에 빠지고 말 것이다. 하지만 지금으로선 그 어떤 전쟁도 모든 나라의 산업화를 동시에 쓸어버리지 못할 것이다. 아무리 바람직해 보인다 해도 보다 단순하고 자유롭고 덜 기계화된 생활양식으로 돌아가는 일은 벌어지지 않을 것 같다. 이는 숙명론이 아니라 사실을 받아들이는 태도일 뿐이다. '벌집 국가'에 반대한다고 해서 사회주의를 반대한다는 것은 무의미한 일이다. 왜냐하면 지금 우리가 살고 있는 곳이 '벌집 국가'이기 때문이다. 그러니 아직은 인간적인 세상이냐 비인간적인 세상이냐를 선택할 때가 아니다. 지금은 단지 사회주의냐 파시즘이냐의 선택이 있을 뿐이다. 그리고 파시즘은 아무리 최상의 것이라 해도 미덕을 다 빼버린 사회주의에 지나지 않는다.

그러므로 생각할 줄 아는 사람이 할 일은 사회주의를 거부하는 게 아니라 사회주의를 인간적인 것으로 만들겠다는 결심을 하는 것이다. 사회주의가 확립되어가는 도중이라면, '진보'의 사기성을 꿰뚫어 볼 줄 아는 사람들은 자기도 모르게 반대편에 서 있다는 걸 깨달을 수 있다. 어찌 보면 그것은 그들이 해야 할 특별한 임무인지도 모른다. 기계화의 세계에서 그들은 영원한 반대파가 되어야 할 텐데, 그렇다고 방해자나 배반자가 되어야 한다는 뜻은 아니다. 여기서 내가 말하고자 하는 것은 미래에 대해서다. 현재로서는 아무리 기질적으로 보수당 쪽이거나 무정부주의자라 해도 상식 있는 사람이 택해야 할 유일한 길은 사회주의 확립을 위해 애쓰는 것이다. 그게 아니고서는 우리가 현재의 비참이나 미래의 악몽에서 벗어날 길이 없다. 2천만 영국인이 제대로 먹지 못하고 파시즘이 유럽의 절반을 장악한 '지금' 사회주의에 반대하는 것은 자살 행위다. 그것은 고트족[72]이 국경을 넘어오고 있는데 내전을 시작하는 것이나 마찬가지다.

그러니 마땅한 근거 없이 사회주의를 반대하게 만드는 편견부터 없애는 것이 무엇보다 중요하다. 이미 지적한 바와 같이, 사회주의에는 반감을 느끼지 않는 많은 사람들이 사회주의자들에게는 반감을 품고 있다. 지금 밖으로 보이는 사회주의가 대체로 매력이 없는 것은, 아무튼 밖에서 보기엔 괴짜들이나 공론가들이나 말뿐인 볼셰비키 같은 이들의 노리개처럼 보이기 때문이다. 하지만 그렇게 된 것은 괴짜나 공론가 같은 사람들이 먼저 그런 자리를 차지하고 있기 때문이라는 사실을 명심할 필요가 있다. 더 생각할 줄 알고 상식 있는 사람들이 운동에 뛰어들면 반감을 살 만한 이들이 설쳐대지 못할 것이다. 하지만 당장은 이를 악물고 그런 이들을 무시할 필요가 있다. 보다 인간적인 사람들이 운동에 많이 동참하면 그런 이들이 눈에 덜 띌 것이다. 게다가 그들은 운동과 별 상관이 없는 이들이다. 우리는 정의와 자유를 위해 싸워야 하며, 사회주의

---

[72] 오늘의 독일 동부 지역에서 발원한 여러 민족으로, 3~5세기에 로마제국에 침입하여 이탈리아, 프랑스, 스페인에 왕국을 건설했다.

는 난센스가 제거된 뒤의 정의와 자유를 뜻한다. 기억할 만한 것은 본질뿐이다. 개별 사회주의자들 가운데 열등한 인간들이 너무 많다고 해서 사회주의에서 발걸음을 돌린다는 것은 차장이 꼴 보기 싫다고 해서 기차를 안 타겠다고 하는 것만큼이나 어리석은 짓이다.

둘째로, 사회주의자에 대해, 특히 목소리 크고 소책자 쓰기 좋아하는 유형에 대해 생각해보자.

지금 우리는 모든 좌파가 견해차는 잊어버리고 일단 단결할 필요가 있는 절박한 순간에 와 있다. 아닌 게 아니라 많지는 않아도 그렇게 단결하는 사례가 이미 있다. 그러니 완고한 사회주의자는 자신과 의견이 완전히 일치하지 않는 사람들과도 이제는 제휴해야 한다. 그가 기꺼이 그렇게 하지 못하는 것은 대체로 이해할 만한 일이다. 그랬다간 사회주의 운동 자체가 물을 탄 듯 노동당의 의회 활동보다 훨씬 무력하고 시시한 무엇이 되어버릴 위험이 대단히 크다는 것을 알기 때문이다. 이를테면 아마도 파시즘 때문에 생겨난 인민전선은 현재로서는 성격상 진정한 사회주의가 아니라 독일이나 이탈리아의(영국은 말고) 파시즘에 맞서는 책략에 불과한 것이 될 위험이 아주 크다. 때문에 파시즘에 맞선 연합의 필요성이 사회주의자들을 최악의 적들과 제휴하게끔 몰고 갈 수도 있다. 단, 운동을 전면에 내세울 때 본질만 지킨다면 절대 엉뚱한 사람들과 제휴하는 위험은 없을 것이다. 그렇다면 사회주의의 본질은 무엇인가? 진정한 사회주의자는 과연 어떤 사람일까? 나는 진정한 사회주의자란 압제가 타도되는 꼴을 보기를 바라는(그냥 바람직한 것으로 받아들이는 게 아니라 적극적으로 바라는) 사람이라고 말하겠다. 하지만 정통 마르크스주의자라면 대부분 그런 정의를 받아들이지 않을 것이고, 받아들인다 해도 몹시 못마땅해할 것이다. 이따금 나는 그들이 말하는 걸 들을 때, 그리고 그들의 책을 읽을 때는 더더욱, 사회주의 운동 전체가 그들에겐 일종의 흥미로운 이단 사냥에 불과한 것이라는 인상을 받는다. 장단에 맞춰 이리저리 미친 듯 뛰어다니며 '어험, 어험, 이거 변절자의 피 냄새가 나는구먼!' 하는 듯하다. 그래서 노동계급 사람들 사이에 있을 때 자신이 사회주의자라 느끼기가 훨씬 더 쉬운 것이다. 노동계급 사회주의자는 노동계급 가톨릭 신자처럼 교의에 약하며 입만 뻥긋하면 이단을 범하기 십상이지만, 핵심을 잃지는 않는다. 그는 사회주의가 압제의 타도를 뜻한다는 핵심적인 사실을 이해하며, 변증법적 유물론에 관한 어떤 유식한 논문보다도 그를 위해 번역된 「라마르세예즈」[73]의 가사에 마음이 끌릴 것이다. 지금으로선 사회주의를 받아들이는 게 마르크스주의의 철학적인 면을, 나아가 러시아의 아첨을 받아들이는 것과 같다는 주장을 한다면 시간 낭비일 뿐이다. 사회주의 운동은 변증법적 유물론자들의 리그가 될 여유가 없다. 그것은

---

73 프랑스 국가. 압제에 맞서 피 흘려 싸우자는 강렬한 내용이다.

압제자에 맞서 싸우는 피압제자의 리그가 되어야 한다. 진지한 사람의 호감을 사야 하며, 계속해서 무난히 특권을 누리기 위해 외국의 파시즘은 분쇄되길 바라는 말 잘하는 자유주의자는(달리 말해 '파시즘과 공산주의에 맞서는' 즉 쥐와 쥐약을 반대하는 결의안을 통과시키는 유형의 협잡꾼은) 몰아내야 한다. 사회주의는 외국에서건 국내에서건 압제를 타도하는 것이어야 한다. '그런' 사실을 전면에 계속 내세우는 한, 우리의 진정한 지지자가 누구인지 몰라 헷갈리는 일은 크게 없을 것이다. 근소한 차이에 대해서는(영양실조로 뼈가 삭아가는 2천만 영국인을 구하는 일에 비하면 아무리 심각한 철학적 차이도 중요한 게 아니다) 차후에 논쟁을 해도 늦을 것 없다.

나는 사회주의자가 본질을 희생할 필요는 전혀 없지만 외관은 크게 희생해 마땅하다고 생각한다. 이를테면 사회주의 운동에 아직도 붙어 다니는 괴팍스러움의 기미를 떨쳐버릴 수 있다면, 엄청난 도움이 될 것이다. 샌들과 베이지색 셔츠를 쌓아놓고 태워버릴 수만 있다면, 채식주의자와 금주주의자와 위선자를 '웰윈 가든 시티'[74]로 돌려보내 조용히 요가나 하고 지내게 할 수만 있다면! 하지만 그렇게 되기는 어려울 것 같다. 단, '가능한' 것은 훨씬 더 지적인 사회주의자들이 지지자가 될 수 있는 사람들을 어리석고 다분히 엉뚱한 방식으로 멀어지게 하

---

[74] 하트퍼드셔에 있는 전원도시로, 1920년대에 조성된 이상적인 뉴타운이다.

는 일은 그만두는 것이다. 별것도 아닌 것을 가지고 융통성 없이 구는 일이 너무 많은데, 그런 것들은 너무나 쉽게 근절할 수 있다. 예를 들어 전형적인 마르크스주의자가 문학에 대해 취하는 딱한 태도를 보자. 많은 경우가 기억나지만 하나만 예로 들어보자. 사소해 보이지만 결코 그렇지 않은 사례다. 〈데일리 워커〉의 전신 중 하나인 〈워커스 위클리〉에 '편집인 책상 위의 책' 타입의 문학 한담 칼럼이 있었다. 여기서 몇 주 동안 셰익스피어에 관한 얘기를 연재했는데, 그 때문에 몹시 화가 난 독자가 이런 글을 쓴 일이 있다. "친애하는 동지, 우린 셰익스피어 같은 부르주아 작가들 얘긴 듣고 싶지 않아요. 좀 더 프롤레타리아적인 얘길 쓸 순 없나요?" 편집인의 대답은 간단했다. "마르크스의 『자본론』 색인을 다시 들춰보시면 셰익스피어가 여러 번 언급되어 있다는 걸 확인하실 수 있을 겁니다." 이 정도로 불만을 간단히 잠재울 수 있었다는 사실을 부디 주목하시라. 셰익스피어는 마르크스의 축복을 받자 당장 존경할 만한 인물이 되어버렸다. 바로 이런 정서가 민감한 사람들을 사회주의 운동에서 떼어놓는 것이다. 그런 것 때문에 셰익스피어에 대해서까지 반감을 느끼도록 할 필요는 없을 것이다. 거기다 거의 모든 사회주의자들이 구사할 필요가 있다고 생각하는 끔찍한 전문용어도 문제다. 일반인들은 '부르주아 이데올로기'니 '프롤레타리아의 연대'니 '수용자들에 대한 수용'이니 하는 말을 들으면 영감을 받는 게 아니라 정나미가 떨어질 뿐이다.

심지어 '동지'라는 말 한마디만 해도 사회주의 운동을 불신하는 데 적지만 한몫을 했다. 머뭇거리던 사람들 중에 용기를 내어 대중 집회에 갔다가 자의식 강한 사회주의자들이 의무적으로 서로를 '동지'라 부르는 것을 보고 실망하고는 슬그머니 빠져나와 제일 가까운 맥줏집으로 들어가버리는 경우가 얼마나 많았는가! 그의 본능은 건전하다. 오랫동안 써봐도 부끄러움을 삼키지 않고서는 부를 수 없는 우스꽝스러운 호칭을 왜 붙여야만 한단 말인가? 평범한 문의자들을 사회주의자는 샌들을 신고 변증법적 유물론에 대해 입에 거품을 무는 사람이라 생각하며 가버리도록 만드는 것은 치명적인 일이다. 사회주의 운동에도 인간미의 여지가 있다는 사실을 분명히 하지 않는 한 게임은 끝이다.

그리고 이런 사실은 큰 문제를 제기한다. 그것은 단순한 경제적 지위 이상의 계급 문제를 지금보다는 현실적으로 대할 필요가 있다는 것이다.

나는 계급 문제를 논하는 데 세 장을 할애했다. 내 생각에 앞으로 부각될 가장 중요한 사실은 영국의 계급 시스템이 유용성을 초월하여 살아남았을 뿐만 아니라 그것 자체를 초월하여 앞으로 사라질 조짐이 보이지 않는다는 점이다. 정통 마르크스주의자들이 흔히 그러듯(예를 들어 어떤 면에서 흥미로운 책이라 할 앨릭 브라운 씨의 『중산층의 운명 The Fate of the Middle Classes』을 보라) 사회적 지위가 소득만으로 결정된다고 생각하면 큰 착각이다.

경제적으론 분명 부자와 빈자의 두 계급만 존재하되, 사회적으론 각 계급의 다층적인 위계가 있으며, 각 계급 사람들이 어린 시절에 습득한 거동과 전통은 서로 크게 다를 뿐만 아니라 (이게 정말 중요한데) 대개 나서부터 죽기까지 지속된다. 이를테면 웰스나 베넷 같은 작가들은 엄청나게 부유한 가정에서 자랐으며 하류 중산층이자 비국교도로서의 편견을 끝까지 잃지 않았다. 그런가 하면 'h' 발음을 못 하는 백만장자가 있고, 벽돌공보다 소득이 훨씬 적으면서도 벽돌공보다는 사회적으로 우월하다고 자부하는 (또 실제로 그렇게 인식되는) 조그만 가게 주인이 있다. 공립 초등학교를 나와 인도의 한 지역을 통치하는 이들이 있는가 하면, 사립 기숙학교를 나와 진공청소기 팔러 다니는 이들이 있다. 사회적 계층이 경제적 계층과 정확히 일치한다면, 사립학교 출신도 연소득이 200파운드 이하로 떨어지면 당장 런던 노동계급의 악센트를 구사할 것이다. 하지만 실제로는 어떤가? 정반대로 그는 당장 이전보다 스무 배는 더 사립학교 출신임을 드러낼 것이며, 학연을 생명줄처럼 붙들 것이다. 그리고 'h' 발음 안 되는 백만장자는 이따금 웅변술 강사를 찾아가 BBC 악센트를 배운다 해도 바라는 만큼 완전히 출신을 숨기는 데는 좀처럼 성공하지 못한다. 자신이 태어난 신분을 문화적으로 벗어난다는 것은 굉장히 어려운 일이다.

번영이 쇠퇴하게 되면 사회적으로 예외적이던 것이 더 흔해진다. 'h' 발음 안 되는 백만장자는 더 많아지지 않아도, 진공

청소기를 사라고 조르는 사립학교 출신자는 더 많아지고 공장으로 내몰리는 작은 가게 주인도 더 많아진다. 지금 중산층 가운데 상당수가 서서히 프롤레타리아로 변해가고 있다. 그러나 중요한 것은 그들이 아무튼 첫 세대 동안은 프롤레타리아처럼 보이지 않는다는 사실이다. 이를테면 여기 있는 나는 교육으로 보면 부르주아지만 소득으로 보면 노동계급이다. 그렇다면 나는 어느 계급 소속인가? 경제적으로는 노동계급에 속하지만 내 자신을 부르주아의 일원이 아닌 다른 무엇으로 여긴다는 것은 거의 불가능한 일이다. 어느 한쪽 편이 되어야 한다면 나는 어느 쪽 편을 들어야 할까? 나를 찍어 눌러 없애버리려고 하는 상류층 편이 되어야 할까, 습관이 나와 다른 노동계급 편이 되어야 할까? 중요한 문제에 대해 내가 개인적으로 노동계급의 편이 되는 것은 가능한 일이다. 하지만 나와 거의 같은 처지인 수만, 수십만의 사람들은 어떻게 하나? 그리고 그보다 훨씬 다수인, 이번엔 수백만에 육박하는 부류는(온갖 종류의 사무직 종사자와 검정 코트를 입고 다니는 종업원들) 어쩌란 말인가? 그들은 덜 중산층적인 전통을 가졌지만 프롤레타리아라고 하면 결코 고마워하지 않을 것이다. 이 모든 사람들의 이해관계, 이 모든 사람들의 적은 노동계급의 그것과 같다. 모두가 같은 체제에 약탈당하고 시달리고 있는 것이다. 하지만 그들 가운데 그것을 깨닫는 사람이 얼마나 되는가? 위기가 닥치면 거의 모두가 압제자의 편을 들 것이며, 한편이 되어야 할 사람들의 적이 될 것이다. 중산층인 사람이 몰락하여 최악의 빈곤층으로 떨어진다 해도 노동계급에 대한 매몰찬 감정은 그대로 남아 있는 경우를 상상하기는 아주 쉬운 일이다. 그리고 물론 이런 사람들이 쉽사리 파시스트 정당에 동조하게 된다.

분명히 사회주의 운동은 너무 늦기 전에 피착취 중산층을 포섭해야 한다. 특히 숫자가 워낙 많아서 단결할 줄만 알면 엄청난 힘을 발휘할 수 있는 사무직 종사자들을 포섭해야 한다. 물론 그런 노력 역시 지금까지는 분명히 실패했다. 사무원이나 출장 판매원 같은 부류만큼 우리가 혁명적인 견해를 기대하기 어려운 대상이 없다. 왜 그럴까? 내 생각엔 사회주의 선전에 쓰이는 '프롤레타리아 상투어' 때문이다. 계급투쟁을 상징화하기 위해 '프롤레타리아'라는 다소 신화적인 인물이 설정됐는데, 이는 근육질이면서 기름때 전 작업복 차림의 짓밟히는 인간상이며, 실크 모자에 모피코트 차림의 뚱뚱하고 사악한 '자본가'와 대조를 이룬다. 그리고 그 둘 사이엔 아무도 없다는 암묵적 동의가 이루어지는데, 실제로는 영국 같은 나라의 경우 인구의 4분의 1이 그 사이에 있다. '프롤레타리아 독재'니 뭐니 하는 말을 되풀이할 요량이면, '과연' 프롤레타리아가 어떤 사람인지부터 설명하는 게 순서일 것이다. 그러나 육체노동자를 그 자체로 이상화하는 사회주의의 경향 때문에, 그런 과제는 충분히 명확하게 해결된 바가 없다. 어떤 면에서는 광부나 부두 노동자보다 실제로 더 열악한 수많은 사무원과 점원 중에 스스로를 프롤레타리아라 생각하는 사람이 얼마나 될까? 그들에게 프롤레타리아란(그들은 그렇게 생각하도록 배웠다) 칼라 없는 옷을 입는 사람이다. 때문에 '계급투쟁' 운운하며 그들을 감동시켜보려다 질겁하게 만들어버리기만 한다. 그러면 그들은 자기 소득은 잊어버리고 자기 악센트만 기억을 하여 그들을 착취하는 계급을 옹호하러 쫓아가버리는 것이다.

사회주의자들은 앞으로 큰 과제를 남겨두고 있다. 그들은 착취자와 피착취자를 가르는 선이 정확히 어디부터인지를 확실히 밝혀야 한다. 그리고 여기서도 본질을 고수하는 게 중요한데, 여기서 핵심은 수입이 적고 불안정한 모든 사람은 한배를 탄 이들이며 한편이 되어 싸워야 한다는 점이다. 아마도 우리는 '자본가'나 '프롤레타리아'란 말은 덜 쓰고 약탈자나 피약탈자란 말은 더 쓰면서 일을 해나갈 수 있을 것이다. 단, 아무튼 프롤레타리아는 육체노동자뿐인 듯 대하는 잘못된 습성은 버려야 한다. 사무원, 엔지니어, 출장 판매원, '영락한' 중산층, 마을 식품점 주인, 하급 공무원, 그 밖의 온갖 애매한 사람들에게 바로 그들 '자신'이 프롤레타리아란 사실을, 그리고 사회주의란 건설 인부나 농장 인부만큼이나 그들에게도 바람직한 체제라는 사실을 납득시켜야 한다. 'h' 발음이 되는 사람들과 안 되는 사람들 사이의 싸움이라는 생각을 하도록 해서는 안 된다. 그랬다간 그들은 'h' 발음이 되는 사람들 편에 설 것이니 말이다.

나는 지금 서로 다른 계급들에게 우선은 계급 차를 버리라는 요구를 할 것 없이 연합하도록 해야 한다는 말을 하고 있는 것이다. 그런데 이 말은 위험하게 들린다. 너무 요크 공의 여름학교처럼 들리고, 계급 간 협력이니 전심전력이니 하는 식의 공허한 소리처럼 들리기도 한다. 그래봤자 눈속임이거나 파시즘이거나 둘 다인 것이다. 이해관계가 상반되는 계급끼리 협력한다는 것은 있을 수 없는 일이다. 자본가는 프롤레타리아와 협력할 수 없다. 만일 고양이가 협력을 제안하고 생쥐가 어리석게도 동의한다면, 얼마 못 가 생쥐는 고양이 목구멍으로 넘어갈 것이다. 하지만 이해관계가 같은 한 협력은 언제나 가능하다. 연합해야 할 사람들은 사장에게 굽실거려야 하고 집세 낼 생각을 하면 몸서리쳐지는 모든 이들이다. 이는 소규모 자작농이 공장 노동자와 연합하고, 타자수가 광부와, 학교장이 자동차 정비공과 연합해야 한다는 뜻이다. 이는 무엇이 정말 그들에게 득이 되는지를 이해시킬 수 있다면 어느 정도 실현 가능성이 있다. 단, 적어도 어떤 경제적 문제만큼이나 강할 수 있는 사회적 편견을 공연히 자극한다면 그렇게 되지 않을 것이다. 결국 은행원과 부두 노동자 사이에는 습관과 전통의 차이가 엄연히 존재하며, 은행원의 우월감은 대단히 뿌리가 깊다. 나중에는 뿌리 뽑아야 하겠지만, 당장 그에게 그런 요구를 한다는 건 무리다. 그러니 거의 모든 사회주의 선전의 일부가 되어버린 다소 무의미하고 기계적인 부르주아 골려먹기를 당분

간 그만둔다면 아주 큰 도움이 될 것이다. 좌파들의 생각과 저술 전 분야에서 세련됨에 반대하는 전통이 흐르며(〈데일리 워커〉의 사설에서부터 〈뉴스 크로니클〉의 코믹 칼럼에 이르기까지 전부 다 그렇다) 이는 세련된 매너와 세련된 태도에 대한(공산주의 용어로 '부르주아의 가치'에 대한) 집요하고 흔히 몹시 어리석은 조롱이다. 그것은 대체로 부르주아 자신이 부르주아 골려먹기의 주체로 활동하며 퍼붓는 헛소리이지만 그 피해는 큰데, 작은 문제 때문에 큰 문제가 막혀버리기 때문이다. 그것은 우리가 쓰는 도구가 곡괭이든 만년필이든, 빈곤은 빈곤이라는 핵심적인 사실로부터 주의를 빼앗아버린다.

다시 말하건대 여기 있는 나는 중산층 출신이면서 아무리 해봤자 소득이 한 주에 3파운드밖에 안 되는 사람이다. 내 처지만 놓고 보면 나는 파시스트 편이 되느니 사회주의 쪽을 지지하는 게 훨씬 나을 것이다. 그러나 누가 나의 '부르주아 이데올로기' 때문에 날 계속 괴롭히고, 육체노동을 해본 적이 없기 때문에 나는 열등한 인간이라는 생각을 은근히 주입시킨다면, 나는 반감을 품게 되지 않을 수 없다. 내가 애초에 무익한 존재라거나 내 자신을 어떤 식으로 바꾸어야 한다는 소리를 계속한다 한들 나로서는 어쩔 도리가 없다. 나는 내 악센트나 내 취향이나 신조를 프롤레타리아화할 수 없으며, 할 수 있다 해도 하지 않을 것이다. 왜 그래야 하는가? 나는 누구에게 내가 쓰는 악센트를 쓰라고 요구하지 않는다. 그렇다면 왜 다른 사람은 나에게 자기처럼 말을 하라고 나에게 요구해야 하는가? 그보다는 이 딱한 계급의 성흔을 당연한 것으로 받아들이고 되도록 강요하지 않는 게 훨씬 나은 일일 것이다. 계급 차라는 상처는 인종차와 비교할 만한데, 우리는 꼭 필요하다면 우리가 싫어하는 외국인들과도 협력할 수 '있다'는 걸 경험으로 알고 있다. 경제적으로 나는 광부나 건설 인부나 농장 인부와 한배를 타고 있다. 나에게 그런 사실을 일깨워보라. 나는 그들 편에 서서 싸울 것이다. 하지만 나는 문화적으로 광부나 건설 인부나 농장 인부하고 다르다. 그런 사실을 강조해보라. 그러면 나는 그들과 맞서 싸울지도 모른다. 나만 특별히 예외적인 사람이라면 문제도 아니겠지만, 나에게 맞는 얘기는 수많은 다른 사람들에게도 해당되는 얘기다. 해고당하는 꿈을 자주 꾸는 모든 은행원은, 파산 직전을 오가는 모든 가게 주인은 본질적으로 같은 처지이다. 그들은 침몰하는 중산층이며, 그들 대부분은 세련됨이 그들을 띄워주는 부표인 양 세련됨에 매달린다. 그러니 구명기구를 던져버리라는 말부터 하는 것은 좋은 방법이 아니다. 앞으로 몇 년 안에 중산층 가운데 상당 부분이 갑자기 우파 쪽으로 대거 몰려갈 위험이 상당히 크다. 지금까지 중산층의 약점은 단결하는 법을 전혀 못 배웠다는 점이었다. 그러나 그들을 경악하게 하여 우리에게 '맞서' 단결하게 만든다면, 악마를 길러내는 셈이다. 우리는 '총파업'[75] 때 그런 가능성을 잠시나마 목격했던 것이다.

정리를 하자면 이렇다. 우리가 효과적인 사회주의 정당을 출범시키지 못한다면, 내가 이 책의 1부에서 기술한 여건을 바로잡거나 영국을 파시즘에서 구할 가망은 없어진다는 것이다. 그것은 진정으로 혁명적인 의도를 가진 정당이어야 할 것이고, 행동할 수 있을 만큼 수적으로도 충분해야 할 것이다. 그리고 그런 정당은 우리가 일반인도 바람직한 것으로 받아들일 만한 목표를 제시할 때 가능할 것이다. 그러므로 우리에겐 다른 무엇보다 지능적인 선전이 필요하다. 신성한 세 자매 정·반·합은 언급하지도 말고 '계급의식'이니 '수용자에 대한 수용'이니 '부르주아 이데올로기'니 '프롤레타리아의 연대'니 하는 말은 줄이는 게 좋다. 정의와 자유, 그리고 실업자들의 곤경에 대해 더 이야기하는 게 좋다. 기계적 진보니 트랙터니 드니프로 댐이니 최근에 모스크바에 문을 연 언어 통조림 공장이니 하는 얘기도 줄이는 게 좋다. 그런 것은 사회주의 사상의 핵심이 아니며, 사회주의의 대의에 필요한 많은 사람들을 쫓아버리기만 할 뿐이다. 필요한 것은 두 가지 사실을 대중의 의식 속에 각인하는 것뿐이다. 하나는 모든 피착취 인민의 이해관계는 같다는 점이다. 또 하나는 사회주의는 상식적인 양식良識과 조화를 이룬다는 점이다. 계급 차라는 지독히 까다로운 문제에 대해, 현재로서 유일한 방법은 여유를 갖는 것이며 사람들을 괜히 겁줄 필

---

75 광부들의 권익 보호를 위해 1926년 3월에 열흘 동안 지속됐던 파업.

요는 없다. 아울러 무엇보다 근육질의 노동자를 상징으로 내세우는 계급 타파 투쟁을 그만둬야 한다. 당신이 부르주아에 속하는 사람이라면 너무 열성적으로 앞으로 달려가 프롤레타리아 형제를 끌어안아선 안 된다. 그들이 좋아하지 않을 수 있으며, 그들이 그런 기분을 드러내면 당신은 자신의 계급적 편견이 생각만큼 쉽사리 사라지는 게 아니라는 것을 알게 될 수 있다. 당신이 태생적으로나 하느님 보시기에 프롤레타리아에 속한다면 학연이라는 것을 너무 우습게 보지 마시기 바란다. 학연에 충실한 태도를 잘 다룰 줄만 안다면 유익할 수도 있으니 말이다.

그런가 하면 나는 사회주의가 살아 있는 쟁점이 되는 한, 영국민 다수가 진정으로 고민하는 문제가 되는 한, 계급 문제는 생각보다 빨리 저절로 해결될 수도 있다고 생각한다. 앞으로 몇 년 안에 우리는 우리에게 필요한 유력한 사회주의 정당을 갖게 될 수도 있고 아닐 수도 있다. 못 갖게 되면 파시즘이 도래할 것이다. 그리고 그것은 아마 비굴하고 국교적인 형태의 파시즘일 것이며, 나치의 우락부락한 덩치들 대신 세련된 경찰이 있고 나치의 스바스티카 상징 대신 사자와 유니콘[76]을 쓰는 파시즘일 것이다. 사회주의 정당을 갖게 된다면 아마도 물리적인 충돌이 일어날 것이다. 진정으로 혁명적인 정부가 들어서면

---

[76] 영국 왕실은 사자와 유니콘을 문장紋章으로 오랫동안 즐겨 썼다.

금권정치가 가만히 앉아 있지만은 않을 테니 말이다. 계급 차가 큰 사람들끼리 진정한 사회주의 정당을 결성하여 함께 싸운다면, 서로에 대한 감정이 달라질 것이다. 그런 뒤라야 계급적 편견이라는 재앙이 서서히 사라질 것이며, 가라앉아가는 우리 중산층은(학교장, 툭하면 굶어야 하는 프리랜서 저널리스트, 대령의 연소득 75파운드인 과년한 딸, 케임브리지 출신 실업자, 탈 배가 없는 해군사관, 사무원, 공무원, 출장 판매원, 시골 읍내에 사는 세 번 파산한 포목상은) 더 이상 발버둥 칠 것 없이 우리가 속한 노동계급 속으로 내려앉을 수 있을 것이다. 그리고 그것은 아마 우리가 두려워하던 것만큼 끔찍한 일이 아닐 것이다. 결국 우리가 잃을 것은 우리의 'h' 발음밖에 없을 테니까.

| 옮긴이의 말 |

1936년의 오웰, 2025년의 우리

1950년 1월 마흔여섯 아까운 나이에 세상을 떠난 조지 오웰의 60주기를 맞아 국내에서 처음으로 번역 출간되었던 이 작품이 새 단장을 한다니 역자로서 보통 감사한 일이 아니다. 2010년 당시 오웰의 작품은 상당수가 이미 번역되어 꽤 널리 읽히고 있기는 했으나 아직도 많은 작품이 소개되지 않거나 제대로 알려지지 않은 상황이기도 했다. 그런 아쉬움이 있던 차에 오웰의 작품 세계를 새롭게 알리고자 하는 기획의 첫 단추가 이 책 『위건 부두로 가는 길』이었던 것이다. 이 작품은 오웰의 저작 중에 상당한 비중을 갖는 유명한 작품이기도 하거니와, 발표 당시의 시대 상황이 지금에도 우리의 정황政況과 일맥상통하는 바가 있기도 하며, 그의 사상과 작품 경향이 큰 전환을 보이기 시작하던 1936년에 쓰인 것이라는 점에서 중요한 의미를 갖고 있다.

이 작품을 쓴 시기와 관련하여 오웰은 한 에세이에서 이렇게 회고한 바 있다. "1936년부터 내가 쓴 심각한 작품은 어느 한 줄이든 직간접적으로 전체주의에 '맞서고' 내가 아는 민주적 사회주의를 '지지하는' 것들이다. …… 돌이켜보건대 내가 맥없는 책들을 쓰고, 현란한 구절이나 의미 없는 문장이나 장식적인 형용사나 허튼소리에 현혹되었을 때는 어김없이 '정치적' 목적이 결여되어 있던 때였다."[1] 달리 말해 그는 이 작품을 쓰던 무렵부터 보다 논쟁적이고 전투적인 작가로 거듭나고 있었던 것이다.

그런 사실을 염두에 둘 때, 이 작품에서 오웰의 그런 변화가 어떻게 드러나고 있는지 살펴보는 것은 흥미로운 일이다. 그도 그럴 것이 이 작품엔 오웰의 지난 인생 궤적과 추후의 진로와 작품 경향에 대한 암시가 상당히 녹아 있다. 단, 이 책에 녹아 있는 오웰의 암시들을 살펴보자면 그의 인생과 작품 경향들 속에서 이 작품이 어떤 자리를 차지하는지 알아볼 필요가 있을 터이고, 그러기 위해선 먼저 그가 언제 어떻게 살면서 어떤 글을 쓰거나 추후에 쓰게 되는지를 간단히 살펴보는 게 순서일 것 같다. 그런 다음 그 변화의 맥락 속에서 이 작품의 의미를

---

[1] 에세이 「나는 왜 쓰는가」에서.

이모저모 헤아려보고, 이 책이 왜 지금 우리에게 필요한지, 우리가 갈 길은 어디인지를 생각해보고자 한다.

본명이 에릭 아서 블레어인 조지 오웰은 1903년 6월 25일 인도에서 태어났다. 돌이 안 돼 어머니 품에 안겨 영국으로 온 오웰은 책에서 말하듯 집안이 "하급 상류 중산층"에 속했지만 재산이 넉넉지 못하여 장학금으로 사립학교 몇 곳을 다녀야 했다. 결국 사립 최고 명문인 이튼 학교까지 마친 그는 대학에 갈 형편이 마땅치 않아 1922년에 식민 통치기구인 '인도 제국 경찰'에 지원하게 된다. 그리고 친척이 있는 버마에 배속된 지 얼마 안 돼 인구 20만의 치안을 담당하는 자리에도 앉게 된다. 이후 그는 식민 제국주의에 환멸을 느끼고 5년 만인 1927년에 영국으로 돌아오고 만다. 나중에 그는 이 시절의 경험을 바탕으로 소설 『버마 시절』(1934)과 여러 편의 에세이[2]를 쓰게 된다.

영국으로 돌아와 작가의 길로 들어선 오웰은 식민지 경찰로 활동한 이력에 대한 양심의 가책과 죄책감으로 1929년까지 런던과 파리에서 자발적인 부랑자 생활을 한다. 그것은 이 책에서도 밝힌 바와 같이 "사악한 압제의 일원"으로 5년을 복무한 사람으로서 필요한 "속죄"의 한 방편이었다. 억압의 반대편에 서자면 억압받는 사람들 속으로 들어가야 했고, 그의 모국

---

[2] 오웰은 소설가일 뿐 아니라 저널리스트이자 에세이스트로, 이 경험 외에도 인생 각 시기의 다양한 체험을 많은 에세이로 표현해냈다.

에서 피억압자는 밑바닥 생활을 하는 하층민이었던 것이다. 그는 "실패만이 유일한 미덕" 같아 보였다고 책에서도 밝히고 있다. 그리고 이 체험을 쓴 수기가 『파리와 런던의 밑바닥 생활』(1933)이다.

1929년 파리에서 영국으로 돌아온 그는 잉글랜드 동부의 서퍽에 있는 부모의 집에 주로 머물며 본격적인 작가 수업을 한다. 잡지에 정기 기고를 하기도 하고, 교사 노릇을 하기도 하고, 홉 열매 따는 노동자들을 따라다니기도 하고, 감옥 체험을 하러 일부러 체포되기도 하던 그는 나중에 이 시기의 경험을 살려 소설 『목사의 딸』(1935)을 쓴다. 1934년부터 런던에서 낮에는 헌책방 점원으로 일하고 밤에는 글을 쓰는 생활을 하던 그는 아내가 될 아일린 오쇼너시를 만나게 된다. 가난하던 이 시절의 체험을 살려 쓴 소설이 『엽란을 날려라』(1936)이다. 이 사이 1933년에 발표한 그의 첫 작품이었던 『파리와 런던의 밑바닥 생활』은 성공을 거두어 미국에도 소개되었다.

작가로서 어느 정도 인정을 받은 오웰은 1936년 1월, 한 진보단체로부터 좋은 제의를 받게 된다. 대공황기이던 당시 대량 실업으로 고통받는 잉글랜드 북부 노동자들의 실상을 취재하여 책을 써달라는 제의였던 것이다. 이에 그는 두 달에 걸쳐 위건, 리버풀, 셰필드, 반즐리 등 랭커셔와 요크셔 지방 일대의 탄광 지대에서 광부의 집이나 노동자들이 묵는 싸구려 하숙집에 머물며 면밀한 조사 활동을 한다. 바로 이 취재의 결과물이 『위건 부두로 가는 길』(1937)이었다. 이 책은 단체 회원 4만여 명에게 배포됨으로써 그의 전작 네 권을 합친 것보다 네 배나 많이 읽히게 되었고, 상당한 반향과 논란을 불러일으켰다. 1936년 6월에 아일린과 결혼한 오웰은 그 직후 일어난 스페인 내전을 예의 주시하다 이 책의 원고를 출판사에 넘겨준 뒤 "파시즘에 맞서 싸우러" 스페인으로 떠난다. 스페인에서 부상을 입고 이듬해인 1937년 6월에 영국으로 돌아온 그는 이후 이 전쟁 체험을 그린 수기 『카탈로니아 찬가』(1938)를 썼는데, 기대와 달리 상업적으론 실패작이었다.

1939년 제2차 세계대전이 발발한 뒤로 오웰은 왕성한 언론 활동을 펼치며 에세이를 많이 쓴다. 갖은 노력에도 '병역 부적격' 판정을 받은 그는 시민군에 가입하여 활동하다 마침내 BBC 방송에서 복무하며 문화적인 선전 프로그램을 제작하게 된다. 1943년 방송을 그만둔 그는 『동물농장』 집필에 몰두하기 시작한다. 이 우화 소설이 몇 곳 출판사에 거부당하는 곡절을 겪는 사이, 자식이 없던 오웰과 아일린은 세 살배기 아들을 입양하여 이름을 리처드 호레이쇼 블레어라 짓는다. 얼마 뒤 〈옵서버〉의 전쟁특파원이 된 오웰이 프랑스로 떠난 사이, 지적이고 미인이며 충실한 내조자이던 아내 아일린이 수술을 받다 마취 사고로 세상을 떠나고 만다. 1945년 3월의 일이었다. 같은 해 8월에 발표된 『동물농장』은 전후의 분위기 속에 대대적인 반향을 불러일으키며 세계적인 성공작이 되었고, 오웰은 명사가 되었다. 이후 4년 동안 그는 언론 활동과 더불어 가장 유명한 작품이 될 『1984』를 집필하고 발표하는 데 힘쓴다. 아내와 사별한 이듬해만 130편의 글을 쓴 그는 시골집과 런던을 오가는 생활을 했고, 이 사이 폐결핵 판정을 받아 건강이 점점 악화된다. 집필을 시작한 지 2년 뒤인 1948년에 탈고하여 그 이듬해 발표한 『1984』는 바로 평단과 일반의 대대적인 호응을 받았다. 아내와 사별한 뒤 외로움에 시달리던 오웰은 몇몇 여인에게 청혼을 하다 거절당한 끝에 마침내 소니아 브라우넬과 결합하게 되었고, 둘의 결혼식은 1949년 10월 오웰이 마지막 나날을 보내던 병실에서 치러졌다. 그리고 이듬해인 1950년 1월 21일, 그는 마흔여섯 나이로 숨을 거둔다.

그렇다면 이제 오웰이 본격적으로 논쟁적이고 정치적인 작가로 거듭나기 시작하던 1936년, 바로 『위건 부두로 가는 길』을 쓰던 무렵으로 돌아가보자. 당시는 대공황기여서 실업이 한창이었고 가장 심각한 사회적 이슈 역시 대량 실업 문제였다. 정치적으론 유럽 여러 나라에서 파시즘이 득세하고 있었고, 영국에서도 그 세력이 만만찮던 시기였다. 이 즈음, 밑바닥 사람들의 생활에 계속해서 관심을 가져오던 오웰은 사회주의에 흥미를 느꼈고 사회주의자들과 많은 교류를 하기도 했다. 또한 작가로서도 인정을 받기 시작하고 정치적 견해를 글로 표출할 의욕이 생겨나던 무렵이었다. 그러던 차에 매달 책 한 권을 선정하여 회원들에게 싼값으로 배포하는 진보단체이자 독서클럽인 '레프트 북클럽'으로부터 잉글랜드 북부 노동자들의 실상을 취재하여 책을 써달라는 제의를 받게 된 것이었다.

제의를 흔쾌히 받아들인 오웰은 1936년 1월 말부터 3월 말까지 두 달에 걸쳐 북부 산업 지대 일대를 집중적으로 조사했다. 이후 그는 시골의 작은 오두막에서 텃밭을 일궈가며 집필에 몰두한 끝에 이 책을 완성한다. 완성된 책은 크게 두 부분으로 이루어져 있는데, 1부는 탄광 지대 노동자들의 실상과 탄광의 실태에 대한 생생한 묘사가 빼어난 르포다(일곱 개 장으로 구성되어 있는데 각 장을 한 편의 에세이로 봐도 좋다). 내용이 문학적으로 감동적일 뿐만 아니라 워낙 충실한 자료이기도 하여, 문학뿐 아니라 역사학 쪽 학자들에 의해서도 1930년대의 역사 자료로 자주 인용되는 부분이기도 하다. 한 역사학자[3]가 이 책을 "실업을 다룬 세미다큐멘터리의 위대한 고전"이라 부를 정도로 칭찬한 것도 이 부분을 두고 한 말이었다. 문제는 2부였다(여섯 개 장으로 이루어져 있고 각 장 또는 전체를 한 편의 에세이로 볼 수 있다). 자신의 성장 배경과 영국의 계급 문제와 정치적 견해를 담은, 주장 강한 에세이인 2부에 사회주의자에 대한 신랄한 비판이 적지 않은 부분을 차지했던 것이다. 레프트 북클럽의 편집위원이자 전속 출판사 대표인 빅터 골란츠는 1부는

---

3 옥스퍼드 대학의 존 스티븐슨John Stevenson 교수.

대단히 만족했으나 2부는 단체 회원들의 비위를 상하게 할까 두려웠다. 그런 나머지 그는 회원들의 반감을 누그러뜨리기 위해 오웰이 스페인으로 떠난 사이 (물론 저자의 동의 없이) 2부 내용의 일부에 이의를 제기하는 서문을 덧붙여 책을 출간해버린다(그는 저자와 논쟁하고 싶은 구절이 "백 군데"도 넘는다고 했다[4]).

꼭 그래야 하는 건 아니겠지만, 여기서 편의상 책을 두 부분으로 나누어 이야기하는 게 좋겠다. 두 부분이 성격상 꽤 차이가 나기도 하거니와, 그것이 사실을 먼저 보여주고 자기주장을 보태려고 한 듯한 저자의 의도에 가까워 보이기 때문이다. 먼저 1부에 대해 얘기하자면, 객관적 서술이 뛰어난 기록문학인 이 부분은 오웰의 다큐 글 중에서도 가장 빼어난 것으로 꼽힌다고 할 만큼 사실 묘사가 뛰어나다. 대공황을 맞은 탄광촌 노동자들의 비참한 삶을 다각도로 조명한 이 글들에는 단연 광부가 중심에 서 있다. 특히 2장에서는 광부의 생활상과 직접 들어가본 탄광 체험을 집중적으로 그리고 있는데, 이 책에서 가장 흔히 인용되는 게 이 부분이다. 그는 "문명의 기반"인 석탄을 캐기 위해 지옥 같은 땅굴 속에서 목숨을 걸고 노동을 하지만 천대받는 광부들의 모습을 전하면서 "그들" 없이 고상한 삶을 누릴 수 있는 자는 없다고 일깨운다. 나는 번역을 하면서 구구절절 옳거니 맞장구를 치며 이런저런 생각을 하게 됐다. "그

---

[4] 나중에 스탈린주의를 비판한다고 하여 『카탈로니아 찬가』와 『동물농장』의 출판 제의를 거절한 것도 빅터 골란츠였다.

들"의 노동은 사실상 노예의 강제노역이 아닌가. 따져보면 산업이 발달할수록 그런 극한의 노동은 더 많아지는 것 아닌가. 오늘날 문명의 안락을 누리는 계층이 있으려면 누군가 죽도록 위험한 환경에서 기막힌 노역에 시달리는 착취를 당해야만 하는 게 아닌가. 그러니 고대의 피라미드나 만리장성을 보고 웃을 일이 아니다. 지금 이 땅에서 우리 발밑에서, 아니면 우리와 함께 기고 있는 이들은 또 누구인가. 하청회사의 비정규직, 양산되는 실업자와 취업 포기자, 기본 생활이 안 되는 숱한 영세 자영업자, 내국인은 거들떠보지도 않는 일을 받아 하는 외국인 노동자⋯⋯ 이런 생각들이 책을 마칠 때까지 내내 들었던 것이다.

또한 여기서 다루는 빈민가와 주택 문제, 재개발 문제는 오늘 우리의 현실에 대입해도 낯설지 않은데, 다만 당시 영국의 복지 당국 행정이 현재의 우리보다 훨씬 인간적인 것 같아 우리 현실이 더욱 쓸쓸하게 느껴졌다. 재개발을 통해 슬럼가 주민들을 번듯한 곳으로 이주시키면서 주민들의 "공동체적" 삶과 "자유"가 희생되는 것을 꼬집는 부분을 보면서는, 재개발 투기 수요의 희생자가 될 만한 이웃 공동체란 게 얼마나 남아 있나 싶을 정도로 우리 기층민이 의지할 곳은 박약해진 것 같다는 생각이 들었다. 공황기의 절망적 소비라 할까, 영화나 싼 옷이나 축구 도박이나 통조림 같은 값싼 사치가 혁명을 막는 게 아닌가 하는 발언을 보며, 사회경제적으로 먼 미래를 꿈꿀

기약 없이 당장의 과소비 구조에 내몰리다시피 하는 이 땅의 청춘들이 떠올랐다. 산업 도시의 살풍경에 대해 묘사하는 구절을 보면 지금 사는 것도 그렇지만 어린 시절 보았던 대도시 공단의 황량함에서 받은 절망감과 반감이 새록새록했다.

많은 논란을 불러일으킨 2부는 개인적인 얘기와 주장이 많은 한 편의 긴 에세이로 볼 수 있다. 이를 두고 오웰의 1936년 판 신조信條라 일컫는 이[5]도 있다. 이에 대해 오웰의 사회주의 비판이 나이브하다는 평이 많은데, 자신의 정치적 견해를 본격적으로 처음 밝히는 젊은 작가로서의 패기가 넘치고 특유의 대담한 독설이 활기차고 흥미로운 게 장점이라는 의견도 있다. 그래서인지 독자들이 재밌게 읽으나 정작 메시지는 놓치는 경향이 있다고도 하는 부분이다. 그런가 하면 오웰은 진작 책에서 자신이 "악마의 대변인"(선의의 비판자)으로 나섰다고 밝히고 있다. 그가 사회주의를 지지하되 "사회주의자"에 대해선 할 말이 많았던 까닭이다("기독교의 경우와 마찬가지로, 사회주의 홍보에 가장 해를 끼치는 것은 바로 그 신봉자들인 것이다"). 그가 그런 악역을 자처하고 나선 것은 그만큼 광풍을 일으키고 있는 파시즘의 확산을 경계하기 위해서였다. 그는 중산층 사회주의자들 상당수가 속으론 계급적 편견을 버리지 못하는 속물이고, 기계 숭배자이며, 샌들(!)을 신는 등의 별난 취미를 뽐내고, 괴

---

[5] 웨일스 대학 부총장을 지낸 역사학자 로버트 피어스Robert A. Pearce 교수.

상하게 어려운 말을 쓰기 좋아하고, 이론적 독선에 차 인간다움에 대해서는 망각하고 있기 때문에 노동계급뿐만 아니라 많은 중산층의 지지를 얻지 못한다고 개탄한다. 어디서 많이 들어본 얘기 같다. 오늘 이 땅의 진보에 대한 반감과 그로 인한 퇴보(또는 반동)는, 잘난 체하는 느끼한 군상들보다는 못나도 만만해 보이는 편한 얼굴이 낫다는 심리와 무관하지 않을지도 모른다.

또 이 부분에서 흥미로운 것은 앞서 언급한 것처럼 오웰의 인생 궤적이 많이 드러나 있다는 점이다(2부의 첫 장인 8장은 오웰 스스로 "자서전"이라 칭한 유명한 부분이다). 오웰이 노동자에 대해 따뜻한 시선을 갖게 된 것은 식민 제국의 경찰 간부로서 식민지 백성을 억압한 죄과에 대한 처절한 회한의 결과였다. 번민 끝에 그가 얻은 결론은 "모든 피압제자는 언제나 옳으며 모든 압제자는 언제나 그르다는 단순한 이론"이었다(나는 이 책에서 가장 인상적인 한 구절을 고르라면 이 쉬운 한마디를 고를 것이다). 그는 자신이 "단순히 제국주의에서 벗어나는 것뿐만 아니라 인간에 대한 인간의 모든 형태의 지배에서 벗어나야 한다"고 느꼈다. 그의 마음이 영국의 노동계급에게로 향한 것은 그런 맥락이었다. 고국으로 돌아와보니 식민지 백성처럼 억압받는 사람들이 바로 노동자들이었던 것이다. 공황기이던 당시, 제일 먼저 부서지는 건 지금 여기와 다를 바 없이 문명을 떠받치고 있는 밑바닥 약자였다. 하지만 그는 감상주의를 완고히

배격하는 냉철한 지성의 소유자다(그는 책에서 한 감상주의자의 견해가 "현실을 최초로 맞닥뜨리자마자 정반대의 것으로 변해"버리는 것을 조롱한다). 오웰은 이튼을 졸업한 상류 중산층 출신으로서 어쩔 수 없는 계급적 편견과 속물성을 가지고 살아온 점을 인정하는 동시에(특히 학습된 "냄새"에 대한 편견이 오랫동안 그를 괴롭혔다) 감상적인 중산층 진보주의자들이 그것을 무시하고 노동자와 한 형제가 된 듯 행동하면 오히려 더 반감을 일으킨다는 점을 날카롭게 지적하기도 한다.

아울러 이 부분에는, 다듬어지진 않았지만 오웰의 냉철한 현실 인식에서 비롯된 혜안 또는 예언이 돋보이며, 후일 그의 명작 두 편을 예고하고 있음을 알 수 있게 해주는 구절들도 눈에 띈다. 먼저 오웰은 스스로 좌파 지식인임을 인정하면서도 좌우의 이념을 넘어 사회주의와 자본주의와 파시즘과 산업화를 전체주의라는 하나의 맥락으로 보았다. 실제로 지금 이 시대는 이념은 가고 자본과 산업과 통제, 즉 전체주의적 시장 원리주의만 남은 게 아닌가 싶을 정도다. 그는 영국의 1930년대를 이미 "반동"의 시기로 보았고, 사회주의는 바보들만 지지하고 똑똑한 인간들은 냉소나 우려만 하고 있는 현실을 보고 파시즘이 지배하는 전체주의적 미래를 두려워했던 것이다. 그리고 그런 경계심에서 민주정권을 뒤집기 위해 파시스트 쿠데타를 일으킨 스페인으로 달려가 파시즘에 맞서 싸우는데, 결국 현실사회주의(스탈린주의) 세력의 배반으로 죽을 위기를 넘기고 돌아와 『카탈로니아 찬가』를 썼고, 제2차 세계대전 당시에는 스탈린 독재를 풍자하는 우화소설 『동물농장』을 쓴 것이었다("그 비슷한 사회야말로 파시즘이 목표로 삼는 사회인 것이다. 물론 그런 사회는 노예 국가 또는 노예 세계라고 하겠다. 그것은 아마도 외양간 같은 사회일 터이며 …… 노예들이 잘 먹고 만족하며 지내는 사회일 것이다"). 더불어서 그는 이 책에서 제2차 세계대전을 예언하는 발언도 하고 있으며("그것은 유럽에서 사태가 어떤 식으로 흘러 가느냐에 달려 있을 테지만, 아마 한두 해 안에 우리는 결정적인 순간에 도달하게 될 것이다") 그래서 그가 아는 사회주의 편에 설 것을 독자에게 호소하고 있기도 하다. 그리고 산업주의와 기계와 과학에 대한 그의 경계와 불신이 미래의 기술 통제 사회를 그린 디스토피아 소설 『1984』를 예견하고 있는 구절도 등장한다("이 세상을 기계화할 수 있는 한껏 기계화해보라. 그러면 사방 어디에도 당신이 일할 기회, 곧 살 기회를 박탈할 모종의 기계가 있을 것이다"). 어떤 부분을 보면 공사하는 것 자체가 목적인 지금 우리 사회의 어처구니없는 꼴이 더욱 한심스럽게 떠올랐다("카렐 차페크는 『R.U.R.』의 무시무시한 결말에서 그런 점을 충실히 드러내는데, 로봇들이 마지막 남은 인류를 죽인 다음에 '집을 많이 짓겠다'는 의사를 밝히는 것이다—그냥 짓는 것 자체가 목적인 것이다").

이제 마지막으로 이 책이 왜 지금 우리에게 필요한지를, 그리고 우리가 갈 길은 어디인지를 잠시 생각해볼 차례다. 그러자니 책의 제목을 화두 삼아 그 의미를 헤아려보고 싶다. 책에서 '위건 부두'는 스치듯 잠시만 언급될 뿐이다("그것은 그가 보았으면 했던 그 유명한 '위건 부두'에 관해서였다. 아! 위건 부두는 헐려버리고 이젠 그 자리마저 확실치가 않으니!"). 그러니 책의 제목인 그곳으로 가는 길의 뜻을 헤아리는 것은 독자 각자의 몫이다. 위건 부두는 원래 진창 같은 운하를 다니는 짐배에 석탄을 싣던, 다 쓰러져가는 조그만 나무 부두였다. 하지만 오웰 자신이 찾아간 당시, 위건 부두는 여러 해 전에 사라진 뒤였고 코미디언의 우스개로만 남아 있을 뿐이었다(지금은 오웰 덕분에 관광 명소가 되어 일부가 복원되어 있다). 위건의 코미디언이 유명한 해변 휴양지에 갈 형편이 안 되면 위건 부두에나 가는 게 어떠냐는 식으로 한 농담이 인기를 끌었는데, 부두라는 뜻의 피어pier가 영국에선 '해변 휴양지'를 암시하기도 했던 것이다. 위건은 오웰이 한 대담에서 말한 것처럼 "산업 지대 살풍경의 상징"으로 꼽히는 작은 탄광촌이었다. 그러니 위건 부두라고 하면 형편없는 탄광촌의 어엿한 강변 휴양지인 셈이다. 그렇다면 '위건 부두로 가는 길'이란 무슨 뜻일까? 대중의 자조自嘲를 끌어와 책의 제목으로 쓴 오웰의 시적인 착상인 만큼 무궁무진한 해석이 가능할 것이다. 굳이 한 가지 해석을 내놓아야 한다면, 나는 그것을 '밑바닥 사람들도 최소한의 인간다운 삶을 누릴 수 있는 사회로 가는 길'이라고 하겠다.

그러면 지금 이 책은 우리에게 무엇이고 우리의 길은 무엇일까. 모두에서 언급한 바와 같이 오웰은 이 작품을 시작으로 '전체주의'에 맞서고 자신이 아는 '민주적 사회주의'를 위한 글을 쓰는 길을 걸었다. 오웰이 책에서 말하는 사회주의는 분명치 않고 그래서 비판의 대상이 되기도 하지만, 그것은 한편으로 명시적인 도그마의 위험성을 경계하려 한 까닭이기도 할 것이다. 대신에 그는 "인간다움"이나 "상식적인 양식"이란 말을 쓰고 있는데, 이는 그가 가장 경계한 파시즘의 반대편에 있는 무엇일 것이며, 지금 우리의 현실에서 범진보 진영이 추구하는 방향에 가까울 것이다. 그렇다면 오늘 이 책을 읽는 우리는 어디에 있는가? 오웰이 책을 쓴 1936년과 닮았다고 해도 무리가 아닌 흐름에 접어든 게 아닐까? 지금 우리는 사회경제적 모순의 귀결이라 할 공황기가 닥칠 두려움을 실감하고 있고, 이전의 독재 정부가 부러워할 파시즘적 지배와 퇴행을 가까스로 되돌리는 싸움을 하고 있으며, 극우 테러와 전쟁 도발을 선동하는 세력의 등장에 경악하고 있다. 대체 어쩌다 이 지경이 되었을까?

어처구니없어 초현실적이라 할 오늘의 위기에는 오웰식으로 말해 진보의 실패가 아니라 "진보주의자"의 실패도 한몫을 한 건 아닌지 새겨볼 필요가 있다. 할리우드 장르 영화 빌런의 반열에 올라도 손색이 없을 오늘의 저 괴물을 잉태하지는 않았더라도 결과적으로 길러주고 만 사정에 대한 성찰이 따라야 한다. 주체할 소양이 없는 이에게 작으나마 권력이 주어지면 어떤 일이 벌어질지를 우리는 주변에서도 쉽게 볼 수 있지 않은가? 공적인 영역에서 그런 일이 벌어지지 않도록 감시하는 일은 우리 각자의 몫이기도 하며, 그런 점에서 청년들의 저항과 참여가 최악의 사태를 막는 데 큰 역할을 했다는 사실은 희망적이다. 같은 맥락에서 힘없는 빈자와 약자와 소수자가 시장독재에 압살당하지 않고 공공의 영역에서 보호받을 수 있는 사회로 가는 것, 그게 이 책이 우리에게 비춰주는 하나의 방향이 아닐까 싶다. 그 길로 가자면 짓밟히는 자를 위해, 또 무력한 자기 자신을 위해 지르는 연대의 함성이 그치지 않아야 한다. 이 책이 그런 목소리를 키우는 데 미력하나마 기여할 수 있다면 다행일 것이다. 끝으로 긴 뒷글로 독자를 괴롭혀드린 건 아닌지 송구스러운 마음이며, 이런 책이 나올 수 있도록 뒷받침해주신 한겨레출판 여러분께 다시 감사의 뜻을 전한다.

2025년 4월
이한중

위건 부두로 가는 길

초판 1쇄 발행 2010년 1월 18일
초판 12쇄 발행 2021년 1월 20일
개정판 1쇄 발행 2023년 1월 5일
개정2판 1쇄 발행 2025년 5월 1일

지은이 조지 오웰
옮긴이 이한중
펴낸이 유강문
편집2팀 이윤주 김지하
마케팅 김한성 조재성 박신영 김애린 오민정
펴낸곳 (주)한겨레엔 www.hanibook.co.kr
등록 2006년 1월 4일 제313-2006-00003호
주소 서울시 마포구 창전로 70 (신수동) 화수목빌딩 5층
전화 02-6383-1602~3 **팩스** 02-6383-1610
대표메일 book@hanien.co.kr

ISBN 979-11-7213-240-8 04840
979-11-7213-238-5 (세트)

- 값은 뒤표지에 있습니다.
- 파본은 구입하신 서점에서 바꾸어 드립니다.
- 이 책의 내용 일부 또는 전부를 재사용하려면 반드시 저작권자와 ㈜한겨레엔 양측의 동의를 얻어야 합니다.